Massages,
aromathérapie et yoga

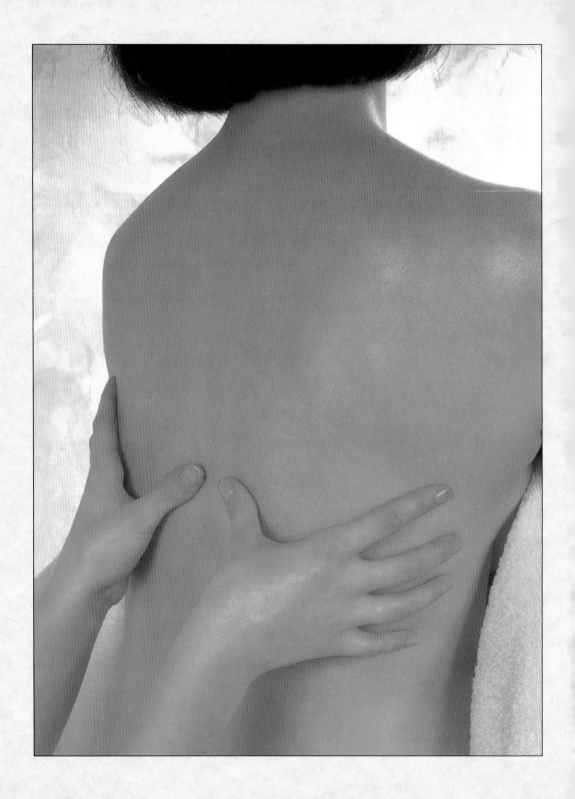

Massages,
aromathérapie et yoga

Carole Mc Gilvery, Jimi Reed, Mira Mehta
Traduction de Ariel Marinie

Sélection
Champagne
inc.

Édition originale publiée en Grande-Bretagne par Lorenz Books
sous le titre *Massages, Aromatherapy & Yoga (Practical Handbook)*
© 1993 et 1999, Anness Publishing Limited
© 2001, Manise, une marque des Éditions Minerva (Genève, Suisse)
pour la version française

Afin que ce livre puisse être utilisé au Canada,
les mesures anglo-saxonnes ont été conservées.
Elles sont systématiquement indiquées entre parenthèses.

Éditrice : Joanna Lorenz
Directeur de projet : Elaine Collins
Assistante de photographie : Kirsty Wilson
Conception graphique : Kit Johnson
Adaptation graphique : David Rowley, Lilian Lindblom
et Ian Sandrom
Mise en page : Raymond Turvey
Traduction : Ariel Marinie
Photographie principale de couverture : Rob Lewine/
Stockmarket

Cet ouvrage a déjà été publié en grand format sous le titre :
Massages, aromathérapie et yoga

ISBN 2-84198-177-0
Dépôt légal : septembre 2001
Imprimé en Chine

**Distribué par
Sélection Champagne Inc.
Montréal, Québec
(514) 595-3279**

Remerciements
Les auteurs et les éditeurs tiennent à remercier
les personnes et les établissements suivants
pour leur précieuse collaboration :
Nina Ashby, Andrea Ashley, Richard
Good, Angela Inverso, Clive Ives, BKS Iyengar,
Kay Kierman, Lisa Myhill, Rachel Stewart,
Eve Taylor, Karin Weisensel et Janice Welch
pour leurs conseils et leur participation à l'élaboration du texte.

Michaeljohn, The Bluestone Clinic, The Iyengar Yoga Institute,
Clarins, The Ragdale Clinic, Henlow Grange et Grayshott Hall
pour leurs conseils, leur expertise et la participation de leur personnel

Avalon Aromatic Candles, The Body Shop, Boutique Descamps, Clarins,
Cosmetics to Go, Culpeper, Decleor Ltd., Futon, Gore Booker,
Knickerbox, Kobashi, Nice Irma's, Pineapple
Dance Studio et Purves ans Purves
pour la fourniture du matériel, de vêtements et de produits.

Julie Algie, Andrea Ashley, Mary Atkinson, Alison Barry,
Nichola Clare, Paula Clark, Lauren Cream, Max Collins Wolff,
Karen Flynn, Richard Good, Eric Haines, Angela Inverso, Clive Ives,
Tabitha Jackson, Maya Jacobson, Maria Johnson, Colette Keogh,
Kerry Le Surf, Sophie Marks, Mira Mehta, Lisa Myhill,
Maria Nuccio, Sue Paterson-Jones,
Anna Rand, Glenys Shepherd,
Rachel Stewart, Michelle Thomas, David Tierney,
Ormaond uren, Karin Weisensel,
Janice Welch et Karin Wilding
qui ont posé pour les photographies.

Crédits photographiques
The Bridgeman Art Library : pp. 8 h, 8 b ;
Picturepoint Ltd. : pp. 9, 10, 11 ; La Photothèque française : 11 bd ;
The Ancient Art and Architecture Collection : pp. 11 hd, 100, 101 ;
Gerry Clist Photography : pp. 172, 173.

SOMMAIRE

AROMATHÉRAPIE

Les essences pures de plantes aromatiques sont connues depuis des milliers d'années pour leurs propriétés bienfaisantes et leurs parfums capiteux. Découvrez l'art ancien de l'aromathérapie, affiné au fil des siècles, et apprenez à exploiter les pouvoirs thérapeutiques des huiles essentielles dans le cadre d'un massage à la fois relaxant et tonifiant qui associe le sens de l'odorat au pouvoir apaisant du toucher. Utilisez les propriétés bénéfiques des huiles pour traiter les maux courants, améliorer votre santé et votre bien-être affectif, et pour mieux profiter de tous les instants de la vie. Ces essences puissantes et fugaces sont un don de la nature pour le corps et pour l'esprit.

UN ART ANCIEN

La valeur des huiles essentielles végétales est reconnue depuis plus de 6 000 ans, tant pour leurs propriétés apaisantes, purifiantes, protectrices et stimulantes que pour le simple plaisir de leurs parfums. Aujourd'hui, en cherchant dans la sagesse des civilisations passées pour trouver le secret d'un équilibre perdu dans notre vie moderne, nous redécouvrons ces propriétés. Le stress, la pollution, une alimentation malsaine, un mode de vie agité mais sédentaire, tous ces facteurs ont des effets néfastes sur notre corps et notre esprit. L'art de l'aromathérapie utilise les essences pures de plantes, de fleurs et de résines aromatiques et agit sur les plus puissants des sens – l'odorat et le toucher – pour rétablir l'harmonie du corps et de l'esprit.

LA DÉCOUVERTE DU SECRET DES ESSENCES

On peut remonter aux origines de l'aromathérapie à travers l'histoire des pratiques religieuses, médicales et sociales de toutes les grandes civilisations. Il est vraisemblable que ce sont les Chinois qui ont été les premiers à découvrir les vertus médicales des plantes, aux alentours de 4500 av. J.-C. Cependant, ce sont les Égyptiens qui ont vraiment exploité toutes les propriétés physiques et spirituelles des essences aromatiques. Les propriétés antiseptiques et antibactériennes naturelles des huiles essentielles et des résines, en particulier de la résine de cèdre et l'encens, en faisaient des substances idéales pour préserver les morts lors de leur voyage vers l'autre monde. La découverte de momies remarquablement conservées après 5 000 ans confirme l'art des embaumeurs. Aux alentours de 3000 av. J.-C., des prêtres qui se servaient des essences lors des cérémonies religieuses ou des rites d'embaumement prirent conscience de l'utilité de leurs propriétés pour les vivants. L'utilisation des huiles essentielles s'étendit progressivement à tous les niveaux de la société à mesure que l'usage des cosmétiques et des parfums se généralisait.

Nous savons, grâce à Hippocrate, que les Grecs possédaient quelques connaissances des propriétés thérapeutiques des huiles, et leur valeur sédative ou stimulante était certainement reconnue. Les Grecs et les Romains utilisaient couramment les aromates lors des rituels et des cérémonies, et les huiles jouèrent un rôle essentiel dans la popularité des thermes, des massages et de la culture du corps en général. Cependant, avec la chute de l'Empire romain, l'utilisation des huiles essentielles disparut en Europe.

À gauche : L'utilisation personnelle de parfum était très courante dans la Grèce et la Rome antiques. La jeune Romaine de ce portrait (daté d'environ 350 apr. J.-C.) tient dans la main un petit pot d'aromates.

À droite : Tombe du noble Senedjem, Égypte ancienne. Les cônes d'onguent que l'on se posait sur la tête fondaient à la chaleur, huilant et parfumant les cheveux et le corps.

Ce flacon milésien, destiné aux huiles parfumées, a la forme d'une sirène, nymphe marine de la mythologie grecque. Il date d'environ 525 av. J.-C., lorsque Milet était l'un des principaux ports maritimes ioniens.

Cet art s'épanouissait cependant ailleurs, en particulier en Arabie, où Avicenne fut le premier à distiller de l'essence de rose. L'Arabie devint le centre mondial de la production de parfums, important des matières brutes d'Égypte, d'Inde, du Tibet et de Chine, et faisant le commerce des produits élaborés dans le monde entier.

L'art de la parfumerie fut réintroduit en Europe par les croisés aux environs du XIIe siècle. Les archives montrent que les aromates étaient utilisés pour se protéger de la peste, et le taux de mortalité des parfumeurs, inférieur à la moyenne, laisse à penser qu'ils étaient peut-être efficaces. Le XVe siècle vit l'essor des grands parfumeurs européens. Leurs produits étaient largement employés pour masquer les odeurs corporelles et se protéger des maladies. Au XVIIe siècle, les vertus aphrodisiaques des herbes étaient déjà connues, et grâce au travail de grands herboristes tels que Culpeper, on apprécia bientôt également leurs propriétés thérapeutiques, posant les bases de l'aromathérapie moderne.

LA RENAISSANCE MODERNE

Le terme « aromathérapie » fut employé pour la première fois en 1928 par un chimiste français, René-Maurice Gattefossé, pour décrire l'action thérapeutique des essences végétales. Son œuvre fut poursuivie par le Dr Jean Valnet, qui montra l'efficacité des propriétés régénératrices et antiseptiques des essences pour soigner les blessures des soldats de la Seconde Guerre mondiale. L'utilisation de l'aromathérapie dans les soins du corps et l'esthétique fut impulsée par Marguerite Maury avec son important ouvrage, *Le Secret de la vie et de la jeunesse*. Elle a aussi mis au point la méthode d'application des huiles à travers le massage.

Aujourd'hui, on assiste à un renouveau mondial de l'art de l'aromathérapie, et la recherche scientifique commence à mieux prendre en compte les propriétés et les utilisations possibles des huiles découvertes au prix d'essais et d'erreurs sur des milliers d'années.

HUILES ESSENTIELLES

L'élément vital dans tout traitement d'aromathérapie est l'huile essentielle pure. Les huiles essentielles sont très différentes des huiles lourdes que nous utilisons en cuisine ; ce sont des essences concentrées, beaucoup plus légères que l'eau et hautement inflammables. Elles s'évaporent rapidement, aussi sont-elles souvent mélangées à d'autres ingrédients pour retenir leurs propriétés. Parce qu'elles sont très concentrées, les huiles essentielles se mesurent en gouttes.

ESSENCE

C'est une substance vivante naturelle : l'élément « vivant » d'une plante qui est capté et mis en flacon. Il s'agit là d'une opération délicate. Ainsi, certains pétales et certaines feuilles doivent être cueillis exactement au bon moment, faute de quoi la qualité de l'huile en pâtit. Seules les essences les plus pures sont utilisées en aromathérapie, de sorte que les propriétés thérapeutiques sont optimisées et les effets, prévisibles.

Les huiles essentielles proviennent de diverses parties des plantes : pétales, feuilles, graines, amandes, écorces, tiges, boutons floraux, gommes et résines d'arbres... Outre leurs vapeurs sensuelles, qui constituent la base de nombreux parfums, elles peuvent être utilisées en bain, en friction ou de mille autres manières.

Grâce à leur petite structure moléculaire, les huiles essentielles pénètrent mieux la peau que les autres huiles végétales, qui restent à la surface. Utilisées en médecine depuis des siècles, les huiles essentielles sont aujourd'hui une thérapie « alternative » naturelle reconnue qui peut intervenir dans le traitement de presque tous les types de douleurs et de maux, ainsi que contre le stress et les tensions de la vie moderne.

ACTION DES HUILES

Les huiles essentielles se composent de minuscules molécules qui se dissolvent aisément dans l'alcool, les émulsions et, surtout, les graisses. Cela leur permet de pénétrer facilement dans la peau et d'agir sur le corps où elles se mélangent aux tissus adipeux.

En s'évaporant, ces essences hautement volatiles sont également inhalées, pénétrant ainsi dans le corps par les millions de cellules sensibles qui « tapissent » le conduit nasal. Celles-ci transmettent directement les messages au cerveau et affectent les émotions en agissant sur le système limbique, qui contrôle également les principales fonctions du corps. Ainsi, dans un traitement aromathérapeutique, les huiles essentielles peuvent renforcer à la fois votre bien-être physique et psychologique.

Chaque huile possède une composition chimique distincte qui détermine son parfum, sa couleur, son degré de volatilité et, bien sûr, les diverses manières dont elle affecte le système, de sorte que chaque huile a des propriétés uniques.

MÉTHODES D'EXTRACTION

Distillation
Les Égyptiens mettaient leurs matières brutes avec de l'eau dans de grands pots d'argile ou d'albâtre qu'ils faisaient chauffer ; la vapeur, en s'échappant, imprégnait un linge de coton tendu en travers du col. Une fois que le

Grande photo : Champ de lavande dans la Drôme, dans la sud de la France. La lavande française produit une huile d'une grande qualité, à l'arôme plus fruité et plus doux que celui de la lavande anglaise, plus camphrée. Il faut une tonne de plantes pour obtenir 9 kg (20 lb) d'huile essentielle.

Cartouche du haut : Bas-relief égyptien du IVᵉ siècle av. J.-C. montrant la fabrication du parfum. On remplissait de fleurs, d'herbes et d'eau le grand pot d'albâtre (un « linge »), puis on le chauffait. Les vapeurs aromatiques saturaient un linge tendu sur l'ouverture du pot.

Cartouche du bas : L'art se marie avec la science lorsque le parfumeur élabore un nouveau parfum à partir des centaines d'huiles essentielles dont il dispose.

linge avait absorbé l'huile essentielle, on le tordait pour la recueillir dans un récipient conçu à cet effet. C'est le même principe qui est mis en œuvre aujourd'hui : on fait passer, souvent sous vide, des vapeurs à haute pression à travers les feuilles ou les fleurs dans un alambic sophistiqué qui transforme les huiles essentielles en vapeur. Quand la vapeur qui contient l'huile essentielle passe dans le système de refroidissement, l'huile se condense et peut aisément être séparée de l'eau.

Macération

Les fleurs sont mises à tremper dans de l'huile bouillante pour décomposer leurs cellules. Leur parfum passe dans l'huile qui est ensuite purifiée et on en extrait les arômes.

Enfleurage

Cette méthode permet d'extraire les essences de fleurs plus délicates, comme le jasmin, le néroli et la rose. On écrase les fleurs ou les pétales entre des panneaux de verre fermés par un cadre de bois et enduits de graisse animale jusqu'à ce que celle-ci soit saturée de parfum.

Pressage

Cela consiste simplement à presser les huiles essentielles des pelures et des écorces de fruits mûrs, comme les oranges et les citrons, sur une éponge.

CONTRÔLE DE QUALITÉ

Une fois cueillies, les fleurs et les plantes sont traitées et stockées rapidement pour préserver leur fraîcheur. Le climat, le terrain et l'altitude peuvent affecter le caractère d'une huile.

Ainsi, la lavande française est connue pour la richesse de son arôme mais, comme pour le vin, sa qualité peut varier d'une année à l'autre.

Achetez toujours des huiles essentielles pures et naturelles, car les clones de synthèse et les huiles frelatées n'agissent pas sur le corps de la même façon et n'ont pas les mêmes propriétés. Les huiles de haute qualité coûtent peut-être cher, mais la différence de coût est généralement justifiée.

UTILISER
LES HUILES ESSENTIELLES

Vous pouvez les utiliser dans le bain, les étaler sur votre peau pour la nourrir ou la parfumer ou, simplement, les respirer. Le plaisir qu'elles procurent et la diversité de leurs usages en font l'un des plus charmants dons de la nature. Les huiles essentielles contiennent les principes actifs des plantes sous une forme particulièrement concentrée et puissante. C'est pourquoi il faut les manipuler avec précaution et ne jamais les appliquer non diluées sur la peau. Il existe de nombreuses manières de disperser leur parfum et d'utiliser leurs propriétés thérapeutiques, et la plupart n'exigent pas de matériel spécifique.

Inhalation

Les inhalations sont une excellente façon de traiter les problèmes respiratoires, comme les rhumes, mais les asthmatiques doivent s'abstenir. Versez de 6 à 12 gouttes dans un bol d'eau bouillante. Couvrez-vous la tête d'une serviette et aspirez profondément. C'est également une excellente manière de nettoyer la peau du visage.

Massage thérapeutique

C'est un traitement aromathérapique classique qui consiste à déclencher les processus de guérison naturels en utilisant le massage lymphatique et les huiles essentielles pour stimuler la circulation du sang et de la lymphe. Les arômes agissent également sur le centre du cerveau (le système limbique) qui régit les émotions et l'affectivité.

Pour un massage, utilisez une solution à 1-3 % d'huile essentielle.

Diffuseurs

Ces jolis pots sont d'utilisation facile. Remplissez d'eau le récipient du haut et ajoutez quelques gouttes d'huile essentielle. La bougie placée dans le pot de dessous chauffe l'eau, diffusant lentement la fragrance naturelle de l'huile dans la pièce.

Placez le diffuseur sur une soucoupe ou un carreau de faïence,

Diffuseurs décoratifs pour les huiles essentielles.

mais jamais sur une surface de plastique. Selon la pièce, 3 à 6 gouttes d'huile essentielle suffisent. On peut également acheter des vaporisateurs équipés d'un ventilateur qui font passer l'air à travers des tampons imprégnés d'huile essentielle. Variez les parfums au gré de votre humeur.

Bains

Faites couler un bain chaud et versez-y 5 à 10 gouttes d'huile essentielle choisie selon votre humeur. Fermez la porte pour retenir les vapeurs dans la pièce et baignez-vous pendant 15 minutes. Si vous avez la peau sensible, diluez d'abord l'huile dans une huile de base (amande douce,

amande de pêche ou d'abricot). Les huiles essentielles peuvent marquer les baignoires en plastique si elles ne sont pas parfaitement dispersées. Nettoyez la baignoire aussitôt après usage.

Bain de pieds

Pour vous reposer les pieds, versez 4 à 5 gouttes de menthe poivrée, de romarin et de thym dans une cuvette d'eau chaude. Pour apaiser la peau, utilisez de la lavande.

Bain de mains

Pour adoucir des mains avant une séance de manucure, trempez-les dans une cuvette d'eau tiède avec 3 ou 4 gouttes de patchouli ou de consoude.

Douche

Après vous être lavé, rincez-vous soigneusement. Trempez une éponge humide dans un mélange huileux de votre choix, pressez-la et frictionnez-vous sous le jet d'eau chaude.

Sauna

Versez 2 gouttes d'eucalyptus ou d'huile de pin dans 330 ml (1/2 tasse) d'eau et jetez le mélange sur les charbons pour le faire évaporer. Ces huiles purifient et désintoxiquent.

Jacuzzi ou bain chaud

Pour vous détendre, versez 10 à 15 gouttes de bois de santal, de géranium ou d'ilang-ilang. Pour un effet stimulant, utilisez de l'essence de pin, de romarin ou de néroli.

Vaporisateur d'intérieur

Pour parfumer une pièce, versez 10 gouttes d'huile essentielle dans 7 cuillerées à soupe d'eau. Une cuillerée à soupe de vodka ou d'alcool pur peut servir d'agent conservateur, mais c'est facultatif. Agitez bien le mélange avant de remplir le vaporisateur.

Oreiller

Parfumez votre oreiller avec 2 ou 3 gouttes d'huile. Choisissez une huile qui favorise la détente ou, si vous êtes sujet à l'insomnie, une huile soporifique. Dans un tout autre esprit, essayez un aphrodisiaque comme l'ilang-ilang.

Parfums

Les meilleurs parfums sont traditionnellement élaborés à partir d'huiles essentielles pures, notamment des extraits de fleurs, bien que les arômes de synthèse tendent à se répandre, surtout pour les parfums bon marché. Si vous avez une huile favorite ou un mélange d'essences préféré, vous pouvez l'utiliser comme huile corporelle (solution à 3 %), ou bien faire un mélange plus concentré (25 %) pour tamponner derrière les oreilles et les genoux ou sur les poignets et les tempes.

Pommes d'ambre

Placez des flacons poreux fermés avec des bouchons de liège dans votre garde-robe. L'huile essentielle est absorbée par l'argile et libérée peu à peu. Utilisez la fragrance de votre choix : citronnelle ou bergamote, ou bois de cèdre pour éloigner les mites.

Pot-pourri

Ajoutez quelques gouttes d'huile essentielle fleurie ou épicée pour rafraîchir un pot-pourri fatigué, ou confectionnez votre propre pot-pourri.

Mouchoir parfumé

C'est la meilleure manière d'utiliser les huiles essentielles n'importe où et à n'importe quel moment. Versez 3 ou 4 gouttes sur un mouchoir et inhalez. Très utile dans le traitement des rhumes et des maux de tête, ou pour s'éclaircir les idées au bureau.

Casier à chaussures

Pour rafraîchir le casier à chaussures, utilisez du schénanthe (jonc odorant).

De haut en bas : flacon de parfum, pot-pourri et lampe à huile.

Deux gouttes d'huile de pin ou de persil déodorisent les chaussures.

Humidificateurs

Vous pouvez ajouter un peu de votre huile préférée à l'eau d'un humidificateur ou verser 5 gouttes d'huile essentielle dans un petit bol d'eau posé sur un radiateur.

Brûleurs en anneau

Pour libérer les essences parfumées, vous pouvez utiliser la chaleur des ampoules électriques. De petits brûleurs en anneau, généralement en porcelaine ou en aluminium, sont posés au-dessus de l'ampoule. Versez quelques gouttes d'huile essentielle. La chaleur dégagée par l'ampoule diffuse lentement l'huile essentielle.

Feux de bois

À peu près une heure avant d'allumer le feu, aspergez les bûches de quelques gouttes d'essence de cyprès, de bois de cèdre, de pin ou de bois de santal. Le feu libérera votre arôme favori.

Bougies parfumées

Il existe dans le commerce des bougies parfumées qui répandent une senteur délicieuse dans toute la pièce. Mais vous pouvez obtenir le même effet en versant quelques gouttes d'huile essentielle dans une lampe à pétrole.

Compresses

Trempez un linge de coton propre dans 160 ml (1/4 tasse) d'eau tiède où vous aurez versé de 5 à 10 gouttes d'huile essentielle. Essorez-le et étendez-le sur la partie du corps à soulager. Laissez jusqu'à ce que le linge refroidisse. C'est une excellente méthode pour traiter foulures, maux de tête (placez la compresse sur le front) et bouffées de chaleur.

Huiles faciales et corporelles

Elles peuvent être utilisées quotidiennement pour nourrir la peau. Choisissez un mélange à 1 % pour le visage, et à 3 % pour le corps.

MÉLANGER ET CONSERVER

Les huiles essentielles constituent la base de toute l'aromathérapie traditionnelle. Chacune possède une fragrance et des propriétés particulières, et l'art du mélange associe les connaissances du parfumeur et celles du pharmacien. Même lorsque deux essences ont des parfums ou des propriétés similaires, elles ne se marient pas obligatoirement, l'une risquant d'étouffer l'autre. D'une manière générale, il vaut mieux se limiter à trois huiles pour éviter de diminuer leurs qualités propres.

Rassemblez des flacons de tailles différentes pour conserver les quantités appropriées de mélanges. Procurez-vous un entonnoir et un compte-gouttes pour mesurer les quantités avec précision et éviter de renverser les huiles.

L'ART DU MÉLANGE

Les huiles essentielles sont des substances hautement volatiles qui doivent être manipulées et stockées avec précaution et utilisées parcimonieusement. Si l'on renverse certaines huiles essentielles, on peut rendre l'atmosphère d'une pièce irrespirable et cela peut affecter les jeunes enfants et les animaux.
Le pouvoir des aromates est très subtil. Ne vous risquez jamais à respirer une huile essentielle pure directement au goulot d'un flacon. Versez une goutte sur un verre et, tel un connaisseur averti, respirez, réfléchissez et, si nécessaire, prenez des notes.

MÉLANGER

Les huiles de base jouent un rôle important dans la dilution des huiles essentielles concentrées, qui ne peuvent être utilisées qu'en petites quantités, mesurées en gouttes. Ces huiles de base diluent les essences pures, freinent le processus d'évaporation et, en s'étendant facilement et uniformément, favorisent l'absorption rapide des huiles thérapeutiques par la peau.

Pour procéder au mélange, utilisez un flacon en verre, en porcelaine ou en aluminium et assurez-vous que vous avez la bonne quantité d'huile de base végétale avant d'ajouter au compte-gouttes ou à la pipette le nombre de gouttes requis. Mélangez bien et étiquetez les flacons avec précision. Si vous renversez accidentellement de l'huile, essuyez-la aussitôt avec un mouchoir en papier et jetez-le dehors, sinon son odeur rendra l'atmosphère irrespirable.

CONSERVER

Pour stocker les huiles essentielles, on utilise des flacons de verre foncés aux bouchons étanches. Rangez-les debout dans un endroit sombre et frais, hors de portée des enfants. Ne gardez jamais une huile essentielle dans un flacon en plastique : l'huile et le flacon seraient perdus. Bien stockées, les huiles se conservent au moins un an, mais les essences de citrus se gardent moins longtemps.

HUILES DE BASE

Les huiles de base sont généralement extraites de fruits à écale (noix, noisettes, amandes, cacahuètes), et chacune d'entre elles possède des qualités propres. L'huile d'amande douce est sans doute la meilleure huile de base, car elle est neutre et ne provoque pas d'allergie. On peut même l'utiliser pour masser les bébés. L'huile de noix agit comme coordinateur et équilibre le système nerveux ; l'huile de sésame est idéale pour les vergetures ; l'huile d'amande de pêche ou d'abricot et l'huile d'œnothère favorisent la régénération des cellules. La noix et l'œnothère soulagent les douleurs menstruelles, ainsi que la tension prémenstruelle. Le germe de blé a une action anti-oxydante et aide à conserver les mélanges.

Toutes ces huiles sont riches en éléments nutritifs et sont excellentes pour la plupart des peaux sèches et sensibles. À l'achat, assurez-vous qu'elles ont été traitées de façon naturelle et non chimiquement. Les huiles pressées à froid sont les meilleures.

Essences aromatiques

Les huiles aromatiques extraites des fleurs, des fruits, des feuilles, des écorces, des résines et des racines sont utilisées depuis des siècles pour leurs propriétés curatives et leurs merveilleux parfums. Aujourd'hui, des centaines d'huiles essentielles sont utilisées dans l'industrie alimentaire, cosmétique ou pharmaceutique et en parfumerie. L'aromathérapie moderne fait appel à une sélection beaucoup plus limitée, mais la gamme des arômes et de leurs applications reste néanmoins très étendue. Voici le guide des trente-cinq huiles essentielles les plus connues, les plus utiles et les plus sûres. Apprenez à connaître leurs caractéristiques, leurs origines, leur valeur thérapeutique et choisissez celles que vous préférez. La lavande, le géranium et le romarin sont d'excellentes huiles, complètes, qui constituent une bonne base pour n'importe quelle collection. La rose, quoique chère, vaut également l'investissement si vous souhaitez explorer les vertus et les délices de l'aromathérapie.

Basilic
Ocimum basilicum

Origine Le basilic était utilisé pour les bains et les massages par les nobles grecs de l'Antiquité en raison de son merveilleux parfum. Les Égyptiens utilisaient cet aromate dans leurs offrandes aux dieux et le mélangeaient aux essences de myrrhe et d'encens pour embaumer les corps. En Inde, on pense que le basilic protège l'âme et qu'il est sacré pour les dieux hindous Krishna et Vishnu.

Description Originaire d'Afrique et des Seychelles, et maintenant cultivé en Europe à des fins culinaires, le basilic peut atteindre 90 cm (3 pi) de haut et produit de petites fleurs blanches. L'essence, distillée à partir des feuilles, est d'une couleur jaune-vert assez pâle.

Effets thérapeutiques Tonique du système nerveux, le basilic aide à lutter contre la fatigue, l'anxiété et la dépression. Il est aussi efficace contre les rhumes, les bronchites, la fièvre, la goutte et les indigestions.

Utilisations En inhalations, bains et massages. Les qualités varient suivant les utilisations : dans un bain ou en friction, le basilic est vivifiant – idéal pour raffermir une peau molle ou pour stimuler la circulation sanguine. Associé à d'autres essences, telles que le thym, il a également une puissante action antiseptique.

Mise en garde C'est un dépresseur puissant en cas d'abus. À éviter pendant la grossesse.

LAURIER
Pimenta racemosa

Origine Les empereurs romains portaient des brins de laurier, appelés *Laurus nobilis* (laurier romain) non seulement en signe de richesse, mais pour écarter les mauvais esprits. Les prêtresses grecques mâchaient des feuilles de laurier en raison de leur effet soporifique ; on mâchait également des feuilles de laurier après les banquets pour se rafraîchir l'haleine.

Description Très apprécié pour ses propriétés culinaires, le laurier est un arbuste à feuilles persistantes et brillantes qui produit des grappes de fleurs d'un vert jaunâtre au printemps. L'huile au parfum épicé est extraite des feuilles ; elle est de couleur brun jaunâtre.

Effets thérapeutiques Antiseptique pulmonaire, le laurier soulage les bronchites, les rhumes et la grippe. Il favorise également la digestion et le sommeil, apaise les douleurs rhumatismales et, d'une façon générale, a une action tonifiante.

Utilisations En inhalations, bains et massages. Utilisé dans les parfums et les essences de bain exotiques, il agit comme tonique.

BENJOIN
Styrax benzoin

Origine En Extrême-Orient, la gomme du styrax était l'un des principaux ingrédients intervenant dans la fabrication de l'encens pour écarter les mauvais esprits. La teinture composée, très puissante, est utilisée en pharmacie dans le baume de benjoin ; en parfumerie, elle sert de fixatif.

Description Le styrax est cultivé à Bornéo, à Java, en Malaisie, à Sumatra et en Thaïlande. Comme pour l'hévéa, on prélève la gomme en incisant profondément le tronc de l'arbre. La gomme est foncée, avec des stries d'un brun rougeâtre. Ces pigments contiennent les huiles grasses qui exhalent un arôme délicieux rappelant celui de la vanille.

Effets thérapeutiques Très utile dans le traitement des infections urinaires, il a également une action relaxante et réchauffante qui en fait un allié précieux dans le traitement des problèmes respiratoires comme les bonchites, la toux et les rhumes. Également indiqué dans le traitement des affections cutanées et de la goutte.

Utilisations En inhalations et massages. Il intervient également dans la composition de certains médicaments contre la toux. C'est une huile énergétique qui peut être utilisée sous deux formes : teinture simple ou composée – la première est moins toxique et préférable dans le traitement des affections cutanées.

Bergamote
Citrus bergamia

Origine Originaire du Maroc, la bergamote fut acclimatée en Italie où ses propriétés essentielles furent reconnues.

Description Le bergamotier appartient à la même famille que l'oranger, et l'huile essentielle, comme dans la plupart des espèces de citrus, est extraite de l'écorce fraîche du fruit. L'huile est de couleur vert émeraude et a une odeur plus épicée que le citron, mais avec une qualité de citrus similaire. Son arôme, qui sert à parfumer les thés Earl Grey, nous est familier.

Effets thérapeutiques La bergamote rafraîchit et remonte. Antiseptique, elle est efficace dans le traitement des infections buccales et cutanées, et les maux de gorge. Elle peut faire baisser une fièvre et intervenir dans le traitement des bronchites et de l'indigestion.

Utilisations La bergamote se marie bien avec la plupart des essences et est souvent utilisée en parfumerie. Avec le néroli et la lavande, elle est l'un des principaux ingrédients entrant dans la fabrication de l'eau de Cologne et est souvent présente dans les produits de toilette en raison de son action rafraîchissante et relaxante. Utilisée en massage, elle peut stimuler ou calmer selon les huiles avec lesquelles elle est mélangée.

Mise en garde Concentrée à plus de 1 %, la bergamote risque d'irriter la peau. En outre, elle ne doit jamais être utilisée dans les produits de bronzage fabriqués artisanalement.

Bois de cèdre
Juniperus virginiana

Origine Les Égyptiens utilisaient l'huile de bois de cèdre, similaire à celle du bois de santal, pour embaumer les corps. Hautement appréciée pour ses propriétés antiseptiques, elle est devenue un ingrédient important dans l'élaboration des cosmétiques. À l'origine, elle était fabriquée à partir du cèdre du Liban, mais cet arbre, très prisé en menuiserie, est devenu si rare que, désormais, il est remplacé par du cèdre rouge.

Description Le cèdre pousse en Afrique du Nord et aux États-Unis. Son bois parfumé est très apprécié. L'huile essentielle, sirupeuse et transparente, est obtenue par distillation du bois à la vapeur. Son odeur évoque celle des crayons.

Effets thérapeutiques Utilisée dans le traitement des affections cutanées telles que l'acné, l'alopécie, les pellicules et l'eczéma, ainsi que dans les affections respiratoires comme la bronchite et le catarrhe, cette huile agit également comme diurétique pour lutter contre les infections urinaires.

Utilisations En inhalations et en massages, elle intensifie la réponse sexuelle. Elle se marie bien avec le cyprès, le genévrier et la rose.

Mise en garde À fortes concentrations, elle irrite la peau.

CAMOMILLE
Anthemis nobilis

Origine Les Égyptiens la considéraient comme une fleur sacrée et la dédièrent au dieu Soleil. La camomille était utilisée dans les cérémonies rituelles ainsi qu'en médecine pour lutter contre les fièvres et les convulsions.

Description Différentes variétés de camomille poussent, souvent à l'état sauvage, dans toute l'Europe et en Afrique du Nord. Elles possèdent des feuilles délicates et de petites fleurs blanches à cœur jaune qui ressemblent à des pâquerettes. L'huile bleu clair, extraite de la fleur, a un léger parfum de pomme qui se marie bien avec la rose, le géranium et la lavande.

Effets thérapeutiques Particulièrement appréciée pour ses propriétés anti-inflammatoires et sédatives, elle sert aussi à combattre les allergies, l'anémie, les brûlures, les dermatites, la diarrhée, la fièvre, l'indigestion, l'insomnie, les douleurs menstruelles et les troubles de la ménopause, les rhumatismes, les maux de dents et les ulcères.

Utilisations Certaines variétés de camomille sont utilisées en infusion, mais l'huile sert surtout à la fabrication des produits de soins corporels et capillaires ainsi que des produits de bain en raison de ses propriétés anti-allergiques. À utiliser sous forme diluée pour les enfants.

CANNELLE
Cinnamomum zeylanicum

Origine Les Chinois croyaient qu'aucun remède ou traitement n'était complet sans cannelle. C'est l'une des épices les plus anciennes que l'on connaisse. Mentionnée dans l'Ancien Testament, elle était également utilisée par les Égyptiens, les Grecs et les Romains.

Description Cultivée en Extrême-Orient, dans les Indes orientales et en Chine, la cannelle possède une saveur et un arôme épicés caractéristiques. On distille les brindilles et les feuilles pour produire une huile aromatique à la saveur chaude et légèrement sucrée qui présente une couleur foncée brun jaunâtre. Son essence chaude et épicée est souvent utilisée en parfumerie.

Effets thérapeutiques Utile pour lutter contre la fatigue et la dépression, la cannelle est aussi un tonique des systèmes respiratoire et digestif, particulièrement efficace dans le traitement des rhumes, de la grippe, des douleurs gastriques et de la diarrhée. Possédant des vertus aphrodisiaques, la cannelle peut en outre aider les personnes souffrant d'impuissance.

Utilisations En inhalations et en massages. Faites-la brûler pour empêcher la propagation du virus de la grippe ou ajoutez des écorces ou de l'huile dans un pot-pourri fatigué pour le relever. Utilisez en compresses ou en massages pour soulager les spasmes musculaires.

Mise en garde N'utilisez qu'à des concentrations très faibles ou sous surveillance médicale.

CONSOUDE
Symphtum officinale

Origine L'herborisateur Nicholas Culpeper écrivait au XVIIe siècle que cette herbe « aide ceux qui crachent le sang ou produisent des urines ensanglantées ». On buvait la racine bouillie dans de l'eau ou du vin pour refermer les plaies internes, notamment les ulcères du poumon, et pour améliorer la circulation sanguine.

Description Elle pousse à l'état sauvage le long des rives humides. La consoude possède de grandes feuilles velues dont le contact peut irriter la peau. Les tiges atteignent 90 cm (3 pi) de haut; les fleurs sont violacées. Les feuilles et les racines s'utilisent en décoction; l'huile est extraite des feuilles et des tiges.

Effets thérapeutiques Contenant de l'allantoïne, une substance qui favorise la régénération des cellules, l'huile de consoude s'avère particulièrement utile dans le traitement des blessures et des problèmes cutanés, notamment l'eczéma, le psoriasis, les mycoses et les déchirures musculaires. Elle peut également aider à combattre les vergetures et les douleurs menstruelles ou les troubles de la ménopause.

Utilisations En massages et en compresses.

CYPRÈS
Cupressus sempervirens

Origine Les Égyptiens se servaient du bois de cyprès pour orner leurs cercueils de pierre et utilisaient l'huile pour ses propriétés médicinales. En France, traditionnellement, on plante des cyprès dans les cimetières.

Description Le cyprès est un grand arbre de forme conique à feuilles persistantes. Originaire de l'Orient, il est cultivé dans toute la région méditerranéenne, notamment dans le sud de la France et en Algérie. On extrait l'essence par distillation des feuilles, des brindilles et des cônes. Transparente, jaune ou vert clair, elle exhale un parfum épicé rafraîchissant qui rappelle celui des aiguilles de pin.

Effets thérapeutiques Appréciée principalement pour ses vertus astringentes et antispasmodiques, l'essence de cyprès peut être utilisée pour traiter les problèmes circulatoires, les rhumes, la toux, la grippe, les hémorroïdes, les douleurs menstruelles, les troubles de la ménopause et les varices. Elle exerce également une action sédative qui peut apaiser la tension nerveuse.

Utilisations En inhalations, bains et massages. Utilisez en compresses pour les enflures et les rhumatismes, ou en bains comme tonique musculaire. En raison de ses propriétés astringentes, cette essence est conseillée pour nettoyer les peaux grasses.

Mise en garde À éviter chez les sujets hypertendus.

⟨EUCALYPTUS⟩
Eucalyptus globulus

Origine Un des plus hauts arbres du monde, l'eucalyptus est originaire d'Australie. Il pousse aujourd'hui en Tasmanie, en Chine, aux États-Unis, au Brésil et dans les régions méditerranéennes. Il en existe quelque 200 variétés. Les aborigènes d'Australie ont peut-être été les premiers à utiliser ses propriétés médicinales.

Description Les feuilles d'un bleu-vert argenté produisent une huile jaune clair qui a une odeur camphrée très rafraîchissante. Les feuilles fraîches donnent une essence puissante, l'une des plus précieuses en aromathérapie en raison de son large éventail de propriétés.

Effets thérapeutiques La principale composante de cette huile est l'eucalyptol, qui possède des propriétés antiseptiques. Exerçant en outre une action anti-inflammatoire, l'huile d'eucalyptus est utile dans le traitement de l'asthme, des bronchites, de la grippe, des sinusites, des infections cutanées, des rhumatismes et des égratignures. Diurétique puissant, elle peut également diminuer la fièvre

Utilisations En bains, inhalations et massages. Rafraîchissante, l'huile d'eucalyptus réduit la fièvre et peut calmer les douleurs musculaires et rhumatismales. Elle entre dans la composition de nombreux médicaments et remèdes contre le rhume et la toux. Utilisez en bain pour soulager les cystites ou, sur un mouchoir, en inhalations pour vous éclaircir les idées.

FENOUIL
Foeniculum vulgare

Origine Les Grecs et les Romains de l'Antiquité utilisaient les graines de fenouil, à l'arôme puissant, pour se fortifier, écarter les mauvais esprits, tuer les puces et se rafraîchir l'haleine.

Description Ces gracieuses plantes vivaces poussent en Europe, souvent à proximité de la mer, et se caractérisent par un feuillage délicat à l'aspect de plumes. Leurs touffes de fleurs jaune vif attirent les abeilles. Les feuilles fraîches sont particulièrement appréciées en cuisine pour accompagner les poissons, tandis que les graines, au goût anisé, entrent dans la composition de la pâte de réglisse. On les broie pour en extraire l'huile.

Effets thérapeutiques Connu pour ses propriétés diurétiques et laxatives, le fenouil intervient dans le traitement des coliques, de la constipation, des problèmes digestifs, des calculs rénaux, des troubles de la ménopause, des nausées et de l'obésité. Il peut également favoriser la montée du lait en période d'allaitement.

Utilisations En massages. L'huile aromatique sert principalement à donner du goût aux médicaments contre les flatulences et l'indigestion. Elle entre dans la composition des calmants pour coliques infantiles et peut être utilisée en infusions.

ENCENS
Boswellia thurifera

Origine L'encens (également appelé olibanum) et la myrrhe furent les premières résines d'arbre que les Égyptiens brûlaient pour en dégager les effluves odoriférantes. On les utilisait pour purifier l'air dans les chambres de malades et au cours des cérémonies religieuses pour écarter les mauvais esprits. Aussi prisés que les pierres précieuses, ils furent, selon la Bible, offerts par les trois Rois mages pour célébrer la naissance de Jésus-Christ. La résine provient d'un petit arbre qui pousse en Arabie, en Afrique et en Chine. L'encens fut introduit en Europe à la fin du XVIIe siècle.

Description Pour extraire la résine, on pratique une profonde incision dans le tronc de l'arbre; la résine s'écoule en gouttelettes en forme de larmes qui durcissent au contact de l'air. L'essence est épicée, légèrement camphrée, mais prend une senteur citronnée lorsqu'on la mélange avec de la myrrhe.

Effets thérapeutiques Il favorise la concentration intellectuelle et agit comme expectorant en cas de bronchites, toux, rhumes et laryngites. Il a la réputation de préserver la jeunesse de la peau et de faire disparaître les rides.

Utilisations En inhalations, en bains et en massages. Inhalez pour soulager les catarrhes. Pour vous détendre, versez quelques gouttes d'essence dans votre bain ou utilisez-la comme huile de massage pour vous réchauffer, vous détendre et méditer. L'encens est souvent mélangé avec de la myrrhe et se marie bien avec les essences de basilic et de bois de santal.

GERANIUM
Pelargonium adorantissimum

Origine Le géranium est originaire de l'Afrique et ne fut introduit en Europe qu'en 1690. Jadis, on l'utilisait comme remède contre les tumeurs, les brûlures et les blessures.

Description Très répandu en Europe, le géranium peut atteindre 60 cm (2 pi) de haut. Il existe des centaines de variétés cultivées pour leurs belles fleurs, mais seuls les pélargoniums aromatiques (ceux qui dégagent une odeur de citron lorsqu'on écrase une feuille) produisent une huile essentielle vert-jaune à l'arôme sucré. Cette huile est distillée à partir des feuilles, des tiges et des fleurs.

Effets thérapeutiques Curieusement, l'huile est à la fois sédative et stimulante, et, par conséquent, précieuse dans le traitement de la tension nerveuse et de la dépression. On l'utilise également pour traiter les problèmes circulatoires et cutanés, en particulier les égratignures. Elle est efficace en bains de pieds pour les engelures.

Utilisations Tout est possible. Souvent utilisé en parfumerie pour son essence fleurie, fraîche et douce, le géranium s'emploie également en massages et en inhalations pour son action relaxante et réparatrice. Il se marie bien avec la plupart des autres huiles essentielles.

HYSOPE
Hyssopus officinalis

Origine Jadis, les alchimistes utilisaient les feuilles et les racines réduites en poudre pour en faire des purgatifs et des onguents que l'on appliquait sur l'estomac pour combattre les vers. On absorbait de petites doses mélangées avec du miel pour nettoyer les mucosités de l'intestin ou avec des figues écrasées pour servir de laxatif.

Description Petite plante vivace, l'hysope se caractérise par de longues tiges, de petites feuilles étroites et des fleurs bleues. L'huile, extraite des feuilles et des têtes de fleurs, s'utilise en parfumerie et entre dans la fabrication de certaines liqueurs, notamment la chartreuse.

Effets thérapeutiques L'hysope intervient dans le traitement des troubles du système cardiovasculaire ; en raison de son action à la fois stimulante et sédative, elle peut réguler la tension artérielle. Elle exerce une action puissante sur le système respiratoire et s'avère très utile dans les cas de bronchites, de toux ou de rhumes. On s'en sert aussi pour traiter les maladies de la peau.

Utilisations En massages et en inhalations. Elle entre aussi dans la composition des préparations contre la toux dans les cas de bronchite.

Mise en garde Ne l'utilisez qu'en très petites quantités. Évitez en cas de grossesse.

JASMIN
Jasminum officinale

Origine Très apprécié de longue date par les Arabes, les Indiens et les Chinois, importé de Perse en Europe au XVIᵉ siècle, le jasmin s'utilise de nombreuses manières : il entre dans la composition de certains parfums et eaux de toilette, peut être utilisé en diffuseur pour parfumer une pièce ou encore pour donner une saveur particulière à certains thés.

Description L'espèce *Jasminum grandiflora* est un petit arbuste natif des Indes orientales et d'Égypte ; il est cultivé dans le Midi de la France, en Espagne, en Algérie, au Maroc, en Inde et en Égypte. Ses délicates fleurs blanches produisent un arôme miellé légèrement fruité. Extraite par enfleurage, l'huile, rouge foncé, exhale un riche parfum fleuri, chaud et exotique. Le jasmin est, avec la rose, l'une des essences les plus importantes et les plus coûteuses employées en parfumerie.

Effets thérapeutiques Grâce à son action anxiolytique et antidépressive, le jasmin améliore l'humeur. Aphrodisiaque, il peut intervenir dans le traitement de la frigidité et de l'impuissance. Il soulage également les crampes menstruelles et apaise les inflammations et les irritations cutanées.

Utilisations Inhalations, bains et massages permettent de tirer tous les bienfaits de son action réconfortante et relaxante. Le jasmin entre également dans la composition de nombreux parfums, parmi les plus raffinés. Enfin, il peut être utilisé en diffuseur pour parfumer une pièce.

GENÉVRIER
Juniperus communis

Origine Cultivé en Amérique du Nord, en Asie, en Afrique et en Europe, ce petit arbuste aux feuilles et aux baies aromatiques était utilisé jadis comme encens dans les cérémonies religieuses ainsi que pour purifier l'air et écarter la peste.

Description Arbuste à feuilles persistantes aux branches épaisses et aux minces feuilles épineuses, le genévrier produit de petites fleurs jaunes et des baies bleu violacé. Les baies et les feuilles dégagent un arôme puissant, similaire à celui des aiguilles de pin ; l'huile, extraite des baies par distillation, donne une essence jaune clair.

Effets thérapeutiques Diurétique et antiseptique, il purifie les voies urinaires et constitue un excellent traitement des cystites et des problèmes de rétention d'eau. On l'utilise également pour lutter contre l'acné, les coliques, la toux, les dermatites, l'eczéma, les flatulences, les rhumatismes et les ulcères cutanés.

Utilisations En inhalations, bains et massages. L'huile est très stimulante et, comme celle du cyprès ou du pin, elle a une action très rafraîchissante dans un bain. Utilisée en massages, elle stimule la circulation sanguine.

LAVANDE
Lavendula officinalis

Origine Son nom vient du mot latin « lavare », laver. C'était l'un des aromates préférés des Romains, qui l'utilisaient quotidiennement aux thermes. Les Grecs et les Romains faisaient brûler des brins de lavande pour purifier l'atmosphère de leurs maisons afin d'écarter la peste. La lavande fut introduite en Europe par les Romains.

Description Sous-arbrisseau aux branches de bois et aux longues feuilles étroites, la lavande a de longues fleurs en épi d'un bleu violacé. Une fois coupées, les plantes sont séchées et distillées à la vapeur. L'huile essentielle, transparente ou jaune clair, dégage un arôme puissant.

Effets thérapeutiques Ses effets sédatifs et toniques lui confèrent une action très équilibrante pour le système nerveux. La lavande aide à combattre les migraines. Grâce à ses propriétés extraordinairement variées, et notamment antiseptiques, elle peut intervenir dans le traitement de nombreuses affections cutanées, des infections pulmonaires et des voies urinaires, ainsi que des troubles digestifs.

Utilisations En inhalations, bains, aérosols, massages et autres. Pour les maux de tête et migraines, utilisez en compresses froides ou versez quelques gouttes dans de l'eau bouillante et inhalez. En cas de fatigue nerveuse, enroulez-vous une serviette chaude autour de la tête. Pour combattre l'insomnie, prenez un bain chaud parfumé à la lavande.

CITRON

Citrus limonum

Origine Les premiers marins faisaient ample provision de citrons avant les voyages au long cours pour lutter contre le scorbut et purifier leurs réserves d'eau potable. Les propriétés astringentes et antiseptiques du citron en faisaient l'un des éléments de base pour traiter coupures, contusions et piqûres d'insectes.

Description Le citronnier, aux fleurs blanc rosé et aux fruits jaune vif, pousse dans la plupart des pays méditerranéens, au Brésil, en Argentine, en Israël et en Afrique. Extraite de l'écorce, l'huile jaune clair est traditionnellement utilisée en parfumerie pour son arôme de citrus intense très frais. L'essence se trouble et se détériore avec le temps si elle n'est pas convenablement stockée.

Effets thérapeutiques Hautement antiseptique et astringent, le citron s'utilise pour traiter les problèmes cutanés tels que furoncles et verrues. Il aide également à combattre la tension artérielle, les rhumes, les troubles digestifs, la fièvre et les calculs rénaux.

Utilisations En inhalations, bains et massages. Comme la plupart des huiles de citrus, le citron est un agent purifiant efficace, tant pour les problèmes internes qu'externes. Il entre dans la composition des produits pour peaux grasses. Utilisé en diffuseur, il permet de lutter contre le rhume et agit comme répulsif à insectes.

SCHÉNANTHE (JONC ODORANT)

Cymbopogon citratus

Origine Cette herbe au parfum doux était principalement utilisée pour relever les aliments en Inde, au Congo, aux Seychelles, en Indonésie et au Sri Lanka. Sa principale composante, le citral, est un antiseptique puissant, et le jonc odorant servait également à désodoriser vêtements et chaussures. On faisait brûler les feuilles séchées pour se tenir l'esprit éveillé.

Description Le schénanthe est une plante herbacée tropicale assez haute qui ressemble un peu à un roseau. Son huile est distillée à la vapeur à partir des herbes fraîches ou partiellement séchées et exhale un frais parfum citronné. Elle est utilisée dans la fabrication de savonnettes, parfums et produits d'entretien citronnés.

Effets thérapeutiques En raison de son action antibactérienne, le schénanthe aide à combattre les affections cutanées, les maux de gorge et les problèmes respiratoires.

Utilisations En inhalations et en massages. Pour les amateurs d'exercice physique, le schénanthe est un déodorant idéal, très rafraîchissant. Il peut également soulager les mycoses. Son parfum frais est stimulant. Utilisé en massages ou en inhalations, le schénanthe tonifie le cœur et le système digestif. Son huile éloigne les insectes.

MARJOLAINE
Origanum marjorana

Origine Les Grecs cultivaient la marjolaine pour l'utiliser dans leurs parfums et leurs potions d'herbes. Ils la prescrivaient comme antidote et pour purger l'organisme.

Description Cultivée dans le monde entier, cette plante vivace est l'une des herbes culinaires les plus classiques. L'essence couleur d'ambre est extraite des feuilles, fraîches ou séchées, et des fleurs par distillation à la vapeur. La marjolaine est souvent utilisée pour la fabrication des eaux de toilettes masculines en raison de son arôme chaud et légèrement épicé.

Effets thérapeutiques La marjolaine est particulièrement utile dans le traitement du système nerveux en raison de ses propriétés antispasmodiques. Elle aide également à lutter contre l'anxiété, l'insomnie, l'arthrite, l'asthme, la bronchite, les troubles circulatoires, la constipation, les maux de tête, les douleurs menstruelles, les froissements musculaires et les rhumatismes.

Utilisations En inhalations, bains et massages. La marjolaine se marie bien avec la bergamote, la lavande et le romarin. Dans un bain ou sous forme d'huile corporelle, elle réchauffe et détend. En inhalations ou étalée sur les sinus et les tempes, elle soulage les rhumes.

Mise en garde À éviter en début de grossesse. À hautes doses, la marjolaine agit comme un narcotique. Elle peut également avoir un effet négatif sur la sexualité.

MÉLISSE
Melissa officinalis

Origine Les Grecs et les Arabes connaissaient les propriétés de la mélisse, et au XVIᵉ siècle, le physicien suisse Paracelsus la baptisa « élixir de vie ».

Description Principalement originaire d'Europe, la mélisse est également cultivée en Amérique du Nord. Plus connue sous le nom de citronnelle ou piment des abeilles, c'est une plante vivace de la famille de la menthe. L'huile aromatique, extraite des feuilles par distillation, sent le citron.

Effets thérapeutiques Longtemps utilisée comme remède contre la « mélancolie », la mélisse possède des propriétés toniques et antispasmodiques qui la rendent également très utile dans le traitement des allergies, des rhumes, de la diarrhée, de l'hypertension, des douleurs menstruelles, de la migraine et du stress, de la nausée et des palpitations.

Utilisations En inhalations, bains et massages. L'huile essentielle fait baisser la tension artérielle et calme les nerfs. Versez 6 gouttes dans votre bain. La mélisse apaise le corps et l'esprit, et dissipe la mauvaise humeur : une huile de rêve.

MYRRHE
Commiphora myrrha

Origine Les Égyptiens et les Grecs tenaient la myrrhe pour une denrée précieuse et l'utilisaient dans le culte rendu aux dieux et les rituels de cérémonie, mais aussi pour la fabrication des cosmétiques et des parfums ; elle intervenait également dans les traitements à base d'herbes. Les Égyptiens l'associaient à l'encens pour purifier et embaumer les corps.

Description Petit arbuste ressemblant à un buisson, le balsamier, d'où l'on tire la myrrhe, est originaire d'Arabie, de Somalie, d'Éthiopie et d'Afrique du Nord. Bien que les feuilles soient aromatiques, c'est la résine qui, une fois distillée, produit l'huile essentielle, jaune et visqueuse. La myrrhe a une odeur sucrée, chaude et légèrement épicée.

Effets thérapeutiques Anti-inflammatoire et expectorante, la myrrhe soulage bronchites, catarrhes, toux et rhumes. Elle s'avère également efficace dans le traitement des troubles digestifs, des infections buccales, des irritations de la gorge et des problèmes cutanés.

Utilisations En inhalations et en massages. La myrrhe est également utilisée en parfumerie et dans l'industrie pharmaceutique. En aromathérapie, elle se marie bien avec le camphre et la lavande en raison de son action rafraîchissante.

NÉROLI
Citrus aurantium

Origine On pense que le néroli a été découvert par les Romains. En 1680, il servait à parfumer l'eau de bain et les gants d'Anna Maria Orsini, princesse de Nérola, qui mit cette fragrance à la mode parmi l'aristocratie italienne.

Description L'huile de néroli est plus connue sous le nom de fleur d'oranger. Elle provient des fleurs blanches du bigaradier. Originaire de Chine, celui-ci est cultivé en Égypte, au Maroc, en Algérie, aux États-Unis, en Italie et dans le sud de la France. La production de l'huile, jaune clair, est très coûteuse, car il faut à peu près une tonne de fleurs pour extraire seulement 1 kg (2 lb) d'huile. Les fleurs sont cueillies à la main juste avant l'éclosion, puis distillées. Le néroli, qui exhale un merveilleux parfum évoquant celui du lis, entre dans la formule de l'eau de Cologne.

Effets thérapeutiques Sédatif et antidépresseur, le néroli aide à combattre l'anxiété, l'hystérie, les chocs émotifs, les palpitations et l'insomnie. Il intervient également dans le traitement des dermatites et des peaux sèches, de la nervosité prémenstruelle et des troubles de la ménopause.

Utilisations En inhalations, bains et massages. Utilisez dans le bain ou sous forme d'huile corporelle pour soulager les symptômes prémenstruels et améliorer la circulation, ou juste pour profiter de son parfum délicieux et de ses propriétés relaxantes.

ORANGE
Citrus aurantium (orange amère)/*Citrus sinensis* (orange douce)

Origine L'oranger est originaire de Chine, et les qualités des huiles d'oranges douces ou amères sont utilisées depuis longtemps à des fins culinaires, cosmétiques et médicinales.

Description Les huiles douce et amère sont similaires. Toutes deux sont extraites par pression à froid de l'écorce d'oranges fraîches (seule l'huile de néroli est extraite de la fleur). Les huiles douce et amère présentent une couleur allant du jaune au brun et sont largement utilisées pour la note de fraîcheur qu'elles ajoutent aux parfums.

Effets thérapeutiques Rafraîchissante mais sédative, l'orange est un tonique qui permet de lutter contre l'anxiété et la dépression. Elle stimule également le système digestif et s'avère efficace contre la constipation. Ses propriétés antiseptiques la rendent très utile dans le traitement des ulcères de la bouche.

Utilisations En bains et en massages. Ces huiles essentielles, riches en vitamine C, sont largement utilisées dans les industries alimentaires et cosmétiques pour la fabrication de produits allant des huiles de bains et des huiles corporelles aux chocolats à l'orange.

PERSIL
Petroselinum sativum

Origine Le persil est entouré de nombreuses légendes. Au Moyen Âge, on croyait qu'il ne poussait que dans le jardin des gens « honnêtes » et qu'en mâchant ses feuilles, on tenait le diable à distance. On découvrit plus tard qu'il chassait également la mauvaise haleine.

Description Originaire d'Asie Mineure, le persil pousse dans le monde entier. Le persil commun est cultivé pour ses propriétés culinaires et pour les vertus de son huile essentielle. Ce sont surtout les graines mûres qui donnent cette huile, mais on peut également distiller les feuilles. Le persil a un arôme chaud, herbacé, épicé ; il entre dans la composition de nombreux parfums et cosmétiques à base d'herbes.

Effets thérapeutiques Diurétique, le persil s'avère utile dans le traitement des problèmes urinaires et rénaux, ainsi que de la rétention d'eau. Il est riche en vitamine A, très importante pour la santé des cheveux, de la peau, des dents et des yeux, et en fer, utile pour le sang et le foie, ainsi que pendant la menstruation et la ménopause.

Utilisations En massages. Mélangé avec du fenouil et utilisé en massage corporel, le persil aide à combattre la rétention d'eau. Associé au citron et au romarin, il favorise l'élimination des toxines du foie et des reins. D'une façon générale, cette huile aux propriétés calmantes est excellente pour le système nerveux.

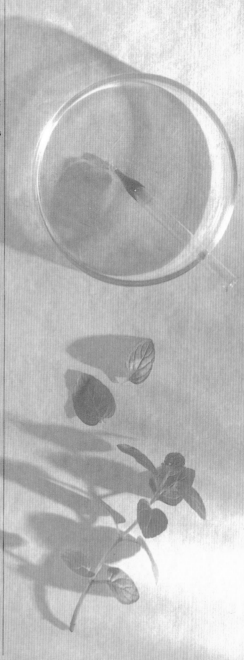

PATCHOULI
Pogostemon patchouli

Origine Avec la rose, le jasmin, le bois de santal et le basilic, le patchouli a longtemps été l'un des parfums les plus populaires en Inde, et l'on en imprégnait châles et couvertures. Il s'agit d'un aphrodisiaque, et c'est cette propriété qui lui valut de revenir à la mode dans les années 60.

Description Extraite des feuilles séchées et fermentées de l'arbrisseau, l'huile exhale une intense senteur boisée, épicée, balsamique. S'améliorant avec le temps, elle est souvent utilisée comme fixatif en parfumerie.

Effets thérapeutiques Astringent, le patchouli peut s'avérer très utile dans le traitement des problèmes capillaires et cutanés tels que pellicules, acné et eczéma. Il favorise également la cicatrisation. Il aide à combattre la dépression et l'anxiété, ainsi que la rétention d'eau.

Utilisations En inhalations, bains et massages. En petite quantité, le patchouli a un effet stimulant; à plus hautes doses, il devient sédatif. Beaucoup de femmes le portent comme parfum; cette huile ajoute une note exotique aux massages sensuels.

MENTHE POIVRÉE
Mentha piperata

Origine Les Égyptiens appréciaient beaucoup l'arôme mentholé de cette plante et l'utilisaient pour parfumer le vin et la nourriture. Au XVIIᵉ siècle, Culpeper observait que c'était une herbe extrêmement utile dans le traitement des « troubles digestifs tels que gaz et vomissements, pour lesquels il existe peu de remèdes plus efficaces ».

Description Les feuilles de la menthe poivrée sont plus courtes et plus larges que celles de la menthe verte; les fleurs violettes en épi sont plus grosses. Aromate classique en Grande-Bretagne, il s'est répandu dans le monde entier. L'huile de menthe poivrée, presque incolore, est distillée à partir de la plante séchée; elle exhale une odeur forte très rafraîchissante.

Effets thérapeutiques La menthe poivrée favorise la digestion, a une action décongestionnante et s'avère très utile dans le traitement des problèmes de peau. Elle est également recommandée en cas de rhume, de grippe, de flatulences, de maux de tête, d'indigestion, de nausées, de maux de dents et de coups de soleil.

Utilisations En inhalations, bains et massages. L'huile de menthe poivrée entre encore dans la formule des calmants pour coliques infantiles. L'inhalation de quelques gouttes de menthe poivrée versées sur un mouchoir peut soulager les maux de tête et les symptômes de mal de mer grâce aux vertus rafraîchissantes et revigorantes de cette huile. Celle-ci est également très agréable l'été dans un bain ou comme tonique pour la peau. En bains de pieds, elle aide à combattre les odeurs de transpiration et repose. Elle s'utilise également en compresses pour lutter contre les bouffées de chaleur.

Mise en garde Pour les problèmes cutanés, évitez les concentrations à plus de 1 % qui peuvent irriter la peau.

PIN SYLVESTRE
Pinus silvestris

Origine Traditionnellement, les Scandinaves ont toujours utilisé le pin au sauna ou au bain de vapeur en raison de ses vertus rafraîchissantes et antiseptiques.

Description Cette espèce de conifère pousse à l'état sauvage dans toute l'Europe, en Amérique du Nord et en Russie. L'huile de pin ordinaire est extraite du cœur du bois, mais les meilleures essences sont distillées à partir des aiguilles. L'huile a une fragrance fraîche, légèrement boisée et résineuse.

Effets thérapeutiques Antiseptique, l'huile de pin est particulièrement bénéfique pour le système respiratoire en cas de bronchite, catarrhe, rhume et sinusite. Elle soulage également les cystites, l'arthrite et les douleurs musculaires.

Utilisations En inhalations, bains et massages. Souvent utilisée pour parfumer les produits d'entretien et les eaux de toilette pour homme, cette huile est très appréciée dans l'industrie cosmétique et pharmaceutique : elle entre dans la composition de baumes, lotions, savonnettes et huiles de bain. Elle peut servir de déodorant antiseptique (quelques gouttes permettent de déodoriser les chaussures); au sauna et au bain de vapeur, elle donne une atmosphère fraîche et tonifiante.

ROSE
Rosa centifolia, Rosa damascena

Origine On apprécie la rose pour sa fragrance délicate au moins depuis l'époque des Romains, qui l'utilisaient aux thermes, en faisaient des guirlandes et s'en parfumaient, souvent à l'occasion de manifestations publiques. Mais la rose a également connu des usages plus secrets : on raconte que Cléopâtre tapissait sa chambre de pétales de roses pour augmenter son pouvoir de séduction sur Marc Antoine.

Description La rose de Damas est cultivée en Bulgarie. On cueille les fleurs à l'aube, et l'huile brun jaunâtre est extraite dans les 24 heures. Il faut environ 5 tonnes de fleurs pour produire à peine 1 kg (2 lb) d'huile : il n'est pas surprenant que celle-ci soit l'une des plus coûteuses au monde. Les roses *centifolia*, qui donnent également une huile richement parfumée, sont cultivées en France, en Algérie, au Maroc et en Égypte.

Effets thérapeutiques Aphrodisiaque et légèrement euphorisante, la rose est un tonique et un fortifiant, utile dans le traitement de la constipation, des maux de tête, de la fatigue mentale et des problèmes de circulation, ainsi que des douleurs menstruelles, des troubles de la ménopause et des affections cutanées.

Utilisations En bains et en massages. Une des essences les moins toxiques qui soient, la rose est particulièrement recommandée pour les peaux âgées, plus sèches. Elle fait de merveilleux pots-pourris et sert à parfumer le linge de lit et les sous-vêtements (ajoutez quelques gouttes à la dernière eau de rinçage).

ROMARIN
Rosmarinus officinalis

Origine Découvert par les Égyptiens, le romarin était également très apprécié chez les Grecs et les Romains pour qui il symbolisait l'amour et la mort. Pendant les épidémies de peste, on en faisait brûler sur les places publiques, et les gens en portaient autour du cou pour ses propriétés antiseptiques.

Description Petit arbrisseau, le romarin peut atteindre 90 cm (3 pi). Il possède des feuilles gris vert et des fleurs bleu pâle. L'huile transparente, distillée à la vapeur à partir des fleurs et des feuilles, possède un puissant arôme chaud et boisé.

Effets thérapeutiques Le romarin est un excellent stimulant, en particulier pour la circulation et la mémoire. Il peut entrer dans le traitement de l'alopécie, des bronchites, des rhumes, des pellicules, de la diarrhée, des flatulences, des maux de tête et de l'obésité.

Utilisations En inhalations, bains et massages. Versez quelques gouttes sur un mouchoir et inhalez pour soulager les maux de tête et la fatigue. En massage, le romarin stimule le système lymphatique.

Mise en garde Utilisez-le à faibles concentrations, car des doses excessives risquent de provoquer des crises d'épilepsie ou des convulsions. Évitez-le en début de grossesse ou si vous souffrez d'hypertension.

(SAUGE)
Salvia officinalis, Salvia sclarea (Sauge sclarée)

Origine Les Égyptiens la tenaient pour une herbe sacrée et l'utilisaient pour combattre la stérilité chez les femmes. Les Chinois s'en servent en médecine depuis des siècles.

Description Les nombreuses espèces de sauge sont des arbrisseaux aux feuilles rêches et ridées. L'huile est distillée à partir des feuilles séchées et dégage un puissant parfum frais et épicé, légèrement camphré.

Effets thérapeutiques Tonique, particulièrement connue pour ses effets régulateurs sur le cycle menstruel, la sauge peut également soulager l'arthrite, combattre les infections bactériennes, les maux de gorge et la rétention d'eau.

Sauge sclarée *(Salvia sclarea)* Elle est utilisée pour ses effets sédatifs et euphoriques dans le traitement des insomnies, de l'anxiété et de la dépression, ainsi que pour soulager les douleurs menstruelles et les troubles de la ménopause. Elle possède un parfum épicé, plus fleuri que celui de la sauge commune.

Utilisations En bains et massages. Un bain de sauge soulage les douleurs musculaires et atténue les effets d'un stress ou d'une concentration mentale prolongés.

Mise en garde À hautes doses, la sauge risque de trop stimuler, aussi est-elle déconseillée aux sujets atteints d'épilepsie. Sauge commune et sauge sclarée sont à éviter en début de grossesse.

31

BOIS DE SANTAL
Santalum album

Origine En Chine, en Inde et en Égypte, le bois de santal entrait dans la composition des parfums et des cosmétiques. Il était également très prisé des fabricants de meubles, et en Inde de nombreux temples ont été construits en bois de santal. Les fidèles se parfumaient le corps avec cette essence, ainsi qu'avec la rose, le jasmin et le narcisse.

Description Le santal, arbre à feuilles persistantes, peut atteindre une hauteur de 8 mètres (30 pi) en Indonésie, en Asie du Sud-Est et en particulier en Inde orientale. L'huile balsamique sirupeuse est distillée à la vapeur à partir des copeaux et de la poudre de bois. Elle dégage une chaude et riche odeur boisée. Utilisée comme fixatif dans les parfums, elle donne une tonalité de base classique à de nombreuses fragrances parmi les plus coûteuses.

Effets thérapeutiques Les propriétés sédatives du bois de santal en font un excellent traitement pour la dépression et la tension nerveuse. C'est également un anti-expectorant et un antispasmodique ; le bois de santal aide à combattre les bronchites, toux, nausées, cystites et affections cutanées. Il est considéré comme un aphrodisiaque.

Utilisations En inhalations et en massages. Appliquez en compresses chaudes pour revitaliser une peau déshydratée. Il se marie bien avec le néroli et la rose. Le massage permet de tirer le meilleur parti de ses propriétés apaisantes.

ARBRE À THÉ
Melaleuca alternifolia

Origine Les propriétés antiseptiques de l'arbre à thé ont été découvertes il y a des siècles par les aborigènes d'Australie, qui l'utilisaient en médecine pour traiter de nombreuses infections bactériennes ou fongiques, allant de la teigne tonsurante aux mycoses. Il servait également d'antidote contre les morsures de serpent.

Description Originaire d'Australie et de Tasmanie, l'arbre à thé est souvent désigné sous le nom d'arbre des marais. Il produit de longs épis de fleurs blanches, mais l'huile vert pâle est extraite des brindilles et des feuilles, qui exhalent une puissante odeur aromatique. L'huile a une senteur camphrée qui rappelle celle de l'eucalyptus.

Effets thérapeutiques Désinfectant et antiseptique puissant, l'arbre à thé est particulièrement recommandé pour combattre les affections cutanées telles que les mycoses, brûlures, herpès, ulcères de la bouche, verrues et aphtes. Cette huile s'avère également très efficace dans le traitement des troubles respiratoires.

Utilisations En inhalations et en bains. L'arbre à thé peut être utilisé pour tuer les puces des animaux domestiques, mais on l'emploie le plus souvent en bains de pieds comme déodorant et antiseptique. Tamponnez sur les herpès. Inhalez pour soulager laryngites et bronchites. Diluez dans de l'eau et utilisez comme bain de bouche (ne pas avaler) pour soigner les ulcères.

THYM
Thymus vulgaris

Origine Dans l'Égypte ancienne, l'huile essentielle de thym entrait dans la composition des fluides d'embaumement. Les Grecs buvaient des infusions de feuilles de thym après les banquets pour favoriser la digestion. Culpeper considérait le thym comme un fortifiant pour les poumons et le préconisait comme remède pour le souffle court.

Description Cette herbe basse très répandue à l'état sauvage se caractérise par des feuilles vert foncé, une tige ligneuse et de petites fleurs roses. Le thym est cultivé à des fins culinaires et pharmaceutiques dans tous les pays méditerranéens. Extraite de toute la plante en fleurs par distillation à la vapeur, l'huile dégage une âcre odeur herbacée. Elle entre dans la composition des eaux de Cologne et des parfums à base d'herbes.

Effets thérapeutiques Le thym aide à combattre la fatigue et l'anxiété, mais il est plus connu comme antiseptique pouvant intervenir dans le traitement de la toux et des infections du système respiratoire. Il soulage les douleurs rhumatismales et est recommandé pour soigner les contusions et les enflures.

Utilisations En massages et en bains. Ajouté au bain, le thym exerce une action revigorante qui redonne du tonus aux muscles fatigués.

ILANG-ILANG
Cananga odorata

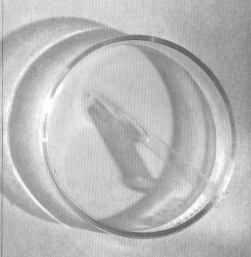

Origine Cet arbre tropical fut d'abord utilisé pour soigner le paludisme et les piqûres d'insectes et pour combattre les infections en général en raison de ses qualités antiseptiques. Cependant, on l'appréciait également comme aphrodisiaque et tonique du système nerveux. Dans le passé, on mélangeait les fleurs avec de l'huile de coco pour se parfumer les cheveux et le corps.

Description Originaire d'Indonésie et des Philippines, l'ilang-ilang peut atteindre 10 mètres (60 pi). On cueille les fleurs jaunes tôt le matin et l'on en extrait l'huile par distillation à la vapeur. L'ilang-ilang possède un arôme narcotique très doux qui évoque celui du jasmin et ajoute une note de chaleur aux parfums.

Effets thérapeutiques Très relaxant (à condition d'être utilisé avec modération), l'ilang-ilang est recommandé pour combattre l'anxiété, la dépression, l'insomnie et la frigidité. Il peut également intervenir dans le traitement de l'hypertension artérielle et des affections cutanées.

Utilisations En bains et en massages, cette huile peut soulager toutes les formes de stress. Son parfum durable est souvent utilisé dans les produits de soins du visage et du corps, ainsi que dans les pots-pourris et les pommes d'ambre. L'ilang-ilang se marie bien avec la bergamote, la mélisse, le bois de santal et le jasmin.

HUILES POUR LES PROBLÈMES COURANTS

═══ **AVERTISSEMENT** ═══

Ce tableau n'est qu'un guide général. Si les troubles persistent, consultez un aromathérapeute qualifié. En cas de problèmes chroniques, adressez-vous à un médecin.

Ne mélangez jamais plus de trois huiles, car les effets synergiques sont moins prévisibles. Respectez les proportions d'huile essentielle et d'huile de base indiquées.

Les huiles suivantes ne doivent pas être utilisées pendant la grossesse :
Basilic • Consoude • Fenouil • Genévrier • Hysope • Laurier • Marjolaine • Mélisse • Myrrhe • Romarin • Sauge • Sauge sclarée • Thym

Huile		Acné	Anxiété	Arthrite	Bronchite	Cellulite	Constipation	Cystite	Dépression	Diarrhée	Douleurs musculaires
Arbre à thé	S				❀						
Basilic	R, E			❀	❀				❀		
Benjoin	S				❀	❀			❀		
Bergamote	R, E	❀	❀					❀	❀		
Bois de cèdre	R	❀				❀					
Bois de santal	R	❀	❀		❀				❀	❀	
Camomille	R	❀	❀	❀				❀	❀	❀	
Cannelle	R									❀	❀
Citron	S	❀								❀	
Consoude	R										❀
Cyprès	R			❀		❀		❀	❀	❀	❀
Encens	R										
Eucalyptus	S	❀		❀	❀			❀		❀	❀
Fenouil	S						❀				
Genévrier	R, E	❀	❀			❀			❀	❀	
Géranium	R, E			❀					❀	❀	
Hysope	R, S				❀						
Ilang-ilang	R		❀						❀		
Jasmin	R		❀						❀		
Laurier	R			❀	❀						
Lavande	R, E	❀			❀				❀	❀	❀
Marjolaine	R			❀	❀	❀	❀				❀
Mélisse	R, E		❀							❀	
Menthe poivrée	S						❀			❀	
Myrrhe	S						❀			❀	
Néroli	R		❀						❀		
Orange	E		❀					❀	❀		
Patchouli	R	❀	❀			❀			❀		
Persil	S							❀			
Pin	S			❀	❀			❀			❀
Romarin	S						❀	❀	❀		❀
Rose	R				❀			❀	❀		
Sauge	S			❀	❀	❀			❀	❀	
Sauge sclarée	R, S		❀						❀		
Schénanthe	S	❀							❀		
Thym	S			❀		❀					

Eczéma	Évanouissements	Fatigue mentale	Flatulences	Grippe	Hémorroïdes	Hypertension	Hypotension	Indigestion	Infections de la gorge	Insomnie	Mal de mer	Maux de tête	Mycose	Nausée	Obésité	Odeurs corporelles	Pellicules	Problèmes sexuels	Règles douloureuses	Règles irrégulières	Régulation hormonale	Rétention d'eau	Rhumatismes	Rhume	Rhume des foins	Sinusite	Stress	Syndrome prémenstruel	Troubles de la ménopause	Troubles menstruels (généraux)	Varices	Verrues
				❀					❀				❀				❀						❀									❀
	❀	❀		❀				❀				❀		❀									❀				❀			❀		
																❀							❀									
			❀						❀																							
❀										❀								❀	❀													
❀						❀		❀						❀				❀	❀							❀	❀					
❀	❀							❀				❀		❀					❀	❀	❀		❀			❀						
			❀			❀				❀													❀	❀								
			❀			❀		❀				❀		❀					❀				❀	❀				❀		❀	❀	
❀														❀							❀							❀				
❀				❀	❀			❀				❀						❀						❀	❀			❀		❀		
								❀				❀												❀								
			❀					❀				❀											❀	❀								
													❀	❀													❀					
❀		❀						❀								❀			❀				❀			❀	❀	❀				❀
								❀								❀	❀				❀			❀			❀	❀				
❀		❀	❀		❀	❀		❀				❀												❀							❀	❀
							❀															❀										
❀																❀	❀															
															❀							❀										
	❀		❀				❀		❀		❀	❀	❀	❀	❀		❀		❀			❀		❀		❀	❀	❀		❀		❀
						❀		❀		❀		❀		❀					❀					❀			❀					
	❀					❀		❀		❀		❀		❀					❀	❀	❀			❀		❀	❀	❀	❀			
❀		❀		❀		❀		❀		❀				❀		❀		❀								❀				❀	❀	
❀					❀				❀	❀														❀								
										❀				❀				❀								❀		❀		❀	❀	
						❀		❀													❀							❀				
❀	❀											❀		❀					❀													
																					❀											
	❀		❀													❀								❀	❀	❀		❀				
❀	❀	❀				❀			❀			❀				❀		❀		❀		❀		❀	❀	❀		❀		❀	❀	
									❀				❀						❀	❀	❀				❀		❀	❀				
	❀					❀			❀	❀							❀							❀	❀	❀		❀	❀			
	❀	❀			❀				❀	❀							❀	❀	❀					❀	❀			❀	❀			
								❀	❀				❀	❀			❀													❀		
		❀	❀													❀						❀				❀						

LE MASSAGE AROMATHÉRAPIQUE

Un massage basé sur l'utilisation des huiles essentielles est un traitement thérapeutique qui agit principalement sur le système nerveux. L'aromathérapie est à la fois holistique et pratique en ce sens qu'elle renforce le système immunitaire de l'organisme tout en stimulant ou en stabilisant les émotions. Elle est souvent appelée « science sensuelle » parce qu'elle associe les pouvoirs du toucher à ceux de l'odorat.

Plus que toute autre forme de massage, l'aromathérapie peut soit détendre, soit stimuler le corps et l'esprit. Les huiles essentielles pénètrent dans le corps à la fois par la peau et par inhalation.

L'INSTALLATION

Tout massage est relaxant, mais vous pouvez en accroître l'efficacité en créant une ambiance propice. Les aromathérapeutes professionnels utilisent un banc spécial, mais vous pouvez très bien travailler sur un plancher garni d'étoffes ou sur un futon (matelas japonais). Un lit ordinaire n'est pas assez ferme. Étendez un grand drap de coton par terre et placez une serviette de bain par-dessus. Gardez toujours à portée de main un oreiller, une grande serviette-éponge et une couverture chauffante ou une bouillotte pour assurer le confort de votre partenaire.

DÉTENDRE VOTRE PARTENAIRE

Pour créer une atmosphère de détente, vous pouvez parfumer la pièce à l'aide d'un diffuseur en utilisant une huile aux propriétés apaisantes et mettre une musique de fond : choisissez plutôt une musique instrumentale, car les voix ont tendance à distraire l'attention.

La température de la pièce doit être tiède. Une fois que l'huile a pénétré dans la peau, le corps se « met au ralenti » et, même si la peau reste chaude au toucher, l'organisme se refroidit. Le confort de votre partenaire étant très important, proposez de couvrir les parties de son corps que vous ne massez pas afin d'éviter qu'elles ne se refroidissent. Le masseur comme son partenaire doivent être à l'aise l'un avec l'autre, c'est là un aspect essentiel du traitement.

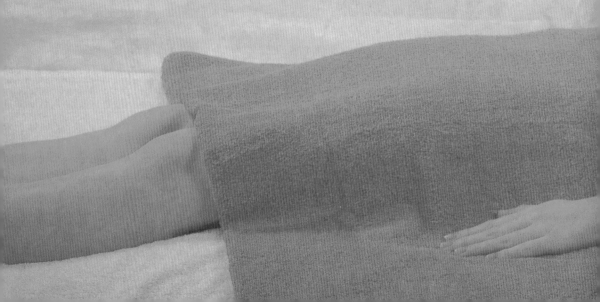

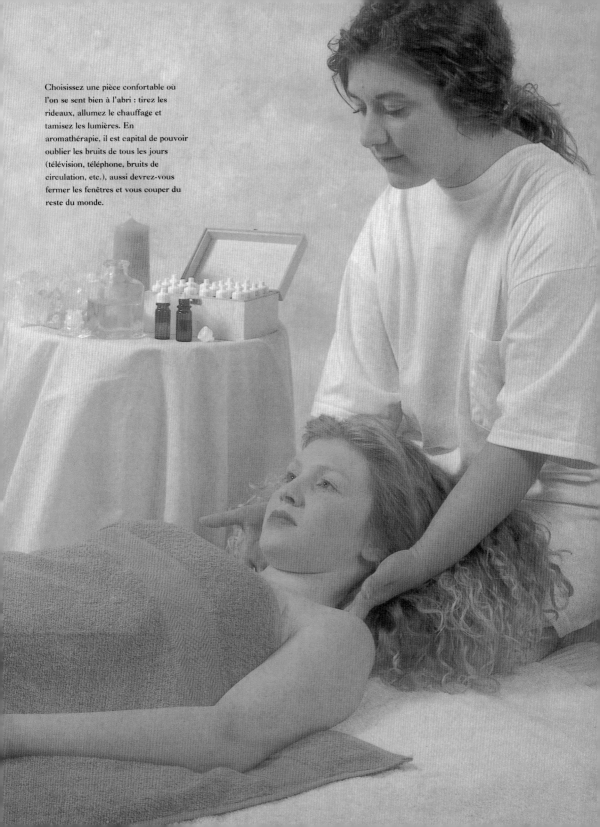

Choisissez une pièce confortable où
l'on se sent bien à l'abri : tirez les
rideaux, allumez le chauffage et
tamisez les lumières. En
aromathérapie, il est capital de pouvoir
oublier les bruits de tous les jours
(télévision, téléphone, bruits de
circulation, etc.), aussi devrez-vous
fermer les fenêtres et vous couper du
reste du monde.

LE TRAITEMENT

Un massage d'aromathérapie complet dure un peu moins d'une heure. Avant de commencer, demandez à votre partenaire s'il souffre de maux ou de douleurs, en particulier de maux de dos, s'il a subi une opération récemment, et essayez de connaître son état d'esprit du moment.

FAIRE UN MASSAGE

• Lisez les instructions étape par étape plusieurs fois avant de commencer, afin de ne pas être obligé de vous interrompre au cours du massage pour vous y reporter.

• Essayez les mouvements sur vous-même afin de vous rendre compte de l'effet qu'ils font et de la pression qu'il convient d'exercer.

• Les mouvements de massage doivent être lents et doux pour favoriser la relaxation et supprimer la tension qui raidit les muscles.

• Rappelez-vous que les mouvements doivent s'enchaîner en douceur. Si vous vous apercevez que vous avez sauté une étape ou que vous vous êtes trompé de partie du corps, ne vous affolez pas. Terminez la manœuvre commencée avant de revenir en arrière ou de passer à autre chose, mais ne vous interrompez pas.

• Lorsque vous faites un massage, vous devez vous-même être parfaitement détendu et vous sentir à l'aise, faute de quoi vous transmettrez votre tension à votre partenaire, ce qui nuira à l'efficacité du massage.

• Efforcez-vous de ne jamais rompre le contact physique avec votre partenaire ; même lorsque vous changez de position, gardez une main posée sur son corps.

• Protégez les parties du corps sur lesquelles vous ne travaillez pas avec une grande serviette-éponge ou une couverture. La chaleur favorise l'absorption des huiles par la peau.

• Si le sujet a le dos crispé, glissez-lui un oreiller sous les genoux ou sous le pelvis suivant qu'il est couché sur le dos ou sur le ventre.

CHOISIR LES HUILES ESSENTIELLES

Les aromathérapeutes ne commencent jamais un massage directement. Pour que le traitement soit pleinement efficace, le thérapeute doit d'abord se renseigner sur l'état physique et mental du sujet et voir s'il y a des problèmes spécifiques à traiter. Le problème est-il physique ? Psychique ? Les deux à la fois ? Les aromathérapeutes disposent de nombreuses huiles essentielles qui leur permettent de traiter différentes sortes de troubles, mais ils ne les utilisent et ne les mélangent jamais avant de connaître les besoins particuliers du patient.

Mélanger les huiles est tout un art, mais il existe quelques recettes simples pour traiter certains problèmes spécifiques allant des douleurs musculaires aux maux de tête et au stress. Si vous utilisez des huiles très puissantes, diminuez les quantités ; dans le doute, commencez par une huile de base comme l'amande douce et ajoutez 2 ou 3 gouttes d'huile essentielle. La lavande, le romarin et le géranium sont des huiles aux applications très vastes. Pour une peau particulièrement sensible, choisissez la camomille.

APPLIQUER LES HUILES

Conservez l'huile dans un récipient ouvert afin de ne pas avoir à vous battre avec le couvercle pendant le massage. Mais posez tout de même quelque chose dessus, car les huiles essentielles s'évaporent rapidement.

● Chauffez-vous les mains avant d'appliquer les huiles.

● Certains thérapeutes conseillent de chauffer l'huile dans ses mains avant de l'appliquer, par égard pour la personne que l'on masse. D'autres préconisent le contraire, affirmant que cette méthode accélère l'évaporation des huiles essentielles.

● Si la partie du corps sur laquelle vous travaillez est particulièrement poilue ou si la peau est très sèche, utilisez plus d'huile.

● Votre toucher doit rester léger et attentif. Rappelez-vous que vos mains sont votre principal outil de communication.

● Portez des vêtements lâches, pour ne pas être gêné dans vos mouvements.

● Si vous renversez accidentellement de l'huile sur un vêtement, épongez-la immédiatement avec un mouchoir en papier. Elle s'évaporera rapidement mais risque de laisser une tache, aussi devrez-vous laver l'étoffe à l'eau chaude savonneuse.

● Pour une détente complète, évitez de parler pendant le massage : mettez de la musique si vous n'aimez pas le silence. Invitez votre partenaire à réagir : si quelque chose ne lui plaît pas, vous devez le savoir.

● Assurez-vous que la personne que vous vous apprêtez à masser connaît les instructions suivantes.

SE FAIRE MASSER

Avant le massage

● Douchez-vous ou lavez-vous à l'eau fraîche. Ne prenez pas de bain chaud, car les huiles pénétreraient immédiatement dans votre peau.

● N'utilisez pas de déodorant, cela neutraliserait l'effet des huiles.

● Ne mangez pas trop copieusement, car votre organisme, occupé à digérer, ne pourrait pas se détendre.

● Ne buvez pas d'alcool.

● Ne vous faites pas masser si vous avez la grippe ou la fièvre ou si vous êtes gravement souffrant (voir Attention, page 40). Attendez que le pire soit passé : un traitement aromathérapique pourra alors aider la convalescence.

Après le massage

● Buvez un verre d'eau plate aussitôt après le traitement.

● Restez allongé sans bouger pendant au moins 5 minutes avant de vous redresser.

● Ne prenez ni bain ni douche au cours des 12 heures qui suivent le traitement afin de laisser les huiles pénétrer votre peau et commencer leur travail de désintoxication de votre organisme.

● Buvez de grandes quantités d'eau tout le reste de la journée, car vos reins élimineront les toxines.

● Évitez l'alcool pendant au moins 12 heures afin de laisser votre corps se désintoxiquer à fond.

LE MASSAGE ÉTAPE PAR ÉTAPE

Choisissez les huiles que vous allez utiliser en fonction de votre diagnostic. Diluez de dix à quinze gouttes d'huile(s) essentielle(s) dans quatre cuillerées à soupe d'huile de base. Au début du massage, votre partenaire doit être couché sur le ventre, le dos à découvert et le reste du corps protégé par une serviette ou une couverture légère.

ÉTABLIR LE CONTACT

Prenez le temps d'établir le contact avec votre partenaire et de vous recueillir avant de commencer le massage. Concentrez-vous sur votre corps et sur le rôle qu'il va jouer pendant la séance. Évacuez tous vos soucis et ne songez plus qu'à votre tâche.

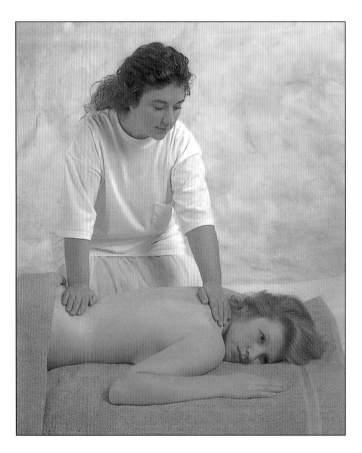

ATTENTION

L'aromathérapie est une thérapie holistique qui agit sur la personne prise dans son ensemble. Bien que ce soit un excellent moyen de traiter les maux de moindre gravité, de lutter contre le stress et de rétablir l'équilibre émotionnel, l'aromathérapie ne saurait se substituer à la médecine conventionnelle. Si les symptômes persistent, consultez un médecin.

N'essayez jamais de soigner les maladies suivantes :
– cancer
– troubles nerveux évolutifs
– problèmes cardiaques
– asthme
– état postopératoire
– varices
– hypertension
– épilepsie
Pour les huiles à éviter pendant la grossesse, voir Traitements au cours de la grossesse page 58.

À gauche : Après avoir fait coucher votre partenaire à plat ventre, posez légèrement une main à la base du cou (l'os occipital) et placez l'autre au bas du dos (la région du sacrum). Comptez jusqu'à 20 en vous concentrant sur votre respiration et en vous efforçant d'évacuer toutes les pensées étrangères à votre tâche. Vos mains doivent être bien sèches.

JAMBE

EFFLEURAGE (MASSAGE DESTINÉ À FAIRE PÉNÉTRER L'HUILE)

C'est un mouvement glissant régulier qui permet de répartir l'huile sur la peau et d'apaiser celle-ci. Travaillez toujours en direction du cœur ; l'effleurage améliore la circulation du sang et de la lymphe, ainsi que la fonction musculaire. Il intervient entre les différents mouvements pendant toute la séance afin de les relier et de répartir l'huile sur la partie du corps que l'on s'apprête à masser.

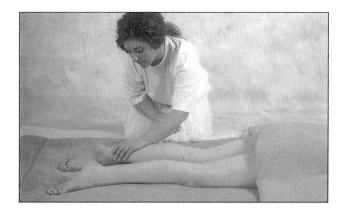

1 *Assis à côté de votre partenaire, posez une main au-dessus du talon et glissez* *doucement jusqu'aux fesses en tournant légèrement autour de la cuisse.*

2 *Alors que la première main descend sur la cuisse, placez l'autre sur le talon et glissez-la vers le haut en vous arrêtant au niveau du creux poplité.*

3 *Quand la deuxième main se soulève, passez la première par-dessus et répétez le mouvement du talon à la cuisse.*

Répétez la séquence environ 6 ou 7 fois avec des mouvements continus et coulants, puis passez à l'autre jambe.

MASSAGE DE LA CHEVILLE AVEC LE POUCE

Les chevilles sont un centre d'énergie important, et ce mouvement a un effet décongestionnant.

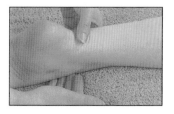

1 *Assis aux pieds de votre partenaire, prenez doucement une cheville entre vos deux mains, les pouces posés au-dessus du talon.*

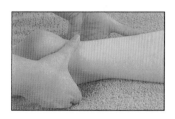

2 *Sans bouger le reste de la main, exercez une légère pression du pouce en le déplaçant vers le haut.*

3 *Répétez l'opération avec les deux pouces alternativement, en une séquence rythmique d'environ 30 secondes.*

DRAINAGE

Cette manœuvre a pour but de drainer les canaux lymphatiques et de stimuler la circulation sanguine.
Elle est à éviter chez les personnes présentant de grosses varices.

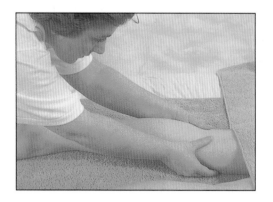

1 *Assis aux pieds de votre partenaire, faites doucement glissez vos pouces vers le haut jusqu'au milieu de la jambe, en vous arrêtant au niveau du creux poplité.*

2 *Ramenez doucement les mains vers les chevilles en glissant sur les côtés du mollet, sans tirer.*

Répétez le mouvement 5 ou 6 fois.

PÉTRISSAGE

Pour cette manœuvre, asseyez-vous à côté de la jambe.
Ce mouvement est particulièrement utile pour soulager la tension musculaire dans les mollets.

1 *Placez doucement les mains sur le mollet, l'une en haut et l'autre juste au-dessus de la cheville.*

2 *Saisissez fermement le muscle du mollet avec les deux mains. Glissez vers le centre en soulevant le muscle.*

3 *En exerçant une légère pression, pétrissez la zone en resserrant vos doigts et vos pouces et en soulevant le muscle encore plus haut.*

Continuez de pétrir pendant 30 secondes.

PALPÉ-ROULÉ

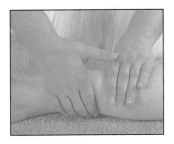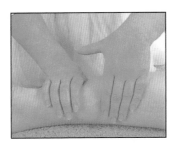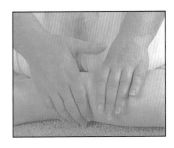

1 *Placez les mains de chaque côté du mollet, juste au-dessus de la cheville. Faites-les doucement glisser l'une près de l'autre dans des directions opposées de façon que la partie saillante d'une paume pousse vers l'extérieur tandis que l'autre tire.*

2 *Levez le pouce de la main qui tire pour éviter que vos pouces ne se heurtent en se croisant.*

3 *Les mains poussent et tirent à tour de rôle tandis que vous vous déplacez peu à peu vers le haut du mollet pour redescendre ensuite. La pression doit être ferme, mais douce.*

Pour terminer cette manœuvre, drainez à nouveau de la cheville au creux poplité.

MASSAGE DU GENOU AVEC LE POUCE

C'est la même manœuvre que celle exécutée à la base de la cheville.
Elle est très utile pour les personnes qui ont toujours froid aux pieds, car elle stimule la circulation.

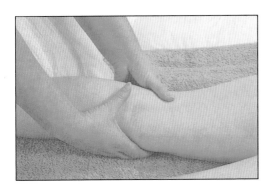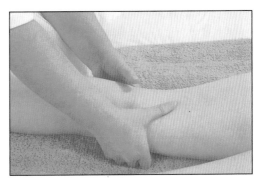

1 *Prenez doucement le genou entre vos mains, les pouces posés sur la partie charnue.*

2 *Avec le même mouvement des pouces que pour les chevilles, faites glisser un pouce vers le haut et vers l'extérieur en massant toute la largeur du genou ; répétez immédiatement ce mouvement avec l'autre pouce.*

DRAINAGE

*Drainez avec les deux pouces pressés l'un
contre l'autre en allant du genou jusqu'en
haut de la cuisse.*

PALPÉ-ROULÉ

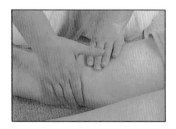

*Travaillez la jambe depuis le genou
jusqu'en haut de la cuisse de la même
façon que vous l'avez fait pour le mollet.*

PRESSION DE LA CUISSE

*Cette manœuvre exécutée avec le dessus du poing est très efficace pour briser la cellulite,
car elle disperse les tissus graisseux et améliore la circulation.*

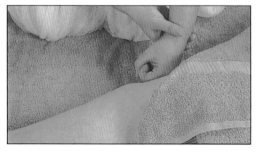

*1 En tenant d'une main le poignet de
l'autre pour donner plus de stabilité au
mouvement, placez votre poing fermé sur le
côté de la cuisse, juste au-dessus du genou.*

*2 Traînez lentement le poing vers le
haut de la cuisse en direction de l'os
de la hanche. N'appuyez pas trop fort, ce
n'est pas nécessaire.*

Répétez 5 ou 6 fois, en vous attaquant chaque fois à une partie différente de la cuisse.

*Terminez le massage de la jambe en reprenant le mouvement d'effleurage du début,
puis répétez les manœuvres sur l'autre jambe.*

*Couvrez les jambes avec des serviettes avant de passer à l'étape suivante.
Une couverture ou une bouillotte pour les pieds seraient sans doute appréciées.*

MASSAGE DORSAL

Le dos est soumis à de nombreuses pressions, et cette manœuvre relaxante est souvent la partie la mieux appréciée du massage.
N'exercez pas une pression trop forte, les mouvements doivent rester larges et coulants.

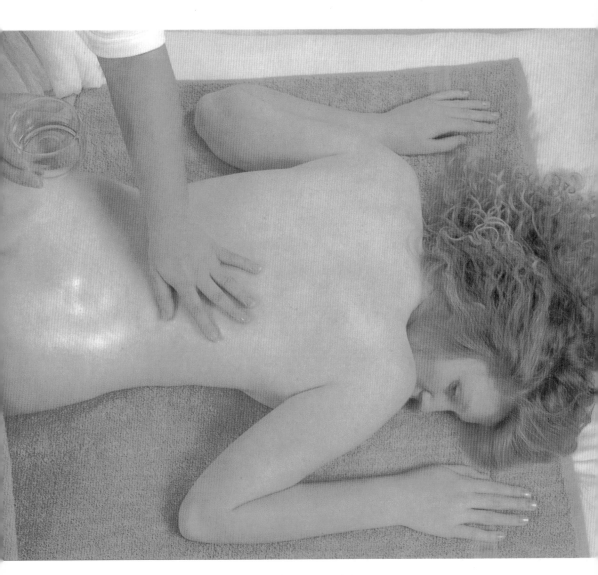

Assis auprès de votre partenaire,
appliquez l'huile sur le dos en mouvements réguliers
allant vers le haut, suivant la direction de la circulation lymphatique.

FIGURE EN FORME DE HUIT

*Cette séquence de mouvements dénoue les tissus du dos,
stimule la circulation sanguine et lymphatique et soulage la tension nerveuse.*

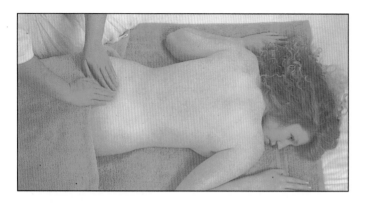

Vous devez être agenouillé au niveau des fesses, tourné vers la tête de votre partenaire de façon à pouvoir vous pencher pour atteindre les épaules sans effort.

1 *Pour amorcer cette manœuvre, placez les deux mains au bas du dos, juste au-dessus de la base de la colonne vertébrale, les doigts pointés vers la tête.*

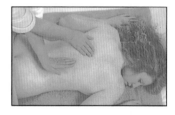

2 *Faites glissez vos mains des deux côtés de la colonne vertébrale jusqu'à la base du cou.*

3 *Écartez les mains et faites-les glisser autour des épaules, puis ramenez-les l'une vers l'autre sur le haut du dos.*

4 *Passez le bras droit par-dessus le bras gauche et continuez le mouvement.*

5 *Les bras toujours croisés, descendez vers la taille.*

6 *Tirez fermement la chair autour de la taille, puis relâchez peu à peu les côtés à mesure que les paumes glissent vers le milieu du bas du dos et se décroisent.*

7 *Poursuivez la manœuvre en faisant glisser les paumes autour des hanches et complétez votre figure en forme de huit en ramenant vos mains au point de départ.*

Répétez 6 fois, toujours avec de larges mouvements coulants.

MASSAGE EN ÉVENTAIL

Ce mouvement permet d'agir sur les nerfs situés le long de la colonne vertébrale et aide à disperser le fluide qui s'accumule dans les tissus du dos par suite de la tension. L'effet est merveilleusement relaxant.

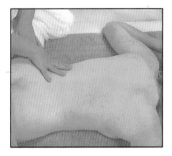

1 *Placez une main au bas du dos, à la base de la colonne vertébrale. Les doigts doivent être écartés, l'index pointé vers le côté de la colonne vertébrale.*

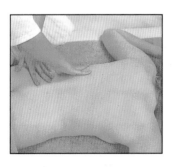

2 *Déplacez la main vers le haut en vous écartant de la colonne vertébrale. Dès que cette main achève le mouvement, l'autre enchaîne, toujours du même côté. Continuez avec les deux mains alternativement jusqu'en haut de la colonne vertébrale.*

Répétez 4 ou 5 fois avant de passer à l'autre côté de la colonne vertébrale.

MASSAGE DES ÉPAULES EN PAPILLON

Avant de vous faire masser, éliminez tout produit antitranspirant ou déodorant. C'est particulièrement important pour cette manœuvre, car elle draine la lymphe vers les principaux ganglions lymphatiques des aisselles, les ganglions axillaires. Elle dénoue les épaules et disperse la tension nerveuse et musculaire.

1 *Posez une main au bas des omoplates en gardant les doigts écartés ; l'autre main suit, prête à répéter le mouvement.*

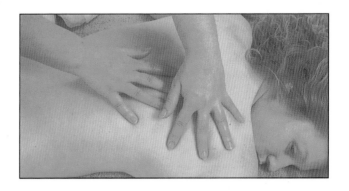

2 *Faites glisser la première main vers le haut et vers l'extérieur en un mouvement d'éventail doux et régulier. L'autre main suit immédiatement après. Travaillez toute la région de l'omoplate, passez par-dessus l'épaule et revenez vers l'aisselle.*

Répétez la manœuvre 4 fois, puis passez à l'autre épaule.

TRAVAIL AVEC L'AVANT-BRAS

Agenouillé auprès de votre partenaire,
tournez sa tête du côté opposé au vôtre.

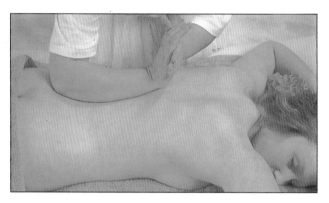

1 *Placez votre avant-bras le long de la*
colonne vertébrale avec le coude juste
au-dessus des fesses. Soutenez la main
qui travaille avec l'autre afin de donner
plus de stabilité à votre bras.

2 *Faites glisser votre avant-bras sur le*
côté de la colonne vertébrale jusqu'à
l'épaule.

Soulevez doucement le bras et répétez 2 fois depuis le commencement.

Ensuite, tournez à nouveau la tête de votre partenaire
et répétez la séquence de l'autre côté de la colonne vertébrale,
en vous servant de l'autre avant-bras.

DRAINAGE

Asseyez-vous auprès de votre partenaire,
en faisant face à son dos.

1 *Les deux mains réunies et les*
paumes levées, placez le bout des
doigts sur le côté de la colonne
vertébrale, juste au-dessus du coccyx.

2 *Les doigts serrés, tirez vers vous*
en descendant sur le côté du dos.

Répétez la manœuvre en vous déplaçant
peu à peu jusqu'en haut de la colonne
vertébrale. Arrêtez-vous à la base du cou
de façon que le dernier mouvement
traverse l'épaule en direction des
ganglions axillaires.

Répétez la manœuvre de l'autre côté de la
colonne vertébrale. Vous pouvez soit
garder la même position et vous pencher
par-dessus votre partenaire pour pousser
vers l'extérieur à partir de la colonne,
soit aller vous installer de l'autre côté et
procéder comme ci-dessus si cela vous
paraît plus commode.

PÉTRISSAGE DU COU

*Ce doux mouvement de pétrissage apaise la tension nerveuse et musculaire et permet de disperser les dépôts graisseux
qui peuvent se former dans cette région sensible.*

*Votre partenaire doit avoir le front posé sur les mains,
afin que vos doigts puissent aisément atteindre la base du cou.
Dégagez bien les cheveux.*

*Posez une main sur la nuque de votre partenaire et
avec l'autre soulevez et pétrissez les muscles de la base*
*du cou (les occipitaux) en les faisant rouler entre votre
pouce et les autres doigts.*

MASSAGE FRONTAL

Aidez votre partenaire à se retourner sur le dos et assurez-vous qu'il se sent parfaitement à l'aise. Placez des coussins ou des serviettes de toilette enroulées sous les parties du corps qui ont besoin de support (par exemple sous les jambes ou le cou). Couvrez le corps jusqu'au cou avec une serviette ou une couverture pour éviter que votre partenaire ait froid.

ÉTIREMENT DU COU

Cette manœuvre est déconseillée aux gens qui souffrent de graves problèmes de dos, bien qu'elle aide à combattre les petites douleurs et les sensations de raideur.

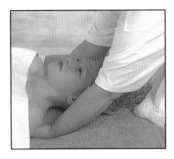

1 *Assis à la tête de votre partenaire, préparez-vous à la manœuvre en plaçant vos mains de chaque côté du cou, les paumes tournées vers le haut, les majeurs levés.*

2 *Glissez vos mains sous le dos entre les omoplates de façon que les majeurs appuient de chaque côté de la colonne vertébrale.*

3 *Soulevez doucement le torse en maintenant la pression des majeurs.*

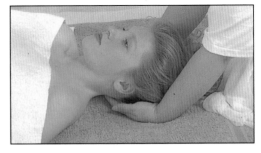

4 *Tirez lentement vos doigts de chaque côté de la colonne vertébrale. Une fois que vous atteignez le haut du cou, comptez jusqu'à 2, puis relâchez. Répétez le mouvement 3 fois.*

5 *Terminez la manœuvre en berçant doucement la tête entre vos mains.*

VISAGE

Ce traitement stimule la circulation, et le teint s'améliore à chaque séance.

Préparez le visage au massage avec une simple lotion rafraîchissante, en travaillant toujours vers le haut et vers l'extérieur. Appliquez une petite quantité d'huile faciale sur le visage et sur le cou avec des mouvements coulants.

=== PRUDENCE ===

Même diluées, les huiles essentielles restent extrêmement puissantes ; soyez donc très prudent lorsque vous abordez la région des yeux. Si de l'huile entre accidentellement en contact avec l'œil, appliquez quelques gouttes d'huile d'amande douce pure pour la dissiper. Ne lavez jamais les yeux avec de l'eau.

EFFLEURAGE DU FRONT

1 *Placez vos pouces au milieu du front, au-dessus des sourcils, les paumes de vos mains posées des deux côtés de la tête. Les mouvements doivent être légers et délicats, car la peau du visage est très fragile.*

2 *Tirez lentement les pouces vers les tempes, puis descendez vers les oreilles. Répétez ce mouvement plusieurs fois en commençant un peu plus haut à chaque reprise jusqu'au moment où vous atteindrez la racine des cheveux.*

DRAINAGE DES JOUES

Cette suite de mouvements en râteau stimule la circulation lymphatique du visage, éclaircissant le teint, dégageant les sinus et apaisant la tension.

1 *Placez vos index de chaque côté des narines et comptez jusqu'à 5.*

2 *Faites glissez vos doigts vers les oreilles. Levez les doigts et revenez aux narines. Décrivez une courbe pour atteindre l'os du maxillaire sous les oreilles.*

3 *Répétez en décrivant des courbes de plus en plus petites, et, pour finir, suivez les lignes du rire en descendant vers les côtés du menton.*

MASSAGE DU MENTON

Cette manœuvre tonifie le menton et stimule les centres d'énergie qui régissent l'estomac et l'intestin grêle.

1 *Prenez la mâchoire entre vos doigts en posant vos pouces sur le menton.*

2 *Effleurez le menton avec chaque pouce à tour de rôle en allant vers le bas et vers l'extérieur. Répétez le mouvement 6 ou 7 fois avec chaque pouce.*

BALAYAGE DU COU

C'est là une manœuvre extrêmement apaisante qui tonifie les muscles et irrigue le cou.

1, 2 *Ci-dessus et à droite : appliquez un peu d'huile faciale sur le cou, sur le haut de la poitrine et sur les épaules avec le plat de la main. Faites doucement glisser votre main du côté de l'oreille à l'épaule d'un mouvement large pour couvrir toute la région.*

3 *Répétez le mouvement tout autour du cou en descendant du menton à la naissance de la poitrine, puis de l'autre oreille à l'épaule.*

Cette séquence de mouvements doit être répétée 3 fois.

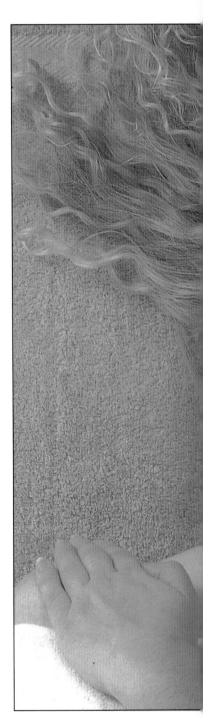

MOUVEMENT EN ÉVENTAIL SUR LES ÉPAULES

1 *Les doigts écartés, passez le plat de la main du sternum à l'épaule.*

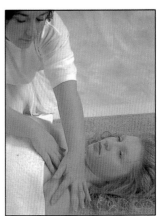

2 *L'autre main suit immédiatement après, de sorte que les deux mains drainent simultanément la région en direction de l'aisselle.*

Répétez 2 fois avant de passer à l'autre épaule.

RÉGION DE L'ESTOMAC

ABDOMEN

1 *À gauche : Appliquez un peu d'huile de façon régulière sur l'estomac. Placez la paume de la main au centre de l'abdomen.*

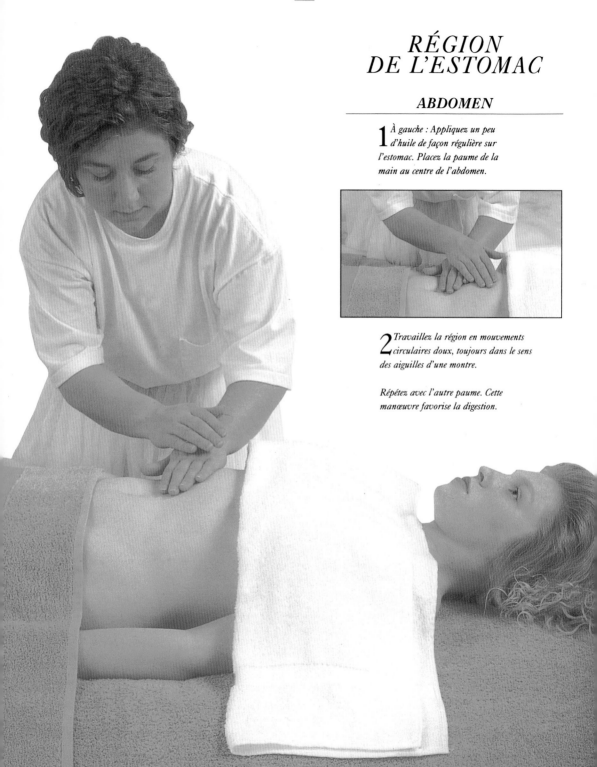

2 *Travaillez la région en mouvements circulaires doux, toujours dans le sens des aiguilles d'une montre.*

Répétez avec l'autre paume. Cette manœuvre favorise la digestion.

BALAYAGE DE LA CAGE THORACIQUE

Cette manœuvre aide à nettoyer l'estomac et la rate en chassant la lymphe de ces régions.

1 *Le tranchant de la main placé au centre de la cage thoracique, glissez vers l'extérieur en suivant la ligne des côtes jusqu'à la taille en un large mouvement.*

2 *Quand une main termine le mouvement, l'autre enchaîne, toujours du même côté.*

Répétez la manœuvre 6 ou 7 fois, puis déplacez-vous pour travailler l'autre côté de la cage thoracique.

MASSAGE ASCENDANT DE LA TAILLE

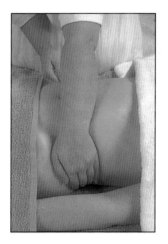 

1 *Penchez-vous par-dessus votre partenaire et empoignez fermement la taille d'une main. Renforcez votre prise en plaçant l'autre main par-dessus la première.*

2 *Soulevez la taille en attirant tout le poids de votre partenaire vers vous, puis relâchez doucement tout en faisant glisser vos mains vers l'os de la hanche. Ce mouvement nettoie le foie et la vésicule biliaire.*

3 *Complétez le mouvement en faisant glisser vos mains par-dessus le pelvis, drainant en direction des principaux ganglions de l'aine. N'appuyez pas trop fort, car c'est là* une région particulièrement sensible. Exercez une pression légère et égale de toute la main. Cette manœuvre est bénéfique pour les femmes qui souffrent de troubles menstruels.

Répétez 5 ou 6 fois avant de passer de l'autre côté du corps.

DEVANT DES JAMBES

EFFLEURAGE

Appliquez de l'huile sur les deux jambes à partir des chevilles avec un mouvement d'effleurage, comme vous l'avez fait pour la partie postérieure des jambes.

Répétez toute la séquence de mouvements d'effleurage plusieurs fois afin de répartir l'huile de façon égale.

ÉTIREMENT DE LA JAMBE

En soutenant la jambe au niveau de la cheville et du genou, faites-la plier jusqu'à l'épaule.

Croisez vos deux mains au niveau du creux poplité. Demandez à votre partenaire d'inspirer à fond, puis tirez le muscle du mollet vers vous.

Comptez lentement jusqu'à 3. Quand votre partenaire expire, relâchez.

Répétez la manœuvre 3 fois, puis reposez doucement la jambe à plat et passez à l'autre.

BRAS ET MAINS

EFFLEURAGE

1 Assis à côté de votre partenaire, écartez-lui légèrement le bras du corps. Appliquez l'huile en un mouvement continu et régulier du poignet jusqu'à l'épaule.

2 Quand la première main se lève, l'autre enchaîne, en partant du poignet pour s'arrêter au ganglion situé dans l'articulation du coude.

3 Le premier bras passe par-dessus le second lorsque celui-ci atteint le coude, et exécute un nouveau mouvement d'effleurage allant du poignet à l'épaule. Répétez 6 ou 7 fois.

Vous pouvez faire suivre la manœuvre d'effleurage d'un drainage vers l'intérieur du bras
en reprenant les mouvements exécutés sur la jambe,
et en travaillant du poignet au coude.
Avant de passer au second bras, massez la main du premier.

MASSAGE DE LA MAIN

2 *Revenez vers les doigts en massant*
doucement les articulations avec votre
pouce et votre index à mesure que vous
vous rapprochez des extrémités. Pour
terminer, tirez légèrement sur chaque doigt
pour l'étirer.

1 *La paume de votre partenaire*
posée sur la vôtre, frottez
doucement vos pouces entre les

articulations des doigts, travaillant
en direction du poignet.

3 *Répétez la manœuvre pour*
chaque doigt en terminant par le
pouce.

Maintenant, répétez les mouvements sur l'autre bras et sur l'autre main.

Pour terminer le massage, couvrez votre partenaire jusqu'au cou, assurez-vous qu'il a chaud
et qu'il se sent parfaitement à l'aise et laissez-le se reposer pendant au moins 5 minutes
(jusqu'à 15 minutes si vous le jugez bon).
À votre retour, aidez-le à se redresser doucement et offrez-lui un verre d'eau.

TRAITEMENTS AU COURS DE LA GROSSESSE

La grossesse peut être l'une des périodes les plus riches de la vie d'une femme. La joie de mettre au monde un être humain crée un sentiment d'intense satisfaction, mais c'est aussi une période de grands bouleversements physiques et émotionnels.

Parallèlement aux exercices, à un régime équilibré et au repos, les huiles essentielles peuvent jouer un rôle important pour aider la femme à supporter le stress des neuf mois de grossesse, la douleur de l'accouchement et la convalescence postnatale.

MAUX COURANTS

La brusque montée des taux d'hormones et les changements corporels qui surviennent entraînent souvent nombre de gênes, dont beaucoup peuvent être soulagées par l'aromathérapie et par quelques mesures simples.

Maux de dos
La région du bas du dos supporte beaucoup de pressions prendant la grossesse, et un massage ferme avec 4 gouttes de lavande et de bois de santal diluées dans 2 cuillerées à soupe d'huile de base fait le plus grand bien. Un bain à la lavande (6 gouttes) apaise les douleurs.

Nausées matinales
Mangez peu mais souvent pendant la journée. Choisissez des aliments frais sans conservateurs ni produits chimiques. Essayez les tisanes telles que la camomille, la menthe poivrée ou la fleur d'oranger, qui favorisent la digestion.

Brûlures d'estomac
Évitez les repas lourds et trop riches, les mets épicés. Les infusions de menthe poivrée soulagent, vous pouvez également vous frotter le plexus solaire avec un mélange de 2 gouttes d'huile essentielle de citron et de menthe poivrée diluées

Faites-vous plaisir avec des huiles corporelles et faciales parfumées à la rose (l'essence la plus luxueuse et l'une des plus relaxantes) pour garder le moral pendant votre grossesse.

dans 1 cuillerée à soupe d'huile de base.

Seins douloureux
Les seins ont besoin de soins tout particuliers pendant la grossesse. Utilisez une huile de massage douce à la rose et à l'oranger à raison de 3 gouttes de chaque essence pour 1 cuillerée à soupe d'huile d'amande douce ; si les seins sont gonflés, utilisez des compresses fraîches à l'eau de rose pendant la sieste. Pendant l'allaitement, l'huile d'amande douce soulage les mamelons douloureux. Ne mettez jamais d'huiles essentielles pures sur

les seins pendant cette période, car elles peuvent être absorbées par le bébé lorsqu'il tète.

Constipation
Votre régime doit comporter beaucoup d'aliments frais et riches en fibres ; buvez beaucoup d'eau plate. La tension nerveuse peut aussi être une cause de constipation : essayez un bain relaxant avec 3 gouttes de lavande et 4 gouttes de rose. Massez-vous l'abdomen et le creux des reins avec 4 gouttes de camomille ou d'orange diluées dans 1 cuillerée à soupe d'huile de base.

Problèmes de sommeil
Dans les derniers mois de la grossesse, il est souvent difficile de passer une bonne nuit de sommeil. Un bain relaxant au néroli et à la rose a un effet apaisant ; vous pouvez ajouter jusqu'à 8 gouttes d'ilang-ilang (mais pas plus) en raison de l'action sédative et calmante de cette essence. Pour s'endormir facilement, rien de tel que 2 gouttes de lavande au bord de l'oreiller.

Vergetures
Lorsque la peau distendue reprend sa forme normale, des vergetures peuvent apparaître. Un massage quotidien autour des hanches et du ventre avec 5 gouttes de lavande diluées dans 1 cuillerée à soupe de

jojoba, de germe de blé ou d'œnothère vous aideront à garder une peau lisse et souple.

Commencez aux alentours du 5ᵉ mois de la grossesse et continuez après la naissance, jusqu'à ce que vous ayez retrouvé votre poids normal.

Chevilles enflées

Un bain de pieds froid ou tiède au benjoin, à la rose ou à l'orange peut soulager des chevilles enflées. Versez 2 gouttes de chaque huile directement dans une cuvette ou diluez-les dans 1 cuillerée à soupe d'huile de base telle que l'huile de sésame. Lorsque vous vous étendez, posez les pieds sur des coussins.

Varices

Pendant la grossesse, l'afflux de sang vers les jambes est souvent plus lent, ce qui entraîne une dilatation des veines. Pour vous soulager, appliquez sur les jambes 2 gouttes de cyprès, de schénanthe et de lavande diluées dans 2 cuillerées à soupe d'huile d'amande d'abricot. Si les veines sont saillantes, l'un des meilleurs stimulants de la circulation est l'huile de géranium, mais elle doit toujours être très diluée lorsqu'on l'utilise pendant la grossesse; versez-en 4 gouttes dans votre bain ou diluez-les dans 1 cuillerée à soupe d'huile de base pour masser la jambe, toujours en direction du cœur. Ne travaillez jamais directement sur les veines et n'exercez pas une pression trop forte sur la jambe.

Accouchement

Pour créer une atmosphère de détente dans la salle de travail, versez quelques gouttes de lavande dans un diffuseur ou essayez la rose, le néroli ou l'ilang-ilang pour vous fortifier. Chacune de ces huiles peut être utilisée en mélange pour masser le bas du dos afin d'accélérer les contractions. Si le travail est long, essayez la marjolaine en huile de

---

=== ATTENTION ===

Évitez les huiles suivantes pendant la grossesse (en particulier pendant les 5 premiers mois) en raison de leurs propriétés diurétiques ou de leur tendance à déclencher les menstruations :

Basilic • Consoude • Fenouil • Genévrier • Hysope • Laurier • Marjolaine • Mélisse • Myrrhe • Romarin • Sauge • Sauge sclarée • Thym

Pendant la grossesse, diminuez de moitié les quantités d'huiles essentielles utilisées habituellement et redoublez de précautions. N'employez que des huiles essentielles pures, car les mélanges frelatés et les huiles synthétiques peuvent avoir des effets moins prévisibles.

Si vous avez déjà fait des fausses couches, évitez la camomille et la lavande pendant les premiers mois, bien qu'en général ces huiles soient recommandées pendant la grossesse.

En raison de leur nature potentiellement toxique et de leurs puissants effets abortifs, les huiles suivantes ne doivent être utilisées que par un aromathérapeute qualifié et elles doivent être évitées pendant la grossesse :

Armoise • Origan • Pouliot • Tanaisie

---

massage ou en compresses sur l'abdomen.

Après la naissance

Il arrive souvent que la femme soit un peu déprimée après le 3ᵉ ou 4ᵉ jour de l'accouchement, mais la dépression postnatale peut se révéler plus grave. Un bain au jasmin et à l'ilang-ilang vous réconfortera, mais vous pouvez également utiliser une huile corporelle à la camomille, au géranium et à l'orange (5 gouttes pour 2 cuillerées à soupe d'huile d'amande douce).

Pour soulager les douleurs périnéales, prenez un bain à la lavande. Vous pouvez également ajouter de l'arbre à thé, car c'est un antiseptique puissant favorisant la cicatrisation des blessures.

Huiles recommandées :
Camomille • Géranium (à petites doses) • Lavande • Citron • Néroli • Orange • Rose • Bois de santal

MASSAGE DE GROSSESSE

Ces quelques manœuvres simples peuvent contribuer à soulager beaucoup des tensions et des malaises dus à la grossesse ; le massage dorsal s'avère très utile pendant le travail.

Reportez-vous à l'encadré de la page précédente concernant les huiles à utiliser et celles à éviter.

• Les concentrations d'huile essentielle doivent être plus faibles qu'en temps ordinaire : l'idéal est une dilution de 0,5 à 1 %.
• Vos mouvements doivent se faire plus légers que d'habitude.
• Outre les manœuvres préconisées, vous pouvez pratiquer un massage facial et un massage de la poitrine.
• Laissez votre partenaire se reposer après le massage et aidez-le à se relever sans brusquerie.
• Adaptez vos positions de travail à l'état de votre partenaire, car elle ne doit pas être couchée sur le ventre ou sur le dos, et a besoin d'être bien soutenue.

DOS

*À partir du 4ᵉ mois de grossesse, il devient inconfortable de se coucher sur le ventre.
Faites asseoir votre partenaire avec un oreiller enroulé
dans une serviette de toilette dans les bras
ou proposez-lui de s'appuyer sur le dos d'une chaise.*

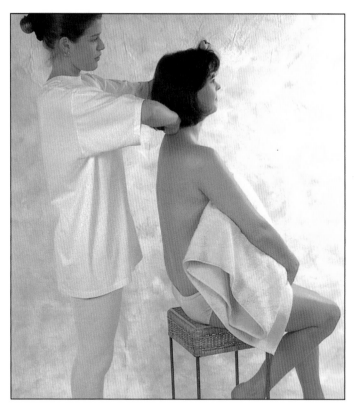

1 *Assurez-vous que votre partenaire est à l'aise et placez votre main gauche sur son front et la paume de votre main droite sur sa nuque. Restez ainsi quelques instants, puis relâchez.*

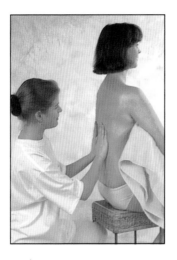

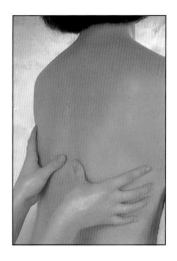

2 Appliquez un peu d'huile sur vos doigts et, avec une légère pression, massez doucement les côtés du cou et les épaules, en pétrissant principalement avec les pouces. Cela contribue à soulager la tension musculaire causée par le poids des seins gonflés.

3 Étalez uniformément l'huile sur le dos et amorcez un mouvement d'effleurage, en faisant doucement glisser vos deux mains de chaque côté de la colonne vertébrale pour passer par-dessus les épaules. Répétez plusieurs fois afin de créer un rythme et de détendre votre partenaire.

4 Avec les pouces, massez chaque côté de la colone vertébrale depuis le bas du dos jusqu'au cou afin de détendre les nerfs du dos. Répétez 4 fois. Terminez par un mouvement d'effleurage.

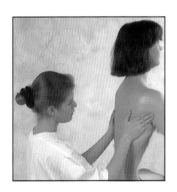

5 Exécutez des mouvements d'effleurage superficiels vers le haut en commençant à mi-hauteur du dos et en en couvrant toute la largeur. Répétez plusieurs fois jusqu'à ce que votre partenaire soit détendue. Cette manœuvre aide à stimuler la circulation et a un effet apaisant sur les terminaisons nerveuses.

6 Avec les deux mains, pressez vers le bas puis soulevez doucement les muscles du côté du cou en les faisant rouler avec votre pouce. Relâchez. Continuez ainsi jusqu'à l'épaule, puis répétez de l'autre côté. Exécutée avec de lents mouvements rythmiques, cette manœuvre est très relaxante et soulage les sensations de raideur.

ABDOMEN

*Chez la femme enceinte, le poids de l'utérus peut comprimer
des vaisseaux sanguins importants lorsqu'elle est étendue
sur le dos, aussi glissez oreillers, coussins, traversins
ou serviettes éponge enroulées sous le dos,
le cou ou les genoux de votre partenaire
afin de lui assurer le maximum de confort.*

1 *Ci-dessous : Il peut paraître
dangereux de masser l'abdomen
pendant la grossesse, mais du moment
que les mouvements restent légers et
prudents, c'est tout à fait sûr et relaxant,
à la fois pour la mère et le bébé. Un
massage très doux de la région de
l'abdomen a un effet apaisant et soulage
les sensations de tiraillement fréquentes
pendant la grossesse.*

2 *En travaillant avec le plat de la
main et en partant de chaque côté de
la taille, glissez doucement jusqu'au
nombril ; levez les mains et recommencez.
Continuez de masser avec des
mouvements doux et légers pour apaiser
et calmer jusqu'à ce que vous ayez
couvert toute la région de l'abdomen.*

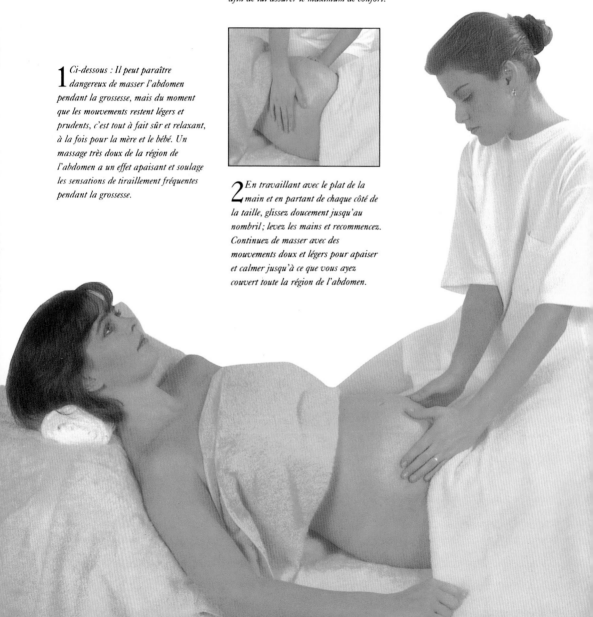

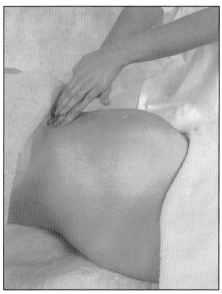

3 *Après avoir effectué des mouvements circulaires très doux pendant une minute, placez l'extrémité des doigts de votre main gauche en haut du plexus solaire et posez votre main droite par-dessus. Gardez la position pendant quelques instants, puis relâchez. Cette manœuvre soulage le stress.*

JAMBES

Assurez-vous que votre partenaire est confortablement installée, les genoux soutenus par des coussins.

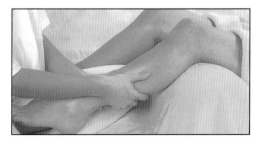

Exécutez un mouvement d'effleurage allant de la cheville au genou, puis glissez autour du mollet. Cette manœuvre vise à soulager les varices gonflées ou les crampes dont souffrent de nombreuses femmes enceintes. Évitez les pressions trop fortes sur les jambes et les mouvements de réflexologie sur les pieds, mais un massage très doux autour des chevilles sera très apprécié.

POUR FINIR

Les deux mains placées sur la nuque, exercez de légères pressions circulaires sur le crâne en massant vers le haut avec le bout des doigts pour apaiser la tension nerveuse.

Terminez le massage en dégageant le cou et le front afin d'éliminer toute l'énergie négative. Laissez votre partenaire se reposer pendant 15 minutes, puis aidez-la à se relever très doucement.

LES BASES DE LA BEAUTÉ

Être belle, c'est avant tout avoir une belle peau, et l'aromathérapie peut vous y aider. Parce qu'elles pénètrent aisément la peau, les huiles essentielles sont très hydradantes, et leur large éventail permet toujours de trouver une huile essentielle adaptée à chaque problème. Ainsi, le romarin stimule la circulation et le thym favorise la régénérescence des cellules. Tout en stimulant le système lymphatique, ce qui aide à nettoyer les tissus, les huiles essentielles peuvent aider à résoudre des problèmes particuliers tels que l'acné en les intégrant à vos soins quotidiens.

NOURRIR LA PEAU

La peau a besoin d'être nourrie, à l'intérieur, comme à l'extérieur. Pour avoir une belle peau, il faut une alimentation équilibrée qui apporte certaines vitamines et certains minéraux. De nombreux facteurs peuvent contribuer à l'épuisement de vos réserves : la consommation d'aliments en conserve ou trop traités, de caféine, d'alcool, la nicotine, les rayons du soleil, le chauffage central, le monoxyde de carbone et la prise régulière de médicaments. Les effets cumulés de ces divers facteurs peuvent attaquer votre peau, aussi faut-il la laisser se reposer de temps en temps.

LES TYPES DE PEAU

Choisissez des huiles adaptées à votre type de peau et utilisez-les pour fabriquer vos propres démaquillants, lotions toniques, masques et huiles faciales hydratantes. Rappelez-vous que votre peau peut changer selon les saisons ou la période du mois (elle peut être plus grasse au moment des règles) ; elle peut aussi changer plusieurs fois entre la puberté et la ménopause. Vous devrez donc adapter vos mélanges en fonction des besoins de votre peau.

Peu de personnes ont une peau normale, et même celles qui ont cette chance peuvent avoir la peau plus sèche ou plus grasse suivant les moments. Les lettres entre parenthèses indiquent les types de peau auxquels les huiles pour peaux normales peuvent aussi convenir. S : sèche, SB : sensible, G : grasse, T : tous types de peau.

Huiles pour peaux normales
Bois de santal (S, SB) • Camomille (S, SB) • Citron (G) • Fenouil (G) • Géranium (T) • Lavande (T) • Patchouli (S) • Rose (S, SB)

Huiles pour peaux sèches
Bois de santal • Camomille • Géranium • Hysope • Ilang-ilang • Lavande • Patchouli • Rose

Huiles pour peaux sensibles
Bois de santal • Camomille • Lavande • Néroli • Rose

Huiles pour peaux grasses
Bergamote • Bois de cèdre • Citron • Cyprès • Encens • Genévrier • Géranium • Lavande • Sauge

Les peaux mixtes ont une zone grasse (front, nez et menton), tandis que le reste du visage est normal ou sec. Adaptez le traitement en utilisant des huiles pour peau grasse sur les parties grasses et des huiles pour peau normale sur le reste du visage.

DÉMAQUILLANTS

Choisissez des huiles essentielles adaptées à votre peau et mélangez-les à une lotion ou un lait démaquillant ordinaire non parfumé, ou encore à du savon liquide, et elles rééquilibreront votre peau.

BAIN DE VAPEUR FACIAL

Versez 5 gouttes de camomille dans une cuvette d'eau très chaude pour un bain de vapeur apaisant ; pour un bain stimulant, essayez plutôt la lavande, la menthe poivrée, le thym ou le romarin ; la consoude ou le fenouil ont des propriétés curatives.

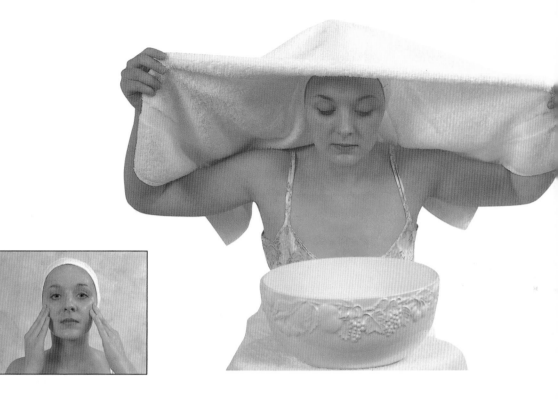

Ci-dessus : Nettoyez-vous le visage en prêtant une attention particulière aux régions les plus grasses.

Ci-dessus à droite : Pour un bain de vapeur facial, faites bouillir de l'eau, laissez-la un peu refroidir et ajoutez les huiles. Couvrez-vous la tête et laissez votre visage absorber la vapeur pendant 5 minutes.

TONIQUES

Les soins aux huiles essentielles sont la façon la plus douce de tonifier la peau. L'eau de rose pour une peau normale ou sèche-sensible ou l'orme blanc pour les peaux plus grasses, appliqués avec du coton ou vaporisés, constituent des bases idéales pour rafraîchir le teint. Les infusions font également d'excellents toniques. Dans une tasse d'eau bouillante, laissez infuser de la camomille, du souci, du cynorrhodon ou de l'ortie (utilisez des sachets tout prêts à défaut d'herbes fraîches), ajoutez 2 gouttes d'huile d'oranger ou de lavande et laissez refroidir. Les peaux grasses apprécieront le genévrier ou le schénanthe, tandis que les peaux plus sèches préféreront la rose ou le bois de santal.

HUILES FACIALES

La plupart des produits hydratants adoucissent et restent à la surface de la peau, mais les huiles essentielles, grâce à leur structure moléculaire très fine, pénètrent le derme (couche profonde de la peau). Mélangées avec la quantité adéquate d'huile de base, ces essences pures ne bouchent pas les pores, mais restent assez légères pour que la peau les absorbe.

Versez 2 cuillerées à soupe d'huile de base et ajoutez 6 gouttes d'huile(s) essentielle(s) (pas plus de 3 différentes) adaptée(s) à vos besoins.

MASQUES

L'argile et les flocons d'avoine sont des ingrédients idéaux pour un masque facial. Mélangez de l'argile en poudre naturelle à de l'eau très chaude pour obtenir une pâte. Laissez refroidir, puis ajoutez du yaourt pour rendre la consistance plus égale. On peut préparer une pâte du même type avec des flocons d'avoine finement moulus. Ajoutez 15 gouttes d'huile essentielle par tasse de pâte. Appliquez sur votre visage, laissez sécher un moment, puis retirez le masque. Pour les peaux très sèches et sensibles, ajoutez 1 cuillerée à soupe d'huile d'œnothère pour rendre le masque plus hydratant. Évitez la région des yeux.

TRAITEMENT DES YEUX

Tout en laissant agir le masque facial, fermez les yeux et posez sur les paupières des tampons de coton imbibés d'eau de rose ou deux tranches de concombre frais.

ACNÉ

C'est une erreur que de nettoyer les peaux grasses avec trop de zèle : cela ne fait qu'activer les glandes sébacées, qui réagissent en sécrétant plus de sébum. Si vous êtes atteinte d'acné pustuleuse, évitez les bains de vapeur faciaux qui risquent d'aggraver votre cas : appliquez plutôt un masque. Utilisez tous les jours un lait démaquillant et hydratant pour peaux sensibles enrichi de 2 gouttes de genévrier aux effets stimulants et antiseptiques. En outre, nettoyez la peau en profondeur une fois par semaine avec un masque d'argile additionné de 2 gouttes de genévrier – cela favorise la cicatrisation, raffermit et apaise la peau – ou encore d'eucalyptus, qui est anti-inflammatoire, antiseptique et antibiotique. Enfin, augmentez votre consommation de vitamine E, aux propriétés cicatrisantes.

COUPEROSE

Ces petites veinules apparaissent souvent sur les joues. Ce sont des capillaires rompus, plus fréquents chez les sujets à peau fragile ou délicate. Le froid, le chaud, les excitants tels que l'alcool et la caféine, peuvent être à l'origine de ces ruptures. Pour lutter contre ce phénomène, évitez la déshydratation de la peau avec des traitements à base d'huile essentielle de persil, de géranium, de camomille ou de romarin diluée dans une huile de base lourde.

HERPÈS

Causé par le virus de l'*Herpes simplex*, l'herpès se manifeste sous forme de petites cloques qui apparaissent autour et sur les lèvres. En général, le virus de l'herpès reste latent dans les cellules nerveuses, mais il peut faire surface à la suite d'une maladie, d'un stress ou d'une grande fatigue. Toute affection persistante doit motiver une visite chez le médecin ; mais pour un herpès ordinaire, tamponnez avec un peu d'arbre à thé non dilué sur la lésion.

TACHES

Si vous avez tendance à avoir des taches sur le visage, diluez 1 goutte de néroli, de citron et de lavande dans 1 cuillerée à café (5 ml) d'huile de base pour traiter la région concernée. Pour une seule tache, appliquez 1 goutte de bois de santal non dilué à l'aide d'un coton-tige.

MASSAGE FACIAL

Le massage aide la peau à absorber les huiles et les crèmes. Donnez un nouveau départ à votre peau en suivant les instructions étape par étape.

1 *Versez un peu de mélange huileux dans la paume de votre main et appliquez-le doucement sur votre visage en évitant le contour des yeux.*

2 *Avec le dos des mains, tapotez doucement votre mâchoire et le dessous de votre menton pour stimuler les cellules de la peau.*

3 *Faites de petits mouvements circulaires avec vos pouces sur le menton pour tonifier la peau, stimuler la circulation et éliminer les toxines.*

4 *Placez vos lèvres comme pour prononcer « o » et massez les côtés pour effacer les ridules.*

5 *Exercez de petites pressions du bout des doigts tout le long des pommettes en direction des tempes pour évacuer les toxines.*

6 *Exercez une pression des majeurs au-dessus de l'aile du nez et au-dessous de l'arcade sourcilière. Comptez 5 secondes, puis* lissez l'arcade sourcilière en direction des tempes.

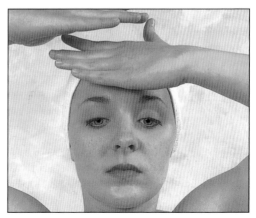

7 *Pour apaiser la tension nerveuse, exercez une pression ferme de chaque côté des tempes, puis effectuez un mouvement de rotation vers l'arrière.*

8 *Avec la paume des mains, caressez-vous le front jusqu'à la racine des cheveux en lissant les ridules.*

DES CHEVEUX SAINS

Vos cheveux jouent un rôle déterminant pour votre image et votre style, mais ils sont également le miroir de votre santé. Les problèmes physiques ou affectifs peuvent rendre les cheveux mous et ternes et leur faire perdre leur volume. Pour avoir de beaux cheveux, il faut évidemment leur accorder les soins nécessaires, mais il faut aussi suivre un régime équilibré.

HUILES POUR MASSAGE DU CUIR CHEVELU

Les cheveux secs sont rêches et épais. Évitez les colorants chimiques et les permanentes, et choisissez des shampooings et des baumes démêlants au jojoba et à l'huile d'amande. Les traitements à l'huile chaude permettent aux huiles essentielles de pénétrer plus facilement et de redonner du volume au cheveu. Après avoir massé le cuir chevelu avec l'huile, enveloppez-vous la tête d'une serviette chaude et laissez agir pendant une demi-heure.

Huiles pour cheveux secs
Bois de santal • Géranium • Ilang-ilang • Lavande • Rose

Les cheveux gras ont l'air ternes. Le chauffage central et la pollution sont des facteurs aggravants, mais la cause peut être un dérèglement hormonal. Ayez une alimentation équilibrée et évitez les shampooings trop décapants. Nettoyez brosses et peignes chaque semaine. Les brosses de plastique sont préférables, car les poils naturels stimulent trop le cuir chevelu. Choisissez un après-shampooing léger pour démêler, et massez le cuir chevelu pour réguler les glandes sébacées.

Huiles pour cheveux gras
Basilic • Bois de cèdre • Camomille • Cyprès • Eucalyptus • Romarin • Schénanthe • Sauge

Les cheveux normaux ont du volume et sont brillants. Un traitement occasionnel à l'huile chaude préserve leur volume et leur brillance.

Huiles pour cheveux normaux
Géranium • Lavande • Romarin

Les cheveux mixtes ont les pointes sèches ou normales et les racines grasses. Évitez d'utiliser un sèche-cheveux chaud trop près du cuir chevelu et coupez régulièrement les pointes. Traitez le cuir chevelu avec une huile pour cheveux gras, mais ne faites pas pénétrer jusqu'aux pointes.

Comment mélanger
Huiles de base Choisissez entre l'amande douce, l'amande d'abricot, l'avocat, le jojoba ou le tournesol.

Huiles essentielles Pour traiter le cuir chevelu, choisissez jusqu'à 3 huiles et diluez 5 gouttes de chaque dans 2 cuillerées à soupe d'huile de base (pour les cheveux très longs, il vous faut peut-être plus d'huile). Chauffez le mélange au bain-marie, puis faites pénétrer en massant. Enveloppez-vous la tête d'une serviette chaude, laissez agir pendant 15 minutes puis faites un shampooing.

PROBLÈMES CAPILLAIRES

Pellicules
Il y en a deux sortes : les pellicules sèches et les pellicules grasses, plus fréquentes. Comme les cheveux secs, les cheveux à pellicules peuvent être traités avec des huiles essentielles. Utilisez des shampooings antipelliculaires et des baumes démêlants adaptés. Massez doucement le cuir chevelu avec un mélange d'huile de base et de patchouli ou d'arbre à thé. En cas de cheveux secs et de démangeaisons, essayez l'huile de cèdre et la lavande.

Cheveux gris
Les cheveux gris sont plus poreux et ont besoin de plus de soins, en particulier si vous utilisez des teintures chimiques. Choisissez un traitement pour cheveux secs en ajoutant des huiles essentielles telles que la camomille pour éclaircir ou de la sauge pour foncer.

Chute de cheveux
La chute des cheveux est souvent due à un déséquilibre hormonal, au stress ou à l'anxiété, aussi la première chose à faire est-elle d'apprendre à se détendre. Massez aussi la tête avec des huiles de lavande et de romarin.

MASSAGE DU CUIR CHEVELU

C'est là une excellente façon de traiter le cheveu, de stimuler le cuir chevelu et de soulager la tension nerveuse.
Vous pouvez effectuer ce massage vous-même, mais il sera plus relaxant si quelqu'un le fait pour vous,
surtout si vous avez les cheveux longs.

1 *Faites un shampooing, puis séchez avec une serviette-éponge. Peignez à l'aide d'un peigne à grosses dents. Renversez la tête en arrière et versez un peu d'huile à la racine des cheveux, en massant avec les pouces au niveau des tempes et avec les autres doigts au milieu de la tête.*

2 *Glissez les doigts à travers la chevelure de la racine jusqu'à la nuque en soulevant en haut de la tête afin de faire pénétrer l'huile. Trempez régulièrement vos doigts dans l'huile au cours du massage afin de la répartir de façon égale.*

3 *Massez la tête avec des mouvements de pétrissage. Empoignez et poussez (avec la partie charnue des doigts plutôt qu'avec les ongles) contre le cuir chevelu. Celui-ci doit légèrement pivoter autour du crâne. Concentrez-vous sur une seule partie à la fois, les mains placées de chaque côté de la tête.*

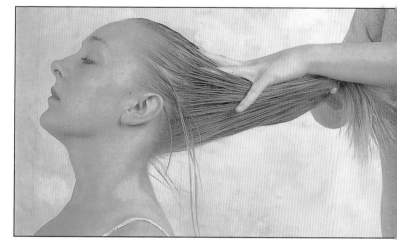

4 *Le massage se fait d'avant en arrière, à partir du front, de la racine frontale des cheveux, des tempes et des côtés de la tête, en passant sur le sommet du crâne pour aller vers la nuque, suivant la direction naturelle de la circulation sanguine. Insistez sur les parties où le cuir chevelu résiste. Arrivé à la base du crâne, pressez fermement et poussez tout le cuir chevelu vers le haut pour soulager la tension nerveuse.*

5 *Faites pénétrer tout ce qu'il reste d'huile dans la chevelure depuis les racines jusqu'aux pointes, puis* enveloppez la tête dans une serviette et laissez agir pendant au moins 15 minutes avant de faire un shampooing.

LE BAIN AROMATIQUE

Les propriétés apaisantes et relaxantes de l'eau et des huiles que l'on fait pénétrer dans le corps par massage étaient déjà connues dans la Grèce et la Rome antiques, où les bains étaient un rituel quotidien.

Le bain aux huiles essentielles est l'un des traitements les plus simples et les plus efficaces de l'aromathérapie. Il peut être stimulant ou relaxant, selon la température de l'eau et les huiles choisies.

Dans un bain, les huiles agissent de deux façons : absorbées par la peau, elles hydratent le derme et pénètrent dans l'appareil circulatoire ; de plus, leurs arômes inhalés stimulent le cerveau et procurent une sensation de bien-être. Le bain aromatique peut désintoxiquer le corps, aider à combattre la cellulite, assouplir les articulations, soulager les douleurs, les rhumes et les maux de tête, tonifier et traiter la peau et apaiser l'anxiété et la tension nerveuse.

L'EAU DU BAIN

La température de l'eau et la durée du bain sont importants. Un bain tiède stimule, un bain chaud détend. Cependant, l'eau très chaude est déconseillée : elle dilate les vaisseaux sanguins et les capillaires et accélère les battements du cœur. Évitez absolument l'eau très chaude si vous avez des varices, des hémorroïdes, de l'hypertension ou si vous êtes enceinte. Un bain de 15 à 20 minutes suffit ; au-delà, les cellules de la peau s'hydratent trop et se gonflent d'eau. Attendez que le bain soit presque plein avant de verser les huiles, car elles s'évaporent très rapidement.

HUILES POUR LE BAIN

Les huiles essentielles rendent le bain plus agréable, tout en lui donnant des vertus thérapeutiques. Elles pénètrent aisément la peau et en même temps dégagent leurs merveilleux parfums d'herbe ou de fleur. Versez les gouttes directement dans l'eau : elles forment une fine pellicule à la surface, puis s'évaporent en offrant tous les bienfaits de leurs arômes. Mais pour que la peau les absorbe, il faut les dissoudre dans l'eau en les mélangeant à une huile de base comme l'amande douce, l'amande d'abricot, le jojoba ou l'œnothère (ces huiles de base riches régénèrent la peau).

Pour préparer votre huile de bain, diluez 3 huiles essentielles (jamais plus) à raison de 5 gouttes de chaque dans 1 cuillerée à soupe d'huile de base adoucissante. Choisissez des huiles aux propriétés similaires ou complémentaires, pour que leurs effets ne s'annulent pas.

LE BAIN RELAXANT

Pour vous détendre après une journée éprouvante, tamisez les lumières, allumez des bougies parfumées. Les plantes oxygènent l'atmosphère. Posez votre tête sur un oreiller flottant, fermez les yeux et aspirez l'air profondément. Concentrez-vous sur votre respiration, faites le vide dans votre esprit et laissez les huiles apaiser le stress et évacuer les tensions. Après 15 à 20 minutes, levez-vous lentement et enveloppez-vous dans une serviette chaude.

Huiles pour la relaxation
Basilic • Bergamote • Bois de cèdre • Bois de santal • Camomille • Encens • Genévrier • Hysope • Ilang-ilang • Lavande • Marjolaine • Mélisse • Néroli • Patchouli • Rose • Sauge

Bien que ces huiles aient surtout un effet calmant, certaines stimulent aussi la circulation et le système lymphatique, en particulier l'huile de lavande et la bergamote.

LE BAIN STIMULANT

À prendre le matin, pour bien démarrer la journée, ou le soir, pour se revigorer avant de sortir. L'eau doit être assez froide, et vous pouvez vous frictionner avec un gant de crin afin de stimuler la circulation. Après le bain, rincez-vous à l'eau froide. Séchez-vous en vous donnant des claques avec votre serviette jusqu'à ce que la peau vous picote ou frottez-vous vigoureusement.

Huiles stimulantes

Citron • Cyprès • Eucalyptus • Fenouil • Genévrier • Géranium • Lavande • Menthe poivrée • Pin • Romarin • Schénanthe • Thym

BAINS THÉRAPEUTIQUES

Huiles pour les dermatites
Camomille • Hysope • Lavande

Huiles pour l'eczéma
Camomille • Genévrier • Géranium • Hysope • Myrrhe • Romarin

Huiles pour le psoriasis
Bergamote • Camomille • Lavande

Huiles pour l'arthrite et les rhumatismes
Camomille • Eucalyptus • Genévrier • Lavande • Romarin • Thym

---

DOUCHES ET RINÇAGES À L'EAU FROIDE

Il n'y a rien de tel qu'une bonne douche pour fouetter le sang. La peau tend à être molle pendant les mois d'hiver, mais exfolier les couches supérieures mortes de l'épiderme en se frictionnant sous le jet à l'aide de sels mouillés, d'un luffa ou d'un gant de crin peut favoriser la régénération des cellules et l'absorption des produits hydratants. Secs, le gant de crin ou le luffa sont trop rêches pour la plupart des peaux, aussi faut-il d'abord les assouplir en les trempant dans l'eau chaude. Vous pouvez également vous masser doucement avec une brosse à poils souples pour stimuler la circulation dans les parties du corps qui posent problème telles que les hanches et les cuisses. Rincez toujours avec soin les brosses et les gants de crin après usage et faites-les sécher.

Rien ne vous interdit d'utiliser des huiles essentielles sous la douche : diluez des essences revivifiantes dans une huile de base, versez le mélange sur un gant de toilette ou une éponge propres et frottez-vous sous le jet avec des mouvements circulaires. Si vous êtes enrhumé, frictionnez-vous la poitrine avec une éponge imbibée d'eucalyptus et de menthe poivrée pour dégager les sinus et calmer la toux. Après une bonne friction, une douche froide améliore la circulation et resserre les pores.

Commencez votre douche ou votre bain en éliminant les peaux mortes à l'aide d'un gant de crin. Mouillez la paume du gant avec de l'eau chaude ou des huiles adoucissantes comme l'amande douce ou l'œnothère. Concentrez-vous sur la partie externe des cuisses en frottant avec des mouvements circulaires depuis le genou jusqu'aux fesses.

SOINS DU CORPS
APRÈS LE BAIN

L'application d'huiles et de laits hydratants après le bain ou la douche permet de nourrir la peau et de la garder douce et souple. Avec l'âge, la peau se déshydrate, car les glandes qui sécrètent l'huile n'en produisent plus autant que dans la jeunesse. Appliquez une huile corporelle sur tout le corps, de la tête aux pieds. Évitez le talc qui bouche les pores et a une action desséchante.

FORMULE DE L'HUILE CORPORELLE

 Les huiles essentielles pénètrent à merveille dans une peau chaude et humide. Pour un effet durable, diluez les 3 huiles essentielles de votre choix à raison de 5 gouttes de chaque dans 2 cuillerées à soupe d'huile de base. Si vous souhaitez préparer une plus grande quantité d'huile corporelle, utilisez une concentration de 3 % d'huile essentielle.

Ci-dessus : Livrez-vous à un petit exercice d'assouplissement des mains en tirant sur chaque doigt d'un coup sec. Écartez bien les doigts et massez-les l'un après l'autre avec des huiles, d'abord du bout de l'ongle à la cuticule, puis jusqu'à l'articulation.
À droite : Après le bain, assouplissez-vous les pieds en massant entre les orteils, puis autour de la plante, là où la peau est plus rêche, jusqu'aux talons. Terminez par de larges mouvements de balayage sur tout le pied pour stimuler la circulation.

RÉGIONS À PROBLÈMES

Les mains et les ongles sont souvent malmenés. Le moment idéal pour se livrer à une séance de manucure ou de pédicure se situe juste après le bain : il est plus facile de couper les ongles sans les déchirer et de repousser les petites peaux.

Les ongles fragiles ont besoin d'un traitement nourrissant riche : frottez-les avec de l'huile d'amande d'abricot, de germe de blé ou de jojoba. Pour les mains, utilisez un mélange d'huile d'amande douce (1 cuillerée) et de patchouli, de lavande et de citron (5 gouttes de chaque).

Les pieds sont souvent négligés jusqu'au moment où ils deviennent douloureux. Frottez la peau rêche des talons et de la plante avec une poignée de sel mouillé ou avec une pierre ponce. Dans le bain, pliez un genou, prenez un pied dans une main, puis avec l'autre, massez vers le haut depuis les orteils jusqu'aux talons et aux mollets pour stimuler la circulation et détendre les muscles. Après un bain, une douche ou une séance de pédicure, massez les pieds avec une huile corporelle.

Pour un bain de pieds déodorant et adoucissant, versez 3 gouttes de cyprès et de lavande dans une cuvette d'eau. Pour les engelures, diluez 3 gouttes de géranium et 1 goutte de lavande et de romarin dans 1 cuillerée à soupe d'huile

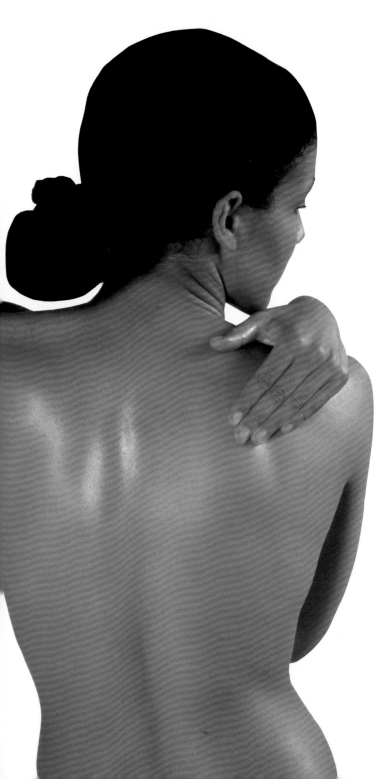

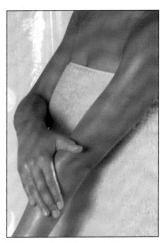

Ci-dessus : Appliquez une huile
corporelle sur les bras en massant
doucement vers le haut et en insistant
sur les coudes et le haut du bras.

d'amande douce et faites pénétrer en
massant.

Exposés aux frottements, **les coudes**
se couvrent de peau rêche, sèche et
grisâtre, peu esthétique. Pour
l'adoucir, utilisez une pâte nettoyante
à base d'huile d'amande douce et de
flocons d'avoine. Mélangez
3 cuillerées à soupe d'huile d'amande
douce et 3 cuillerées à soupe de
flocons d'avoine très fins et liez avec
du lait frais ou du yaourt. Frottez les
coudes et toutes les parties rêches et
grisâtres du haut des bras. Ajoutez
6 gouttes de fenouil si ceux-ci sont
flasques. Vous pouvez aussi couper
un citron en deux et frotter les
coudes dans la chair du fruit.

À gauche : Lorsqu'on applique de l'huile
corporelle, on néglige souvent le dos, le
cou et les épaules, difficiles d'accès.
Pourtant, ce sont des régions très
importantes pour soulager les tensions
nerveuses et musculaires, et la peau a
besoin d'être nourrie.

AU ROYAUME DES SENS

Le pouvoir du parfum sur les sentiments est connu depuis les Babyloniens, et, aujourd'hui encore, parfums et fleurs restent le cadeau préféré des amoureux. Pour séduire Marc Antoine, Cléopâtre avait imaginé toute une mise en scène à base de tapis de pétales de rose et de parfums exotiques rares sous toutes les formes imaginables (même les voiles de son bateau en étaient imprégnées afin que la brise en soufflant annonçât son arrivée). L'odorat joue un rôle essentiel dans notre sensualité. Les phéromones, substances chimiques sécrétées avec la sueur, sont le premier stimulus déclencheur de l'attirance sexuelle. Les parfums des fleurs et des plantes, équivalent végétal des phéromones, sont irrésistibles pour les oiseaux et les abeilles, et exercent un grand attrait sur les humains. Nous pouvons utiliser des huiles végétales aromatiques naturelles pour nous détendre, aiguiser nos sens et créer une atmosphère propice à l'amour.

MISE EN SCÈNE

Créez une atmosphère apaisante et sensuelle en allumant des bougies parfumées ou en faisant évaporer quelques gouttes d'huile essentielle dans un diffuseur. Tamisez les lumières et montez un peu le chauffage.

Pour parfumer votre lingerie et votre literie, ajoutez 3 gouttes de votre huile préférée à la dernière eau de rinçage ou placez des sacs aromatiques ou des boules parfumées dans les tiroirs de vos commodes et dans vos armoires. Versez quelques gouttes de rose ou de jasmin sur vos oreillers.

PRÉPARER VOTRE CORPS

Prélassez-vous dans un bain aromatique ou, mieux encore, partagez-le avec votre partenaire. À la sortie du bain, parfumez votre corps avec une huile riche ou tamponnez-vous les poignets, les tempes, derrière les oreilles et les genoux avec une essence concentrée, et laissez votre partenaire découvrir ces petits secrets.

MASSAGE DU PARTENAIRE

Nous sommes tous des êtres sensuels, et pourtant il peut nous arriver d'avoir besoin de l'aide de quelqu'un pour nous mettre à l'écoute de nos sens et oublier nos soucis quotidiens. Un massage exécuté par un partenaire au toucher délicat et caressant est toujours agréable ; il relaxe et en même temps stimule les sens.

Vous pouvez moduler le massage essentiel de base en faisant des mouvements d'effleurage sur tout le corps, pétrissant les régions plus crispées et effleurant à peine du bout des doigts les autres parties pour exciter la surface de la peau. Évitez les manœuvres de drainage lymphatique, car elles sont pour le moins érotiques. Découvrez les zones érogènes de votre partenaire : les oreilles, les pieds, l'intérieur de l'avant-bras et des cuisses...

DES HUILES POUR SÉDUIRE

La plupart des huiles aphrodisiaques se marient bien, mais ne les utilisez pas en trop grand nombre à la fois, car elles risquent de jurer et leurs effets peuvent s'annuler.

• *Bois de santal :* boisé, doux et exotique, avec une note épicée.

• *Géranium :* une huile fleurie puissante, à la fois relaxante et légèrement euphorisante.

• *Ilang-ilang :* ce parfum tenace procure une sensation de bien-être, qui peut aider à lutter contre l'impuissance et la frigidité.

• *Jasmin :* ce capiteux parfum accroît la confiance en soi et crée une atmosphère de luxe.

• *Néroli :* frais et doux ; son action fortifiante aide à surmonter la timidité et les inhibitions.

• *Patchouli :* lourd et exotique ; à petits doses, il aiguise les sens.

• *Rose :* la quintessence de l'huile des amoureux. Rare et puissante.

• *Sauge sclarée :* une huile douce, sensuelle et légèrement grisante, mais soyez prudent, car, à hautes doses, ses effets sédatifs inhibent les pulsions sexuelles.

Vous pouvez également essayer des essences chaudes et épicées comme le poivre noir, le gingembre, la cardamome, la cannelle ou le bois de cèdre, mais ne forcez pas sur les quantités, car ces huiles sont vite suffocantes.

Choisissez 3 ou 4 senteurs différentes en variant dosages et combinaisons pour parfumer votre pièce, votre corps, pour utiliser en massage ou pour préparer une huile corporelle.

Aiguisez le toucher et l'odorat à l'aide d'une huile de massage préparée à partir d'essences aphrodisiaques florales ou épicées tout en explorant les courbes de votre partenaire avec des mouvements à la fois fermes et caressants. Laissez les parfums capiteux agir sur vos sens et vos émotions.

ARÔMES D'AMBIANCE

Les odeurs sont habituellement la première chose que nous percevons en entrant dans une pièce et cela influence notre manière d'être. Parfumer son intérieur pour couvrir des relents désagréables et pour ravir les sens est une vieille tradition. Pendant des siècles, les Chinois ont accroché des boules de fleurs de jasmin au-dessus de leur lit pour purifier l'air et favoriser les rêves agréables, tandis que l'on offrait de petits bouquets de jasmin aux invités pour les rafraîchir après les danses et les banquets. Il était très courant aussi, dans nos campagnes, de parfumer les maisons de pots-pourris et les armoires de sachets de lavande.

LIEUX DE TRAVAIL ET BUREAUX

Les lieux de travail sont souvent étouffants et pleins d'odeurs désagréables, mais si vous travaillez dans un espace ouvert, parfumer tout l'endroit n'est pas envisageable. Vous pouvez alors soit inhaler quelques gouttes d'huile sur un mouchoir, soit vaporiser votre environnement immédiat avec un aérosol, ou encore verser 2 gouttes d'huile dans un bol d'eau chaude placé sur votre bureau. Les essences adaptées aux lieux de travail sont le basilic, le romarin, la bergamote, le citron et la mélisse. La

bergamote est particulièrement antiseptique, de même que le citron, qui présente aussi l'avantage d'augmenter l'efficacité au travail. Le basilic stimule un cerveau fatigué, tandis que le romarin favorise la concentration et peut soulager les maux de tête. Si vous êtes excédé, essayez la sauge sclarée ou le genévrier, mais avec modération, car, à hautes doses, ces essences ont un effet soporifique.

SALONS ET SALLES DE SÉJOUR

Il existe diverses manières de parfumer une pièce. Pour purifier l'air et couvrir les mauvaises odeurs, faites évaporer les huiles dans un diffuseur ou un bol d'eau chaude; vous pouvez aussi utiliser un aérosol. Pour des senteurs plus subtiles et plus durables, préparez un pot-pourri ou utilisez une pomme d'ambre.

La rose, le géranium, l'orange et la lavande, séparément ou mélangés, sont des parfums agréables et euphorisants. Pour créer une atmosphère intime et exotique, choisissez le bois de santal ou le patchouli; pour vous détendre le soir, essayez plutôt le géranium, la lavande, le bois de santal ou l'ilang-ilang.

Senteurs de fête

La sauge sclarée ou le jasmin créent

une atmosphère grisante, tandis que l'orange ou le néroli apportent une note de fraîcheur plus légère. Pour un mélange plus festif, choisissez

parmi des essences plus épicées comme l'encens, le bois de cèdre, le bois de santal, la cannelle et l'orange.

CHAMBRES À COUCHER

Que vous vouliez simplement vous assurer une bonne nuit de sommeil ou, au contraire, faire de votre chambre un lieu propice à l'explosion des passions, parfumez-la un peu avant de vous y retirer. La rose, le néroli et la lavande sont des huiles universelles idéales. Pour rafraîchir une chambre qui sent le renfermé, choisissez la lavande.

HUILES ANTI-INSECTES

Pour tenir les insectes à distance, faites évaporer de l'arbre à thé, de l'eucalyptus, de la mélisse, du schénanthe ou de la citronnelle.

DÉSINFECTION

Les molécules vaporisées de n'importe quelle huile essentielle neutralisent les bactéries en suspension dans l'air, mais certaines huiles, telles que l'arbre à thé, la bergamote, le citron, le pin et la lavande sont particulièrement antiseptiques. Utilisez-les en diffuseur ou en aérosol. Le pin, le citron et l'arbre à thé peuvent être utilisés sur un chiffon humide pour désinfecter des surfaces dans la cuisine ou la salle de bains. Pour purifier l'atmosphère d'une chambre de malade, faites évaporer ou vaporisez de la bergamote, de l'eucalyptus ou du genévrier.

POT-POURRI

Pour fabriquer votre propre pot-pourri, assemblez des fleurs séchées, des pétales, des herbes, des feuilles et autres matières végétales. Il n'existe pas de règle stricte pour les quantités et les proportions, mais, en général, 2 ou 3 cuillerées à soupe d'épices moulues, 2 cuillerées à soupe de poudre de racine d'iris, 2 cuillerées à café d'écorce de citron, de citron vert ou d'orange et 6 gouttes d'huile essentielle pour 4 tasses de matières végétales séchées donnent un mélange bien équilibré.

Si votre pot-pourri perd de son arôme au fil du temps, ravivez-le avec 2 ou 3 gouttes d'huile

essentielle. S'il se décolore, ajoutez quelques fleurs séchées.

Mélange du jardin

1 tasse de fleurs de lavande séchées
1 tasse de pétales de rose séchés
1 tasse d'œillets (*Dianthus*) séchés
1 tasse de feuilles de géranium séchées
1 cuillerée à soupe (15 g) de cannelle moulue
2 cuillerées à café (10 g) de piment moulu
1 cuillerée à café (5 g) d'écorce de citron séchée râpée
2 cuillerées à soupe (30 g) de poudre de racine d'iris
3 gouttes d'huile de rose
3 gouttes d'huile de géranium
Mélangez ces ingrédients dans un récipient couvert et laissez reposer 6 semaines.

Mélange des bois

1 tasse de pépins de citron vert
1 tasse de copeaux d'écorce de cèdre

1 tasse de copeaux de bois de santal
1 tasse de petites pommes de pin
1 cuillerée à soupe (15 g) de clous de girofle entiers
1 cuillerée à soupe (15 g) d'anis étoilé
1 bâton de cannelle écrasé
2 cuillerées à soupe (30 g) de poudre de racine d'iris
4 gouttes d'huile de bois de santal
2 gouttes d'huile de cannelle
Mélangez les ingrédients dans un récipient couvert et laissez reposer 6 semaines. Remuez chaque jour.

Ingrédients pour pot-pourri. À partir de la gauche : romarin séché, lavande et feuilles de laurier, poudre de racine d'iris, feuilles de romarin séchées, choix d'huiles essentielles, cannelle moulue, piments séchés et bâtons de cannelle, clous de girofle entiers, mélange de fleurs séchées, citrons verts et citrons jaunes. Pour être incorporée à un mélange épicé, l'écorce d'agrume doit être finement râpée ou hachée.

COMBATTRE LE STRESS

La tension peut stimuler et motiver, mais en s'accumulant, elle entraîne un sentiment de saturation. Souvent, nous réagissons en refusant de prendre en compte les symptômes du stress (fatigue, doute de soi, insomnie et maux de tête). En l'absence de traitement, ils finissent pourtant par affecter notre équilibre et notre santé, et peuvent conduire à des maladies graves (ulcères, crises cardiaques et dépression clinique). Aussi est-il indispensable de faire face au problème dès le départ, avant l'apparition des premiers troubles. Pour se détendre,

il faut savoir prendre du recul et garder un regard équilibré sur la vie.

L'aromathérapie constitue un merveilleux remède aux troubles dus au stress, car elle utilise les propriétés euphorisantes et reconstituantes de certaines huiles essentielles. C'est une solution naturelle et efficace qui évite l'usage des tranquillisants et antidépresseurs. Les huiles apaisent le système nerveux tout en le stimulant suffisamment pour le rééquilibrer et aider à reprendre le contrôle de soi-même.

ANXIÉTÉ

Un mélange d'huile calmantes et euphorisantes permet d'apaiser l'anxiété.

Basilic (euphorisant) • *Bergamote (euphorisante)* • *Bois de santal (calmant)* • *Géranium (relaxant)* • *Lavande (apaisante)* • *Néroli (sédatif)*

Vous pouvez utiliser les huiles séparément ou les mélanger, à raison de 2 huiles relaxantes pour 1 huile euphorisante. Le basilic, le néroli et la lavande forment une combinaison idéale. Gardez le même mélange pour le bain et le corps, en diluant 5 gouttes de chaque huile dans 1 cuillerée à soupe d'huile de base, pour le bain, et 2 cuillerées à soupe pour le corps. Toutes les huiles peuvent être utilisées séparément sur des anneaux d'ampoule électrique ou dans des diffuseurs.

CHOC MINEUR

C'est là une forme de stress

CARESSE DU PLEXUS SOLAIRE
C'est une merveilleuse manière de dénouer les tensions. De la main gauche, caressez le plexus solaire (situé juste au-dessous du sternum) en décrivant des cercles dans le sens opposé à celui des aiguilles d'une montre. Fermez les yeux et faites le vide dans votre esprit. Ce mouvement vous apaisera même habillé, mais il sera plus efficace si vous utilisez une huile relaxante telle que la lavande ou le géranium. Essayez-le pendant que vous faites couler votre bain ou couché avant de vous endormir.

temporaire, mais l'impact sur l'organisme peut néanmoins être très fort, aussi un remède à action rapide s'impose-t-il.

Camomille (calmante) • *Mélisse (antidépresseur)* • *Menthe poivrée (soulage la douleur et revigore)* • *Néroli (apaise l'anxiété)* • *Romarin (stimulant)*

N'utilisez pas plus de 2 huiles essentielles à la fois : le camphre et la mélisse se marient bien, individuellement, avec le néroli, et la menthe poivrée a des affinités avec la mélisse. Diluez en tout 6 gouttes d'huile(s) essentielle(s) dans une cuillerée à soupe et demie d'huile de base ; pour le romarin, diminuez les quantités (par exemple, 4 gouttes de romarin pour 6 gouttes de mélisse). Pour un soulagement rapide, versez 4 gouttes d'huile essentielle sur un mouchoir et inhalez.

MAUX DE TÊTE

Chroniques chez beaucoup de gens, les maux de tête sont souvent l'un des premiers symptômes de stress.

Des compresses froides de lavande ou de géranium sur le front procurent un soulagement. Versez 5 gouttes d'une huile de votre choix dans un bol d'eau tiède, trempez-y un linge, essorez-le et posez-le sur votre front. Pour soulager un mal de tête dû à des tensions musculaires dans la nuque, appliquez sur celle-ci une compresse de bois de santal. Un massage du cuir chevelu a également un effet apaisant; sinon, reportez-vous à la partie du chapitre sur le shiatsu consacrée au soulagement des maux de tête.

DÉPRESSION

Il nous arrive à tous d'avoir un coup de déprime pour des raisons affectives, financières ou professionnelles. À long terme, si les problèmes ne trouvent pas de solution, la dépression affaiblit le système immunitaire, vous exposant à toutes sortes d'affections physiques et mentales. Les huiles essentielles peuvent opérer des miracles pour vous remonter le moral.

Huiles euphorisantes
Bergamote •Cyprès • Romarin • Sauge • Schénanthe

Huiles apaisantes
Bois de santal • Camomille • Géranium • Ilang-ilang • Jasmin • Lavande • Marjolaine • Néroli • Patchouli • Rose

Commencez par 3 huiles apaisantes, puis abandonnez l'une d'elles au profit d'une huile euphorisante pour introduire un élément de stimulation, et enfin, passez à 2 essences stimulantes pour une seule apaisante. Le géranium, la lavande et la bergamote forment une bonne combinaison. Utilisez la même formule pour le bain et les traitements corporels.

FATIGUE MENTALE

Si vous êtes au bord de l'épuisement ou ne parvenez plus à vous concentrer parce que les problèmes semblent s'accumuler, soyez attentif aux signaux d'alarme de votre corps. Prenez le temps de vous détendre (essayez un bain avec l'une des huiles apaisantes conseillées pour la dépression), éclaircissez-vous les idées en faisant une promenade ou des exercices de respiration, puis remontez-vous avec des huiles telles que l'eucalyptus et la menthe poivrée. S'il vous est vraiment impossible de vous accorder quelques instants de répit, recourez au romarin, qui favorise la concentration et stimule le corps.

L'INSOMNIE

L'insomnie est une réaction au stress courante, votre esprit et votre corps ne parvenant pas à décompresser pour bénéficier du repos dont vous avez besoin. Apprendre à se détendre est une discipline quotidienne qui inclut une alimentation saine, des exercices physiques réguliers et un rituel calmant avant le coucher. Le soir, buvez un bol de lait ou une infusion. Prenez un bain relaxant et faites-vous un massage apaisant en utilisant des huiles aux propriétés sédatives (pas plus de 3 à la fois) :

Bois de cèdre • Bois de santal • Camomille • Encens • Hysope • Ilang-ilang • Lavande • Marjolaine • Mélisse • Néroli • Orange • Patchouli • Rose • Sauge

Respirer des vapeurs aromatiques dans la chambre à coucher favorise l'endormissement :
L'encens relaxe et apporte une certaine sérénité. À utiliser en diffuseur.
Pour tirer tout le bénéfice des propriétés de la lavande, versez-en 2 gouttes au bord de votre oreiller. La marjolaine a des vertus soporifiques. À utiliser en anneau pour ampoule électrique ou en diffuseur.
Le merveilleux parfum fleuri du néroli est également sédatif. Pour chasser la morosité, versez 2 gouttes au coin de votre oreiller ou faites évaporer dans un diffuseur.

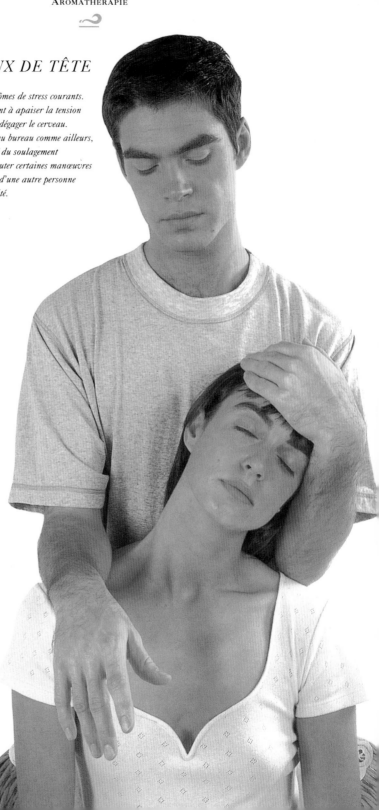

SOULAGER LES MAUX DE TÊTE

*Maux de tête et migraines sont des symptômes de stress courants.
Ces quelques manœuvres de shiatsu aident à apaiser la tension
nerveuse, à soulager la douleur et à dégager le cerveau.
La séquence est rapide et facile à exécuter ; au bureau comme ailleurs,
collègues et amis vous sauront gré du soulagement
que vous leur apporterez. Vous pouvez exécuter certaines manœuvres
vous-même, mais le contact des mains d'une autre personne
ajoute à leur efficacité.*

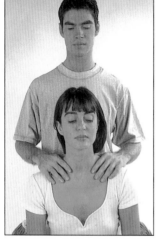

1 *Établissez le contact avec votre
partenaire en plaçant vos mains de
chaque côté du cou. Massez doucement les
épaules ; cela aide à calmer la respiration
et procure une sensation de bien-être.*

2 *À droite : Penchez la tête sur le côté et
soutenez-la avec la paume de la main
pour laisser les muscles du cou se reposer.
Placez votre avant-bras par-dessus
l'épaule et appuyez légèrement vers le
bas ; restez ainsi 5 à 10 secondes, puis
répétez de l'autre côté. Ce mouvement
permet d'ouvrir les méridiens qui passent
dans les épaules et le cou.*

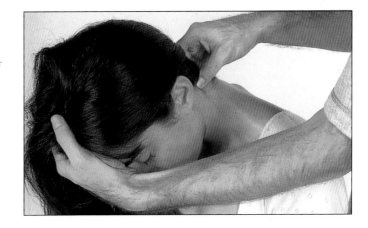

3 *En soutenant la tête de la main gauche, pressez doucement le cou avec le pouce et l'index, de la base jusqu'à la nuque. Tenez la nuque 5 secondes, puis relâchez.*

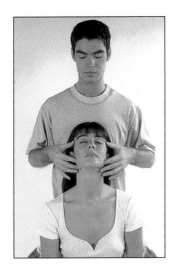

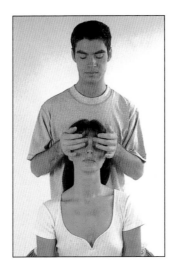

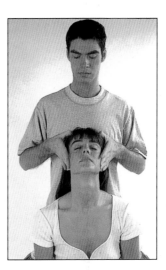

4 *Renversez légèrement la tête en arrière en l'appuyant sur votre poitrine. Placez vos pouces sur les tempes, vos autres doigts reposant légèrement de chaque côté du visage. Effectuez de petits mouvements de rotation vers l'avant avec vos pouces.*

5 *Trouvez les points de commande juste au-dessus du coin intérieur de chaque œil. Pressez doucement avec les majeurs pour dissiper la douleur. Maintenez la pression 5 secondes.*

6 *Placez vos pouces de chaque côté de la tête juste au-dessus de la racine des cheveux, à environ 5 cm (2 po) d'écart, vos paumes reposant à plat sur les côtés du visage. Ramenez les pouces tout au long du sommet de la tête en exerçant une pression régulière. C'est là un mouvement délicat mais tonifiant pour mettre fin au traitement.*

Un traitement de shiatsu se révèle en général très efficace contre le stress et les maux de tête, mais s'ils persistent, consultez un médecin. Évitez ce traitement pendant la grossesse.

APPRENDRE À SE RELAXER

La relaxation a des effets bénéfiques sur la santé. Associée à une alimentation équilibrée, à des exercices physiques quotidiens et à une attitude positive face au stress, elle aide à équilibrer le corps et l'esprit, même si l'on est inquiet et sous pression.

L'exercice physique aide à lutter contre le stress. Un sport de compétition, même un peu violent, de longues promenades à pied ou une séance de boxe avec son oreiller aident à libérer les tensions. En période de stress et de bouleversements affectifs, il arrive que votre organisme réclame certains aliments. Résistez au chocolat, aux gâteaux, à la glace ou aux stimulants (caféine ou nicotine) qui créent une dépendance, mais nourrissez votre esprit en consommant beaucoup de vitamine C sous forme de fruits et de légumes frais, en particulier d'agrumes, de baies et de fruits tropicaux, et toutes les vitamines du groupe B.

RELAXATION COMPLÈTE

Couchez-vous par terre sur le dos, bien à plat, les épaules détendues. Les bras doivent être droits, les coudes au niveau de la taille et les paumes tournées vers le haut. Décontractez la tête et fermez les yeux. Respirez profondément ; laissez votre corps « s'enfoncer » dans le plancher. Expirez lentement ; détendez-vous. Concentrez-vous sur votre respiration ; écoutez le bruit que vous faites en inspirant et en expirant et voyez à quel point une respiration profonde peut devenir calme.

Aspirez et expirez lentement et régulièrement, en vous concentrant sur votre respiration.

Les pieds sont légèrement écartés et naturellement tournés vers l'extérieur.

Décontractez les genoux.

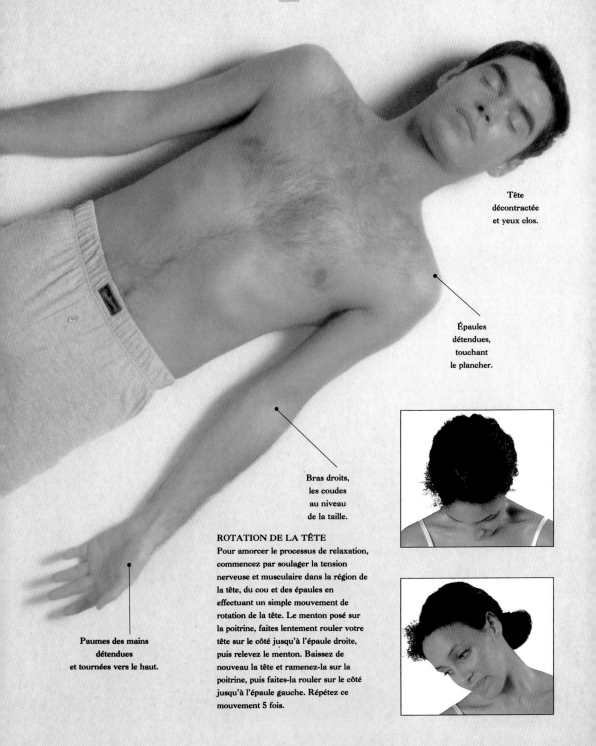

Tête
décontractée
et yeux clos.

Épaules
détendues,
touchant
le plancher.

Bras droits,
les coudes
au niveau
de la taille.

Paumes des mains
détendues
et tournées vers le haut.

ROTATION DE LA TÊTE

Pour amorcer le processus de relaxation, commencez par soulager la tension nerveuse et musculaire dans la région de la tête, du cou et des épaules en effectuant un simple mouvement de rotation de la tête. Le menton posé sur la poitrine, faites lentement rouler votre tête sur le côté jusqu'à l'épaule droite, puis relevez le menton. Baissez de nouveau la tête et ramenez-la sur la poitrine, puis faites-la rouler sur le côté jusqu'à l'épaule gauche. Répétez ce mouvement 5 fois.

SHIATSU

Les origines du shiatsu remontent à plus de 5 000 ans ; il prend ses racines dans les médecines chinoises millénaires telles que l'acupuncture et l'acupressing. Pourtant, il s'agit d'une thérapie japonaise moderne qui allie les pratiques orientales traditionnelles aux techniques occidentales d'ostéopathie. Littéralement, le nom signifie « pression du doigt » – Shi (doigt) et Atsu (pression) –, bien que les coudes, les genoux et les pieds soient aussi utilisés pour exercer des pressions le long du réseau de méridiens et sur les points de commande, libérant l'énergie bloquée. C'est une méthode holistique qui permet de soulager la douleur et d'améliorer la santé de tout l'organisme.

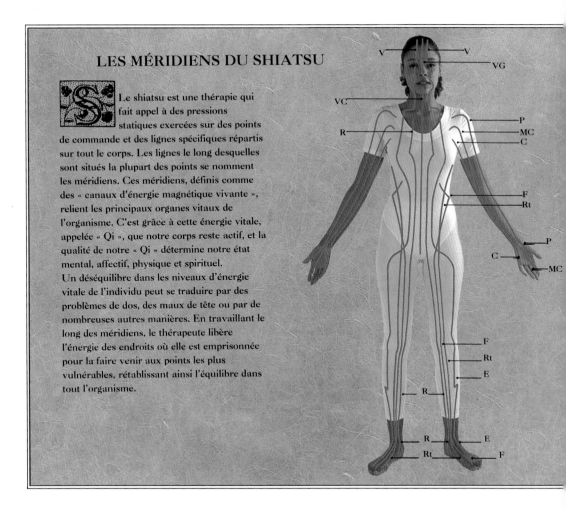

LES MÉRIDIENS DU SHIATSU

Le shiatsu est une thérapie qui fait appel à des pressions statiques exercées sur des points de commande et des lignes spécifiques répartis sur tout le corps. Les lignes le long desquelles sont situés la plupart des points se nomment les méridiens. Ces méridiens, définis comme des « canaux d'énergie magnétique vivante », relient les principaux organes vitaux de l'organisme. C'est grâce à cette énergie vitale, appelée « Qi », que notre corps reste actif, et la qualité de notre « Qi » détermine notre état mental, affectif, physique et spirituel.

Un déséquilibre dans les niveaux d'énergie vitale de l'individu peut se traduire par des problèmes de dos, des maux de tête ou par de nombreuses autres manières. En travaillant le long des méridiens, le thérapeute libère l'énergie des endroits où elle est emprisonnée pour la faire venir aux points les plus vulnérables, rétablissant ainsi l'équilibre dans tout l'organisme.

LA SÉANCE DE SHIATSU

Conseillez à votre partenaire de fermer les yeux : cela l'aidera à se couper du monde et à mieux se relaxer. Il est inutile de parler pendant le traitement, car le toucher dit beaucoup plus que les mots. L'un des principes fondamentaux du shiatsu est de toucher avec les deux mains simultanément. Un circuit est ainsi créé, qui relie le donneur au receveur. Pour maintenir ce lien, une main reste stationnaire – celle qui soutient, et « écoute » – tandis que l'autre, la main messagère, se déplace et travaille. Le degré de pression exercé varie suivant la région du corps sur laquelle vous travaillez. Les rôles des deux mains sont intervertis plusieurs fois au cours de la séance. L'objectif recherché est de faire en sorte que les deux points de contact se fondent dans la perception du thérapeute et du patient.

Même si vous êtes débutant, faites appel à tous vos sens pour observer, interroger, écouter et toucher. Soyez attentif aux besoins de votre partenaire et renseignez-vous sur d'éventuels symptômes avant de commencer le traitement. Votre désir d'aider s'exprime à travers vos mains, ce qui transforme les techniques les plus simples en une relation attentionnée. Avant la séance, évacuez tous vos soucis, car la moindre tension se transmettra au receveur.

Le Hara

Le Hara est l'un des centres d'énergie les plus puissants du corps. En terme de shiatsu, il est appelé Tanden et se situe au-dessous du nombril, dans la partie inférieure de l'abdomen. C'est le centre physique du corps et il joue un rôle important dans tous les traitements de shiatsu. Le Hara incorpore la force du Yin (Terre) qui monte par le devant du corps, et la force du Yang (Ciel) qui descend le long du dos pour se fondre dans la partie inférieure de l'abdomen. En faisant partir tous les mouvements de ce centre, vous pouvez donner des traitements harmonieux et positifs. Adoptez un principe de posture ouverte dans lequel votre Hara est présent physiquement et énergétiquement derrière tous vos mouvements. Cela permet d'utiliser le poids au lieu de la force. Si vous n'êtes pas à l'aise et détendu, votre partenaire le sentira très vite.

L'énergie qui guérit

Le but du shiatsu est d'équilibrer les niveaux d'énergie vitale (« Qi ») du corps. Les techniques de bercement, de pétrissage et d'étirement sont très efficaces pour débloquer les régions congestionnées. Si votre partenaire a un niveau d'énergie très bas et se sent fatigué, exercez une pression perpendiculaire lente, profonde et

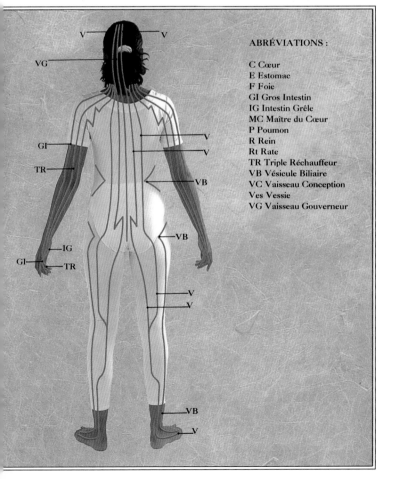

ABRÉVIATIONS :

C Cœur
E Estomac
F Foie
GI Gros Intestin
IG Intestin Grêle
MC Maître du Cœur
P Poumon
R Rein
Rt Rate
TR Triple Réchauffeur
VB Vésicule Biliaire
VC Vaisseau Conception
Ves Vessie
VG Vaisseau Gouverneur

statique pour renforcer la circulation de l'énergie. En règle générale, il faut maintenir les points de 1 à 10 secondes, mais fiez-vous à votre intuition pour décider de la durée qui vous paraît souhaitable.

Points pratiques

Une séance de shiatsu dure normalement 1 heure. Il est conseillé de porter des vêtement lâches pour ne pas être entravé dans ses mouvements. Le receveur est également habillé, mais doit éviter les vêtements épais ou serrés qui gêneraient le contact avec le corps. En général, le thérapeute travaille sur l'ensemble du corps; une fois qu'il aura découvert vos problèmes, il pourra vous suggérer de faire des exercices pratiques à la maison afin d'accélérer votre rétablissement. Les effets du shiatsu peuvent se faire sentir immédiatement ou plus tard dans la journée, mais si vous ressentez des douleurs, contactez votre thérapeute. Il n'existe pas deux personnes qui souffrent des mêmes problèmes physiques et mentaux, et le nombre de séances dépendra de vos besoins individuels.

Le shiatsu aide à maintenir la communication entre le corps, l'esprit et les émotions.

LES PRINCIPALES TECHNIQUES

LES PAUMES

La pression des paumes de la main est la technique de shiatsu la plus simple et la plus répandue. La pression est douce mais ferme, ce qui donne une impression de soutien à votre partenaire et a un effet apaisant sur toutes les régions crispées ou vulnérables du corps. Vos mains doivent être détendues, pour que vos doigts puissent suivre les contours de toutes les parties du corps que vous touchez. Ensuite, pesez de tout votre poids sur vos paumes et attendez que la communication s'établisse entre vos deux paumes. Redressez-vous et, sans briser le contact, glissez votre main le long du corps, puis penchez-vous à nouveau en avant pour exercer une pression perpendiculaire fixe.

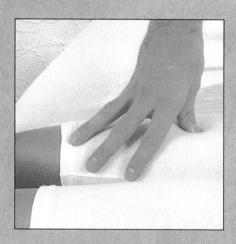

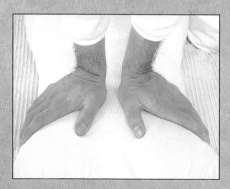

LE POUCE

La pression du pouce est beaucoup plus précise et pénétrante que celle des paumes, et on l'utilise pour travailler sur les points situés le long des méridiens. Placez la partie charnue de vos pouces sur ces points. Tendez les doigts et appuyez-vous dessus afin que vos pouces restent droits. Penchez-vous en avant de façon que la plus grande partie de la pression s'exerce à travers les pouces. Pour cette technique, il vous faut avoir les ongles très courts, faute de quoi vous risquez de blesser votre partenaire.

UNE SÉANCE
DE SHIATSU SIMPLE

Les séquences suivantes ont été organisées de façon que toutes les techniques s'enchaînent naturellement. Idéalement, le traitement devrait se présenter comme un ensemble ininterrompu et non comme un assemblage de mouvements distincts. À cet effet, maintenez toujours le contact avec votre partenaire et faites en sorte que la transition d'une technique à l'autre soit fluide et régulière.

YANG

Placez-vous au côté de votre partenaire. Prenez le temps de vous concentrer, de dégager votre esprit de toute préoccupation personnelle afin de canaliser votre attention sur le receveur.

1 *Placez une main doucement mais fermement au bas du dos de votre partenaire. Ce contact est une phase importante du processus, car il permet aux énergies du donneur et du receveur de se mettre à l'unisson. Mettez ce moment à profit pour évaluer les besoins de votre patient ; sentez la qualité de son énergie, à la fois sur les plans physique, affectif et spirituel. Cela vous aidera à vous diriger dans les techniques suivantes.*

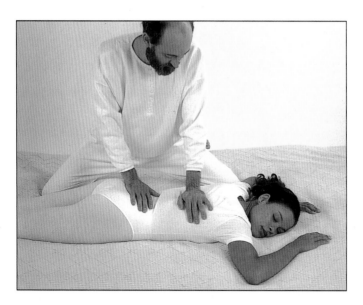

À gauche : cette technique permet de dissiper la tension, en aidant l'énergie à se répandre dans tout le corps. Il est utile d'observer la façon dont bouge le corps de votre partenaire. Vous serez très vite capable de définir les points qui demandent plus d'attention de votre part.

2 Tournez-vous face à votre partenaire et posez la partie charnue de vos paumes entre la clavicule et la colonne vertébrale. Les genoux écartés, commencez à vous balancer d'avant en arrière à partir de votre Hara (centre de la partie inférieure de l'abdomen) de façon que le mouvement se transmette à travers vos

mains au corps du receveur, qui se mettra à bouger en un mouvement de flux et de reflux. Continuez à vous balancer en déplaçant vos mains l'une après l'autre le long du dos jusqu'au sacrum. Répétez 2 ou 3 fois, puis reprenez l'ensemble des mouvements de l'autre côté de la colonne.

3 Soulevez-vous sur un genou, toujours en posture ouverte. Placez vos paumes au niveau des omoplates et, au moment où votre partenaire expire, faites basculer votre poids en avant en exerçant une pression perpendiculaire.

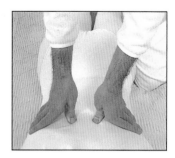

4 Descendez le long du dos, en déplaçant vos paumes d'une dizaine de centimètres à la fois et en changeant de position de façon à maintenir une pression perpendiculaire. Arrivé au-dessous des côtes, diminuez la pression, car les organes internes sont moins protégés à cet endroit.

5 Une fois que le dos est détendu, vous pouvez localiser le méridien de la vessie, qui a un rapport énergétique avec le système nerveux. Mesurez la largeur de 2 doigts à partir du milieu de la colonne vertébrale et la largeur d'une main à partir du haut de l'épaule.

6 Avec les pouces, exercez une pression sur les points situés entre les côtes. Celle du pouce est beaucoup plus concentrée que celle des paumes. Si vous n'êtes pas sûr de la pression qu'il convient d'exercer, demandez à votre partenaire de vous faire part de ses réactions.

JAMBES

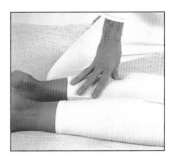

1 *Déplacez-vous de façon à faire face aux jambes de votre partenaire. Tandis que la main de soutien est posée sur le sacrum, la main messagère berce et pétrit simultanément en descendant le long de la cuisse et du mollet situés le plus près de vous à plusieurs reprises.*

2 *Maintenant, exercez des pressions avec votre paume le long de la jambe en descendant vers le bas et en évitant le genou.*

3 *Exercez des pressions avec le pouce le long du méridien de la vessie. Selon la longueur de la jambe, vous devrez peut-être changer de position. Afin de ne pas être obligé de trop vous étirer, vous pouvez également ramener la main de soutien juste au-dessus du genou.*

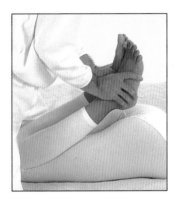

4 *Une main posée sur le sacrum, servez-vous de l'autre pour amener doucement le pied vers les fesses, en tenant compte de la souplesse de la jambe. Ne forcez pas. Maintenez la position pendant quelques secondes, puis relâchez.*

5 *Serrez les deux pieds entre vos mains et faites plier les jambes de façon à amener les talons au niveau des fesses. Maintenez la position quelques secondes ; voyez quel pied arrive le plus près des fesses afin d'évaluer l'équilibre pelvien.*

6 *Croisez ce pied par-dessous l'autre et appuyez-les ensemble sur les fesses au moment de l'expiration. Maintenez pendant quelques secondes, puis inversez le croisement des jambes et appuyez de nouveau les pieds sur les fesses.*

Après ces mouvements, vous remarquerez sans doute que les deux jambes sont d'une souplesse plus égale et que le pelvis est mieux équilibré.

Passez de l'autre côté de votre partenaire et répétez toute la séquence de mouvements sur l'autre jambe.

TRAVAIL SUR LES PIEDS

*Lorsque vous « marchez » sur les pieds de votre partenaire,
assurez-vous que votre position est bien équilibrée,
car toute pression excessive et toute perte d'équilibre peuvent lui
faire mal. Cette manœuvre est relaxante
et parfaitement sûre à la fois pour le receveur et pour le donneur
aussi longtemps que vous ne faites pas de mouvement brusque
ou inattendu. Tenez-vous bien droit et restez détendu,
comme si vous alliez vous promener.
Si l'écart entre les chevilles de votre partenaire
et le sol est trop important ou si ses pieds ne sont pas tournés
vers le haut de façon symétrique, il vaut peut-être mieux renoncer
à cette technique.*

1 *Tournez le dos à votre partenaire et
mettez-vous debout sur ses deux pieds,
en faisant basculer votre poids d'un pied
à l'autre. Le mouvement doit partir de
vos hanches.*

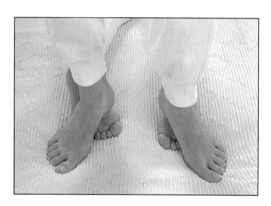

2 *Maintenez la position et faites
basculer votre poids de gauche à
droite et inversement plusieurs fois en
répétant sur différentes parties des pieds.*

*Comme pour toutes les autres techniques,
observez l'expression de votre partenaire et écoutez sa respiration
afin de vous rendre compte de ses réactions.
N'oubliez pas que vous travaillez sur un être humain
et non sur un corps inerte. La pression exercée sur la plante des
pieds permet de stimuler les organes internes à travers les zones
de réflexe et les méridiens.
Cette technique s'avère particulièrement efficace
pour calmer les personnes à l'activité mentale très grande.*

YIN

Aidez doucement votre partenaire à se retourner sur le dos.
Dans cette position, on est plus réceptif sur les plans à la fois psychologique, affectif et physique,
mais on se sent également plus vulnérable. Gardez cela à l'esprit lorsque vous vous efforcez d'établir
une relation de confiance avec le receveur.

Placez-vous au côté de votre partenaire. Posez une main sur sa taille et l'autre sur son ventre avec la partie charnue de votre paume juste au-dessous du nombril. Prenez le temps d'« écouter » son corps avec votre main. Sentez sa poitrine et son abdomen se soulever et s'abaisser au rythme de sa respiration. Mettez-vous à l'unisson. Cela crée une relation de confiance entre vous, de sorte que vous

repérerez mieux ses points sensibles, vulnérables ou douloureux.
Exercez des pressions avec la paume de la main autour de l'abdomen dans le sens des aiguilles d'une montre. En coordonnant vos mouvements avec les expirations de votre partenaire, vous vous rendrez compte que vous pouvez progressivement augmenter la pression sans provoquer de réaction négative.

JAMBES

1 Changez de position de façon à faire face à votre partenaire, en plaçant votre main la plus haute sur le Hara (le bas de l'abdomen). Placez l'autre main sur la face antérieure du genou en enroulant vos doigts autour de

l'articulation. Penchez-vous sur le côté et laissez le poids de votre corps plier la jambe vers l'abdomen. Cela ne demande que très peu d'efforts. À mesure que la jambe se soulève, faites glissez votre main de la rotule vers le haut du tibia.

2, 3 Faites pivoter la jambe vers l'extérieur à partir de l'articulation de la hanche. Commencez avec de petits mouvements circulaires, puis augmentez progressivement la rotation jusqu'à atteindre l'amplitude maximale.

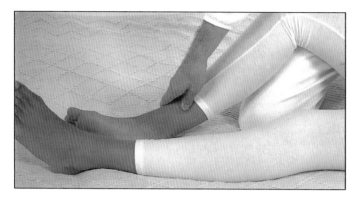 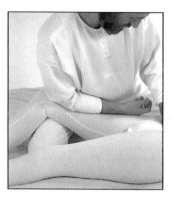

4 *Placez la jambe de façon qu'elle repose confortablement, les orteils au niveau de la cheville opposée, et le méridien de la rate tourné vers le haut. Soutenez-la avec votre cuisse ou avec un* coussin. *Exercez des pressions avec les paumes sur la face interne du mollet le long des méridiens du Yin jusqu'au genou. Exercez des pressions avec le pouce le long du mollet, de la cheville au genou.*

5 *Utilisez votre avant-bras pour continuer à exercer des pressions jusqu'en haut de la cuisse. Faites à nouveau pivoter la jambe, puis placez-vous aux pieds de votre partenaire.*

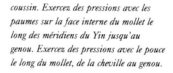

=== ATTENTION ===

Évitez tout traitement de shiatsu sur le méridien de la rate pendant la grossesse s'il existe des risques de fausse couche. Ne travaillez jamais au-dessous des genoux en cas de grossesse.

6 *Soutenez le dessous de la cheville d'une main et placez l'autre main par-dessus. Mettez votre Hara en contact avec la plante du pied. Saisissez fermement celui-ci et faites pivoter votre corps à partir des hanches. Le corps de votre partenaire se déplacera en même temps que le vôtre.*

Répétez toutes ces techniques sur la jambe opposée et complétez cette partie de la séquence en replaçant votre main sur le Hara du receveur.

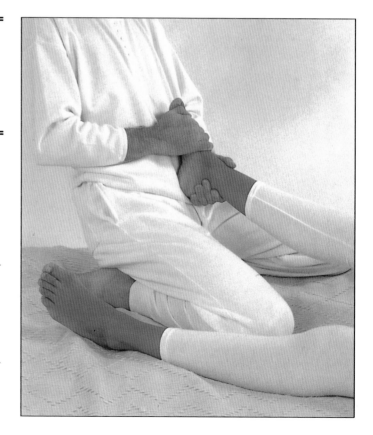

ÉPAULES, BRAS ET MAINS

1 Agenouillé, posez une main sur l'épaule opposée de votre partenaire et placez l'autre main sur l'épaule la plus proche. Maintenant, vos bras se croisent. Au moment où le receveur expire, penchez-vous en avant pour ouvrir la région des épaules et de la poitrine.

2 Continuez de soutenir l'épaule la plus proche de vous d'une main et utilisez l'autre pour bercer et pétrir le bras, comme vous l'avez fait pour la jambe, de l'épaule jusqu'à la main. Placez le bras à angle droit par rapport au corps, la paume vers le bras, et descendez le long du bras en évitant d'exercer une pression sur le coude. Ensuite, exercez des pressions du pouce sur le milieu du bras en suivant le méridien qui régit le cœur jusqu'à la paume.

3 Prenez le poignet entre vos mains et déplacez-vous de façon que votre jambe tendue soit parallèle au bras, votre pied posé contre le haut du torse de votre partenaire. Penchez-vous doucement en arrière en étirant le bras, et en appuyant dans le sens inverse avec votre pied.

4, 5 Glissez vos auriculaires entre l'auriculaire et l'annulaire et entre l'index et le majeur de votre partenaire pour lui ouvrir la paume. Vos pouces sont bien placés pour masser avec des mouvements circulaires.

6 *Posez la main de soutien sur l'épaule, votre pouce glissé sous l'aisselle. Avec la main messagère, saisissez le poignet, soulevez le bras et détendez l'articulation de l'épaule.*

7 *Faites un pas en avant avec votre jambe extérieure en étirant le bras de votre partenaire en angle aigu par rapport à sa tête.*

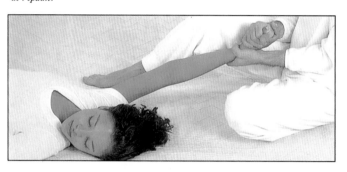

8 *Placez-vous derrière votre partenaire, prenez son poignet entre vos mains et* *penchez-vous doucement en arrière de façon à lui étirer le bras.*

9 *Saisissez l'autre main de votre partenaire et posez ses avant-bras sur vos genoux.*

10 *Renversez-vous en arrière de façon que vos genoux remontent le long des avant-bras jusqu'aux poignets. Cette manœuvre entraîne une extension des épaules et de la poitrine.*

Répétez toutes les manœuvres sur l'autre bras : extension, balancement, pétrissage, pressions avec les paumes et avec les pouces, massage des mains.

Pour finir, reposez une main sur le Hara de votrre partenaire. Restez ainsi pendant 1 à 2 minutes de façon à lui laisser le temps de sentir les changements qui sont intervenus dans son corps.

Mettez fin très doucement à ce dernier contact et, si nécessaire, recouvrez votre partenaire d'une couverture. Donnez-lui le temps de savourer ses nouvelles sensations.

L'un des grands avantages du shiatsu, c'est qu'il aide à prendre conscience de soi-même. C'est souvent aux moments les plus calmes d'une séance, lorsque receveur et donneur sont immobiles, que l'échange d'énergie entre eux est le plus intense.

ADRESSES UTILES

ORGANISMES

Ces organismes peuvent vous renseigner sur les thérapeutes assermentés selon votre région. Lorsque vous écrivez, envoyez toujours une enveloppe timbrée à vos nom et adresse.

Maison des kinésithérapeutes
24, rue des Petits-Hôtels
75010 Paris
France
Tél. : (1) 44 83 46 46

Association des kinésithérapeutes de Belgique
Nhenneaulaan 69
1930 Zaventem
Belgique
Tél. : (02) 725 57 64

Fédération suisse des physiothérapeutes
Oberstadt 11
6204 Sempach-Stadt
Suisse
Tél. : (041) 99 33 88

Corporation professionnelle des physiothérapeutes
1100 avenue Beaumont
Bureau 530
Ville-Mont-Royal
Québec H3P3E5
Canada
Tél. : (514) 737 27 70

Association française des praticiens du drainage lymphatique manuel
8, rue Émile-Gilbert
75012 Paris
France
Tél. : (1) 43 42 04 68

International Federation of Aromatherapists
197 7th Street. Midland
Ontario L4R 3Z4
Canada

National Holistic Aromatherapy Association
PO Box 18622 Boulder
CO 803-0622
États-Unis
Tél. : (303) 258 2791

FOURNISSEURS PAR CORRESPONDANCE

The Body Shop (France)
Centre Commercial Italie 2
30, avenue d'Italie
LP 1074
75013 Paris
Tél. : (1) 45 81 31 30

Just Good Scents
206 Collingwood Court
Edmonton
Alberta T5T 0H5
Canada

The Body Shop (États-Unis)
45 Holsehill Road
Cedar Knolls
NJ 07927
États-Unis
Tél. : (800) 541 2535

Quintessence Aromatherapy
PO Box 4996
Boulder
CO 80306
États-Unis

Nina Ashby Aromatherapy
29 Arundel Road
Croydon CRO 2ER
Grande-Bretagne
Tél. : (081) 689 3949

Culpeper Ltd
Hadstock Road
Linton
Cambridge CB1 6NJ
Grande-Bretagne
Tél. : (022) 389 4054

Kobashi
50 High Street. Ide
Devon EX2 9RW
Grande-Bretagne
Tél. : (039) 221 7628

Eve Taylor
22 Bromley Road
Londres SE6 2TP
Grande-Bretagne
Tél. : (081) 690 2149

BOUTIQUES DE PRODUITS

The Body Shop
Tél. : (1) 53 20 11 11
Répondeur donnant la liste des
boutiques

**TRAITEMENTS
EN ÉTABLISSEMENTS**

Henlow Grange
Henlow
Bedfordshire SG16 6DB
Grande-Bretagne
Tél. : (042) 681 1111

Grayshott Hall
Headley Road
Grayshott
Nr. Hindhead, Surrey GU26 6JJ
Grande-Bretagne
Tél. : (042) 860 4331

Champneys
Wiggington
Tring
Hertfordshire HP23 6HY
Grande-Bretagne
Tél. : (044) 287 3155

**TRAITEMENTS CAPILLAIRES
ET SOINS DU CORPS**

Michaeljohn/The Ragdale Clinic
25 Albermarle Street
Londres W1X 3FA
Grande-Bretagne
Tél. : (071) 629 6969

Michaeljohn
14 North
414 North Camden Drive
Beverly Hills
CA 90210
États-Unis
Tél. : (310) 278 8333

───────── SHIATSU ─────────

**Fédération française
du shiatsu**
15, rue Esquirol
75013 Paris
Tél. : (1) 43 31 68 11

The American Shiatsu Society
44 Pear Street
Cambridge
MA 02139
États-Unis

BIBLIOGRAPHIE

───── **AROMATHÉRAPIE** ─────

Micheline Arcier, *Aromatherapy*,
Hamlyn, 1990
Patricia Davies, *Aromatherapy : An A-
Z*, C.W. Daniel, 1988
Judith Jackson, *Aromatherapy*, Henry
Holt and Co, 1986
Marguerite Maury, *Guide to
Aromatherapy : The Secret of Life and
Youth*, C.W. Daniel, 1989
Shirley Price, *Practical Aromatherapy*,
Thorsons, 1987

Aromatherapy for Common Ailments,
Gaia Books, 1991
Maggie Tisserand, *Aromatherapy for
Women*, Thorsons, 1989
Robert Tisserand, *The Art of
Aromatherapy*, C.W. Daniel, 1977
Aromatherapy for Everyone, Penguin,
1990

───── **SHIATSU** ─────

Saul Goodman, *The Shiatsu
Practitioner's Manual*, Infitech
Publications, 1986
Shizuto Masunaga, *Zen Shiatsu*, Japan
Publications, 1977
Paul Lundberg, *Le Livre du shiatsu,
Vitalité et santé à travers l'art du
toucher*, Le Courrier du livre, 1995
Vaturu Ohashi, *Le Livre du shiatsu*,
Étincelle, 1977
Shizuko Yamamoto, *Le Shiatsu aux
pieds nus*, éd. Guy Trédaniel, 1981

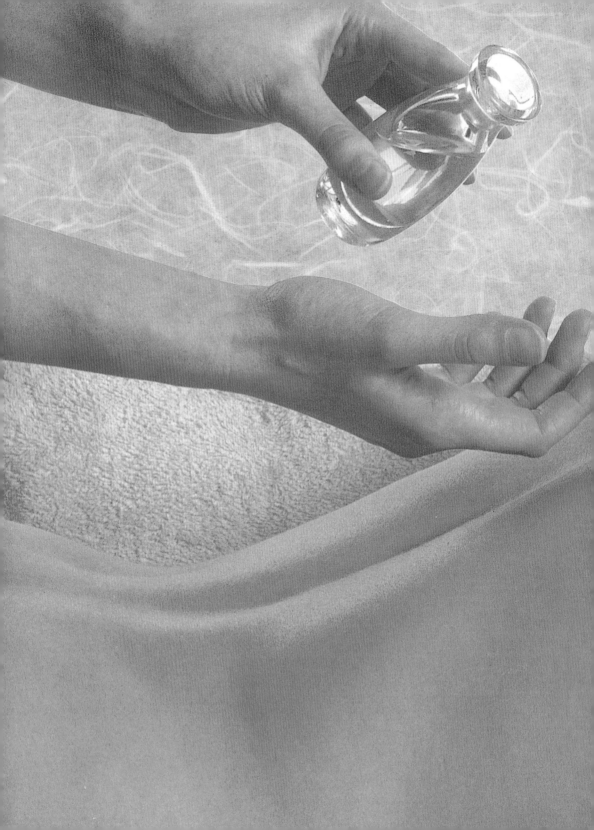

MASSAGES

Tout le monde aime être massé. Des bébés aux personnes âgées, des sportifs aux amoureux, tous peuvent tirer profit de cette puissante forme de communication. Favorisant la relaxation, le massage aide à apaiser le stress, à dénouer les muscles tendus et douloureux, à soulager les maux de tête et à remédier aux problèmes de sommeil. Le massage est également revigorant : il améliore les fonctions de l'organisme, facilite la guérison, tonifie les muscles, en donnant l'impression d'une énergie renouvelée. Apprenez le langage du toucher en vous initiant à quelques techniques simples : c'est un don précieux pour vous-même et pour les autres.

LE TOUCHER HUMAIN

Le toucher est une forme de communication puissante et sensible. Avancer la main et toucher est un geste naturel, que ce soit pour sentir la forme ou la texture d'une chose ou pour réagir vis-à-vis de quelqu'un, par exemple pour le réconforter. Une mère caresse son enfant, on caresse les animaux domestiques, les amoureux se caressent, et lorsqu'on se heurte accidentellement à un meuble, on se frotte instinctivement.

Pourtant, nombreuses sont les conventions sociales qui régissent le toucher. Une poignée de main, un signe de tête, un baiser sur la joue sont autant de formes de salutations conventionnelles qui ne véhiculent pas nécessairement une émotion. En fait, notre approche sociale du contact physique va à l'encontre de nos instincts et de nos besoins naturels. Fort heureusement, nous redécouvrons actuellement le pouvoir curatif des massages et des autres formes de thérapie de contact, pouvoir reconnu dans d'autres cultures depuis des milliers d'années.

L'ÉVOLUTION DU MASSAGE

Même si l'on connaissait les bienfaits du massage dans l'Égypte ancienne, ce furent les Chinois qui, parmi les premiers, en découvrirent les vertus curatives, vers 3000 av. J.-C. Les philosophes et les médecins grecs et romains prescrivaient des massages, de façon ponctuelle après une bataille en raison de leur pouvoir reconstituant, et de manière plus générale pour l'entretien de la santé mentale et physique. Les Romains croyaient aux vertus curatives du massage, mais cet art devint également partie intégrante d'un rituel quotidien de relaxation. Après le bain, on enduisait le corps d'huiles avant de le masser.

Tout au long de l'histoire, les herboristes ont utilisé le massage pour guérir le corps et l'esprit, à la fois en appliquant des baumes et en posant les mains sur les personnes souffrantes pour chasser les mauvais esprits. Cependant, ce n'est qu'aux XVIIIe et XIXe siècles que le massage devint populaire dans toute l'Europe, grâce au travail de Per Henrik Ling (1776-1839). Ce Suédois avait voyagé en Chine et en revint avec une connaissance approfondie des techniques de massage. À partir de ces connaissances, il élabora son propre système, basé sur de nombreux mouvements, notamment les pressions, frictions, vibrations et rotations.

Ces techniques firent des émules, et bientôt, dans le monde entier, les professions médicales et non médicales commencèrent à s'intéresser aux bienfaits du massage. Les méthodes actuelles s'inspirent encore largement des premières techniques suédoises.

Parallèlement au regain d'intérêt pour le massage, on assiste aujourd'hui à une redécouverte de tous ces arts qui,

depuis des temps immémoriaux, donnent une si grande importance au toucher, notamment l'aromathérapie, la réflexologie et le shiatsu, autant de thérapies distinctes qui ont un rôle spécifique à jouer dans la médecine dite « alternative ».

Ci-dessous à gauche : Ce
bas-relief en pierre grec du
IVᵉ siècle av. J.-C. montre le
médecin Esculape en train
de « frotter » un patient pour
le soigner, conformément
aux recommandations
d'Hippocrate.

À droite : À la fin du Moyen
Âge, en Europe, le massage
redevint partie intégrante des
rituels de bains, comme le
montre cette gravure sur
bois allemande du XVIᵉ siècle
représentant une maison de
bains publique.

LES EFFETS DU MASSAGE

Le massage peut à la fois tonifier et détendre le corps et
l'esprit. La peau et les systèmes sanguin et lymphatique
sont stimulés, ce qui accélère la circulation, favorise la
régénération des cellules et élimine les toxines. À mesure
que les muscles se détendent, les articulations
s'assouplissent et les nerfs se calment, produisant une
impression générale de détente et de bien-être.

Le système nerveux
Le système nerveux est un réseau extrêmement complexe
qui transmet les messages du cerveau au reste du corps. La
partie du système nerveux qui régule de nombreuses
fonctions physiologiques part de la base du crâne et
descend tout le long de la moelle épinière, protégée par les
vertèbres. Des millions de terminaisons nerveuses
traversent l'organisme, contrôlant ses fonctions. Suivant la
profondeur des mouvements de massage, on peut stimuler
ou apaiser ces terminaisons.

La peau
Le massage entraîne une augmentation de la circulation
sanguine, ce qui favorise l'exfoliation des cellules mortes
de la couche supérieure de l'épiderme, tonifie la peau et
facilite le processus de renouvellement des cellules ; il aide
à préserver les fibres collagènes, qui donnent son élasticité
et sa résistance à la peau et freinent la formation des rides ;
enfin, il régule l'activité des glandes sudoripares et
sébacées, qui lubrifient et hydratent la peau.

Les muscles
Avec l'augmentation du flux sanguin, les substances
nutritives contenues dans le sang circulent mieux. Le
massage est très apprécié des sportifs et des femmes, parce

qu'il améliore le tonus musculaire et la mobilité, et
favorise l'élimination des toxines après l'exercice physique.
Grâce à des massages réguliers, les foulures guérissent plus
rapidement, tandis que crampes au mollet et raideurs
musculaires disparaissent. Avant une séance de
gymnastique, le massage chauffe et assouplit les muscles,
tandis qu'après, il soulage les douleurs.

Systèmes circulatoire et lymphatique
En dilatant les vaisseaux sanguins, le massage augmente la
circulation sanguine. Une bonne circulation apporte aux
milliards de cellules du corps la quantité nécessaire
d'oxygène et de substances nutritives véhiculées par le
sang. C'est un élément vital pour le bon fonctionnement
de l'organisme, des muscles jusqu'aux organes internes tels
que les reins et le foie.
L'augmentation de la circulation sanguine permet aussi de
stimuler le système lymphatique, qui absorbe et élimine
les déchets. À la différence de la circulation sanguine, qui
est régie par le cœur, le système lymphatique dépend
entièrement, pour son bon fonctionnement, de l'action
musculaire. Le massage accélère l'écoulement de la
lymphe, ce qui permet un meilleur filtrage et une
meilleure élimination des toxines. Un système
lymphatique efficace assure à l'organisme de meilleures
défenses immunitaires et l'aide à mieux lutter contre les
infections et les maladies.

Digestion
Le massage mobilise le système digestif, améliorant les
processus d'assimilation et d'élimination, ce qui aide à
résoudre les problèmes de constipation et de flatulences.
Le système digestif est prompt à réagir au stress et, en
diminuant l'anxiété et la tension nerveuse, les séances de
massage régulières ont un effet régulateur sur la digestion.

MASSAGE COMPLET

Ce massage complet du corps est basé sur les techniques de massage suédoises, spécialement adaptées pour une pratique à domicile. Si vous êtes débutant, il se peut que la séquence complète vous paraisse trop fatigante au début. En attendant que vos mains et vos poignets se soient musclés et que vous soyez habitué à bien vous positionner pour effectuer le massage, le mieux est de ne travailler que certaines parties du corps telles que les mollets, le dos et les épaules ou de réduire le nombre de mouvements sur chaque partie du corps. Votre partenaire se détendra mieux si vous exécutez un ou deux types de mouvements à fond plutôt que si vous changez de manœuvre après quelques secondes pour couvrir toute la séquence. N'oubliez jamais d'amorcer et de ponctuer chaque séquence par quelques mouvement d'effleurage et faites en sorte que votre travail soit toujours équilibré : si vous massez une jambe ou un pied, vous devez impérativement répéter les mêmes mouvements de l'autre côté.

CONFORT ET VÊTEMENTS

Si vous vous apprêtez à travailler par terre, étendez une épaisse couche de couvertures ou de serviettes, ou encore déployez un futon, pour que votre partenaire soit étendu sur une surface ferme mais confortable. Rien n'empêche de se détendre comme une surface dure ou une pièce froide ou bruyante. Choisissez un moment tranquille où vous ne serez pas dérangé, et créez une atmosphère très chaude. Être massé au sol est très agréable pour votre partenaire, mais cela peut vous donner mal au dos ou aux genoux. Si vous le préférez, vous pouvez installer couvertures et serviettes de toilette sur une grande table. Le lit est déconseillé : un matelas trop mou annihilera une grande partie de vos efforts. Gardez plusieurs serviettes à portée de main pour couvrir les parties du corps sur lesquelles vous ne travaillez pas : la pudeur peut empêcher votre partenaire de se détendre. En outre, les serviettes lui tiendront chaud. Protégez en particulier les régions que vous venez de masser. Vous aurez besoin d'un coussin ou d'une serviette pour soutenir la tête, et il

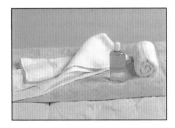

peut être utile de placer une serviette roulée sous les genoux quand le patient est couché sur le dos. Quand il se retourne sur le ventre, glissez-lui une serviette sous la poitrine pour améliorer son confort.

Pour masser, portez des vêtements lâches et des chaussures plates à semelles souples, ou travaillez pieds nus. Otez bagues et bracelets, afin que rien ne gêne votre partenaire, et coupez-vous les ongles ras. Plus vous serez détendu, mieux cela vaudra. Si vous vous sentez contracté, livrez-vous à quelques exercices de respiration avant de commencer. Pratiquez quelques extensions, secouez vos mains pour les détendre ; vous pouvez alors commencer.

HUILES

Il existe plusieurs huiles pour le massage corporel. Préférez les huiles végétales aux huiles minérales comme les huiles pour bébé. Les huiles de pépins de raisin, de tournesol ou d'amande sont de bonnes huiles végétales de base, légères et par conséquent pas trop poisseuses. Le jojoba est recommandé pour le visage, surtout pour les peaux grasses. Évitez les huiles qui sentent fort, comme l'huile d'olive. Vous pouvez ajouter un peu d'huile d'avocat, d'amande d'abricot ou de pêche ou encore utiliser une huile de massage prête à l'emploi. Versez 3 ou 4 cuillerées à soupe (45-60 ml) d'huile dans un petit récipient avant de commencer. Vous découvrirez vite quelles quantités d'huile il convient d'appliquer. Elles varient selon la peau et sa capacité d'absorption, mais, d'une façon générale, utilisez juste assez d'huile pour faciliter les mouvements. Si vous en mettez trop, vos mains glisseront sur la peau. Si vous avez besoin d'ajouter de l'huile, versez-en quelques gouttes au creux de vos mains et appliquez-les avec des mouvements d'effleurage.

Effectué sur une base régulière, le massage devient un plaisir à la fois pour le donneur et le receveur. Cependant, certains problèmes spécifiques doivent être traités par un praticien expérimenté. Masser de part et d'autre de la colonne vertébrale a un effet tout à fait bénéfique, mais évitez de travailler directement sur la colonne. Le massage est déconseillé dans les cas suivants :

- problèmes cardiaques
- hypertension
- infection bactérienne ou virale
- nausées ou douleurs abdominales
- maux de dos importants pouvant être dus à la colonne vertébrale, en particulier en cas d'élancements dans les membres
- fièvre
- blessure ouverte ou infection cutanée
- cancer
- convalescence postopératoire

Dans le doute, consultez toujours votre médecin.

SÉQUENCE DE MASSAGE COMPLÈTE

Devant :

1 Jambes
2 Pieds et chevilles
3 Bras et mains
4 Poitrine, épaules et cou
5 Visage
6 Abdomen et taille

Derrière :

7 Jambes et fesses
8 Dos et épaules

DEVANT DU CORPS

Le massage complet commence par la partie antérieure du corps, aussi votre partenaire doit-il être couché sur le dos ; glissez des coussins ou des serviettes roulées sous les parties du corps qui ont besoin de soutien.

JAMBES

Parce que les jambes supportent tout le poids du corps, leurs os et leurs muscles sont les plus importants et les plus forts du corps. Un bon massage des jambes peut non seulement aider à en soulager la tension musculaire, mais également entraîner une sensation de bien-être général. Il arrive que des maux de dos trouvent leur origine dans des problèmes de jambes et qu'un bon massage des jambes suffise à les soulager.

Le massage des jambes stimule à la fois la circulation sanguine et lymphatique et, effectué sur une base régulière, il freine la formation des varices. En cas de congestion de la partie inférieure des membres, effectuez des mouvements d'effleurage en direction des nodosités lymphatiques situées à l'arrière du genou et dans l'aine. Si les jambes semblent gonflées au toucher, la pression exercée doit rester très douce. Un massage ferme sur des muscles plus importants comme ceux des cuisses aide à dissiper la fatigue et à stimuler un système lymphatique paresseux. Votre toucher doit se faire très léger sur les parties osseuses comme les tibias et les genoux.

═══ VARICES ═══

Si votre partenaire a des varices, soyez particulièrement prudent. Évitez les varices pour ne masser que la partie de la jambe qui se trouve située au-dessus, c'est-à-dire plus près du cœur ; ne travaillez jamais sur les veines ni au-dessous.

EFFLEURAGE

1 *Ci-dessous : Agenouillez-vous à côté de la cheville gauche de votre partenaire. Versez un peu d'huile au creux de vos mains et croisez celles-ci sur la cheville. Exécutez plusieurs longs mouvements d'effleurage. Si les jambes sont très sèches, vous aurez besoin d'ajouter de l'huile, mais n'en mettez pas trop d'emblée.*

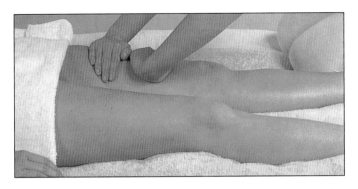

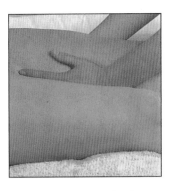

2 *Les mains toujours croisées, remontez doucement le long de la jambe, glissez par-dessus le genou et continuez jusqu'à* la cuisse en un long mouvement continu afin de répartir l'huile de façon régulière sur tout le devant du membre.

3 *Arrivé au niveau de la hanche, tournez les mains vers l'extérieur, séparez-les et ramenez-les de chaque côté de la cuisse en direction du genou.*

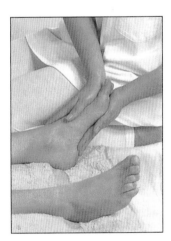

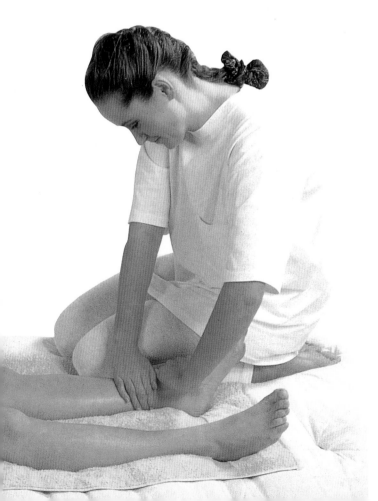

4 *Poursuivez jusqu'aux chevilles, puis glissez sur le pied jusqu'aux orteils. Ensuite, croisez de nouveau les mains sur la cheville afin de répéter toute la manœuvre.*

Ajoutez de l'huile si nécessaire et, cette fois, exercez un peu plus de pression en travaillant en direction du cœur. Le mouvement est doux et continu.

Répétez une nouvelle fois la séquence sur toute la jambe.

CUISSES

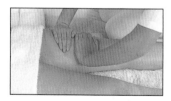

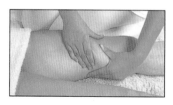

1 Ramenez les deux mains juste au-dessus du genou et poussez-les vers le haut de la cuisse, en comprimant fermement les muscles. Vous devez appuyer suffisamment fort pour les voir bouger.

2 Arrivé en haut de la cuisse, séparez les mains et, avec une pression plus légère, redescendez des deux côtés de la jambe en direction du genou.

3 Pétrissez l'intérieur de la cuisse avec les deux mains. Comprimez, puis relâchez les muscles, tout en les soulevant et en les faisant rouler entre vos doigts et vos pouces. Continuez la manœuvre en direction de la face externe de la cuisse.

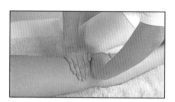

4 Exécutez une manœuvre de hachure sur toute la cuisse. Frappez vivement la région avec le tranchant des deux mains tour à tour en mouvements brefs et rapides. Répétez à une cadence vive.

5 Exécutez des mouvements de ventouse sur toute la cuisse en travaillant rapidement. Attendez-vous à un bruit de ventouse assez fort, mais assurez-vous tout de même auprès de votre partenaire que l'effet ressenti n'est pas trop violent.

6 Exécutez quelques mouvements d'effleurage depuis le genou jusqu'en haut de la cuisse en poussant vos mains vers l'extérieur puis en les ramenant doucement vers vous afin d'apaiser la région après la séquence de manœuvres stimulantes décrites ci-dessus.

GENOUX

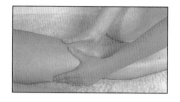

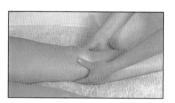

1 Placez les deux mains juste au-dessous du genou. Massez doucement autour de la rotule, en pénétrant doucement les muscles avec l'extrémité des doigts. Répétez 3 fois de suite.

2 Placez vos pouces au-dessus de la rotule, les mains sous le genou en guise de soutien ; tirez doucement vers l'extérieur de la rotule et relâchez. Répétez 3 fois.

3 Les mains placées sous le genou, tournez doucement autour de la rotule avec vos pouces en travaillant vers le bas. Retournez en haut du genou et répétez 3 fois.

4 *À droite : Massez le tour de la rotule avec une main, desserrant les muscles en les pinçant entre le pouce et les autres doigts. Décrivez des mouvements de rotation doux afin de travailler toute la région à fond.*

Pour plus de confort, soutenez votre poignet avec l'autre main.

Exécutez quelques mouvements d'effleurage allant de la cheville jusqu'au-dessous de la rotule et inversement. Répétez l'opération à plusieurs reprises.

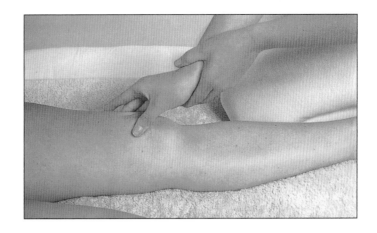

MOLLETS

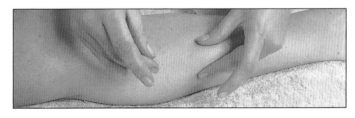

1 *Pétrissez les muscles du mollet. Pressez et relâchez en travaillant de la cheville au genou.*

2 *En travaillant avec les deux mains tour à tour, pincez légèrement et rapidement la partie charnue du mollet entre le pouce et les autres doigts.*

Surveillez votre partenaire pour vous assurer que vous ne lui faites pas mal, mais la manœuvre doit tout de même être assez ferme pour se révéler efficace.

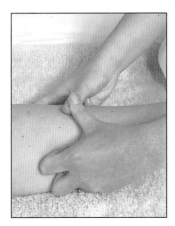

4 *À gauche : En partant de la cheville et en croisant les pouces sur le tibia pour avoir un appui, faites des mouvements de pétrissage semi-circulaires avec les articulations de vos doigts en parcourant toute la longueur du mollet dans les deux sens.*

Pour mettre fin au massage de la jambe, exécutez quelques mouvements d'effleurage de la cheville à la cuisse.

3 *Avec le tranchant des deux mains alternativement, frappez rapidement les muscles du mollet de haut en bas, en évitant la partie osseuse du tibia. Ces mouvements de hachure doivent être vifs et brefs.*

PIEDS ET CHEVILLES

Le massage des pieds est particulièrement relaxant après celui des jambes. Il apaise l'anxiété et le stress, stimule la circulation et le système nerveux, agit contre les insomnies et redonne du tonus aux personnes fatiguées. Il existe des milliers de terminaisons nerveuses dans le pied, en particulier dans la plante. Massez également les chevilles afin de les assouplir.

Adaptez la pression des mouvements aux souhaits de votre partenaire, en vous souvenant qu'une pression plus ferme redonne de la vitalité, tandis que des mouvements doux favorisent la relaxation. Lorsque vous massez les pieds, n'utilisez pas trop d'huile, sinon les mains glissent et chatouillent. Si les pieds de votre partenaire sont chauds et moites, mettez un peu de talc.

Avant de commencer, placez une serviette roulée sous les pieds de votre partenaire
pour les surélever afin de détendre les muscles du genou
et du bas du dos.

PIEDS ET CHEVILLES

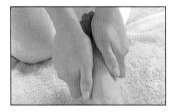

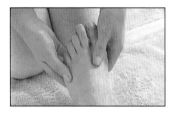

1 Agenouillez-vous aux pieds de votre partenaire. En partant des chevilles, faites doucement glisser vos mains vers le bout des orteils, puis relâchez. Répétez plusieurs fois. Si vous utilisez de l'huile, profitez de ce mouvement pour l'appliquer.

2 Avec la partie charnue de vos paumes, étirez le haut du pied en écartant la chair vers les côtés. Répétez plusieurs fois en descendant un peu vers le bas du pied.

3 Prenez le pied dans vos deux mains, cherchez les sillons qui séparent chaque tendon et, en faisant de petits mouvements circulaires avec vos pouces, remontez peu à peu le long des tendons en direction de la cheville. Répétez 3 fois sur chaque tendon.

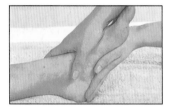

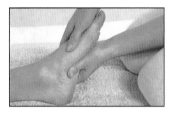

4 Vos pouces croisés en haut de la cheville, effectuez des mouvements circulaires autour de l'os avec vos doigts. La pression doit rester légère.

5 Tapotez doucement les orteils avec vos doigts pour créer une friction douce.

6 Pétrissez fermement le pied, en vous concentrant sur la voûte plantaire. Utilisez la partie charnue des paumes, les articulations des doigts et les pouces.

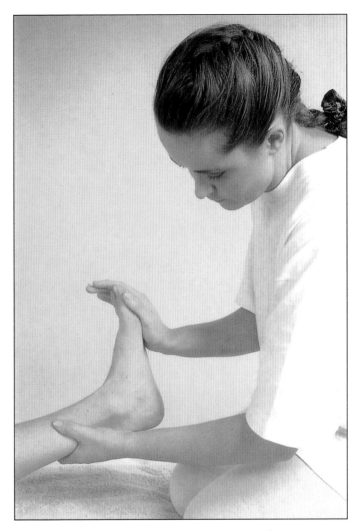

7, 8 *En soutenant le bas de la jambe avec votre main gauche, faites tourner doucement la cheville 3 fois de suite, sans forcer.*

9 *À droite : Étirez doucement le pied vers l'arrière puis vers l'avant pour détendre et assouplir les tendons. En soutenant d'une main le bas du mollet, repoussez doucement les orteils de l'autre main. Ensuite, étirez le pied dans l'autre sens en faisant passer votre main par-dessus et en appuyant vers le bas, tout en continuant de soutenir la jambe avec l'autre main.*

10 *Pour mettre fin à cette séquence, exécutez quelques longs mouvements d'effleurage du pied au genou. Répétez plusieurs fois en variant le degré de pression.*

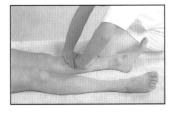

Agenouillez-vous de l'autre côté de votre partenaire et répétez toute la séquence sur le devant de l'autre jambe et de l'autre pied.

BRAS ET MAINS

Les bras et les mains peuvent abriter les plus violentes émotions. Des bras et des mains crispés traduisent souvent un manque d'assurance, un besoin de se protéger et une colère rentrée. Que la posture soit consciente ou non, une telle tension des bras peut entraîner des maux de tête et des douleurs dans le cou et les épaules. Ne vous laissez pas déconcerter si les bras de votre partenaire sont maigres et osseux, ils contiennent quand même des régions musculeuses importantes.

Le massage des mains est presque aussi agréable pour le receveur que le massage des pieds. Beaucoup de tensions s'accumulent dans les mains, et le massage permet de les détendre. Le massage des bras et des mains peut non seulement dénouer les muscles, mais aussi libérer les émotions refoulées à mesure que votre partenaire se décontracte.

BRAS

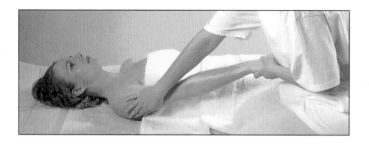

1 Agenouillez-vous à droite de votre partenaire. Prenez-lui le poignet de la main gauche et huilez légèrement le bras avec des mouvements d'effleurage en partant du poignet pour aller jusqu'à l'épaule et inversement. Répétez 3 fois.

2 Changez de main de façon à tenir le poignet de votre partenaire dans votre main droite. Avec la gauche, caressez doucement le bras du poignet à l'épaule et inversement. Répétez à plusieurs reprises.

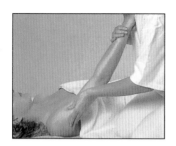

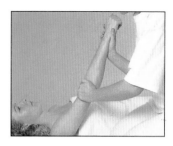

3 Soulevez le bras de votre partenaire et posez sa main sur votre épaule droite. Retenez le poignet avec votre main gauche et utilisez la droite pour pétrir légèrement les muscles de la partie supérieure du bras depuis le coude jusqu'à l'épaule.

4 La main de votre partenaire toujours posée sur votre épaule, continuez à pétrir avec les deux mains.

5 En tenant le bras de votre partenaire levé en travers de votre poitrine, exécutez quelques mouvements d'effleurage allant du coude à l'épaule et inversement. Répétez 3 fois.

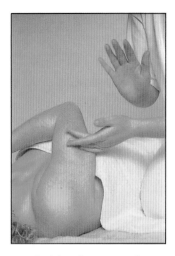

6 Pliez le bras de votre partenaire et placez sa main droite sur son épaule gauche. Avec le tranchant des mains exécutez quelques mouvements de hachure vifs et brefs sur les faces externe et interne des bras.

7 Posez votre main gauche sur le bras de votre partenaire pour l'empêcher de bouger et avec la droite pétrissez les muscles du coude jusqu'à l'épaule.

8 Prenez le poignet de votre partenaire dans votre main droite et massez le tour du coude avec vos doigts en faisant des mouvements circulaires doux et réguliers de façon à couvrir toute la région. La peau des coudes pouvant être très sèche, vous aurez peut-être besoin d'un peu plus d'huile.

9 Pour aider votre partenaire à se détendre plus encore, tenez son poignet dans votre main gauche et, avec la droite, exécutez quelques mouvements d'effleurage sur tout l'avant-bras dans les deux sens. La pression doit être assez ferme.

10 Répétez ces mouvements d'effleurage sur la face interne de l'avant-bras.

11 Posez le coude de votre partenaire sur la serviette. En lui soutenant le bras avec votre main gauche, pétrissez la face interne de l'avant-bras à partir du poignet. Allez jusqu'au coude puis redescendez doucement vers le poignet et recommencez. Répétez 3 fois.

Terminez le massage du bras par quelques mouvements d'effleurage,
puis massez la main et le poignet (voir les pages suivantes) avant de passer à l'autre bras.

MAINS ET POIGNETS

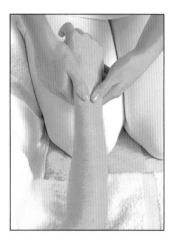

1 *Prenez la main de votre partenaire dans vos deux mains et, avec vos pouces, pétrissez la paume en un mouvement circulaire continu. Appuyez avec les deux pouces tour à tour.*

2 *Les mains sous les poignets de votre partenaire, frottez vos pouces autour du poignet en travaillant vers l'extérieur. Puis, toujours avec les pouces, massez le long de l'avant-bras en direction du coude avec des mouvements circulaires.*

3 *Retournez la main en soutenant le poignet. Massez doucement le revers du poignet avec vos pouces.*

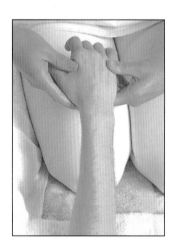

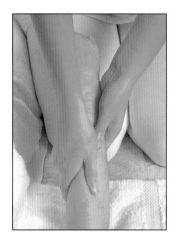

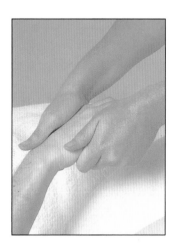

4 *Avec vos pouces, massez entre les tendons du revers de la main depuis les articulations des doigts jusqu'au poignet en décrivant de petits cercles. La pression doit rester légère. Répétez 2 fois entre chaque tendon.*

5 *Faites glisser les deux mains à tour de rôle depuis le poignet jusqu'au coude en exerçant une pression assez ferme avec la partie charnue de vos paumes. Répétez plusieurs fois.*

6 *Revenez vers la main. Étirez-la en écartant les tissus vers les côtés avec la partie charnue de vos paumes et avec vos pouces.*

7 *D'une main, décrivez des mouvements circulaires autour des trois articulations de chaque doigt, en commençant par l'extrémité. Une fois que vous avez terminé, faites effectuer deux mouvements de rotation à chaque doigt, puis étirez-le doucement afin de desserrer les articulations.*

8 *Soulevez le bras de votre partenaire et, en le soutenant avec votre main gauche, prenez sa main dans votre main droite et faites-lui doucement décrire trois demi-cercles dans chaque direction.*

9 *Continuez de soutenir le bras et, entrelaçant vos doigts avec ceux de votre partenaire, faites doucement ployer le poignet en avant et en arrière trois fois, en ayant soin de ne pas forcer sur l'articulation.*

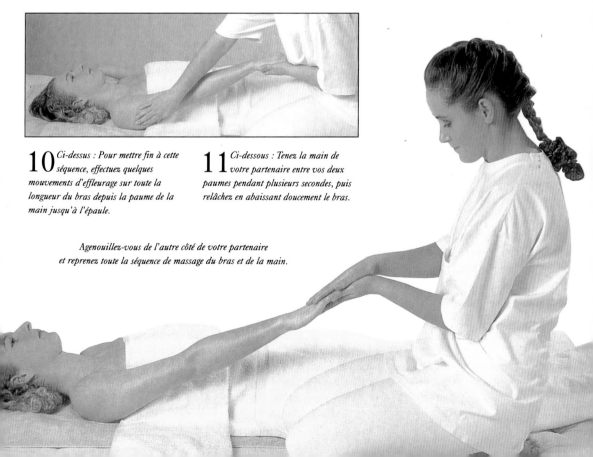

10 *Ci-dessus : Pour mettre fin à cette séquence, effectuez quelques mouvements d'effleurage sur toute la longueur du bras depuis la paume de la main jusqu'à l'épaule.*

11 *Ci-dessous : Tenez la main de votre partenaire entre vos deux paumes pendant plusieurs secondes, puis relâchez en abaissant doucement le bras.*

Agenouillez-vous de l'autre côté de votre partenaire et reprenez toute la séquence de massage du bras et de la main.

POITRINE, ÉPAULES ET COU

Idéalement, le massage de la poitrine doit suivre celui des bras et précéder celui du visage. Ce ne sont pas seulement les heures passées devant un bureau qui contractent les muscles de la poitrine – le fait de se cramponner au volant d'une voiture, de porter de gros sacs de provisions ou de se tenir mal d'une manière générale peut être lourd de conséquences.

La tension musculaire dans la poitrine peut également entraîner des raideurs dans la région du cou et des épaules. Nous avons tendance à rentrer la tête dans les épaules jusqu'à ce qu'elles soient complètement nouées. Cette séquence de mouvements est destinée à lutter contre ce genre de problème.

Demandez d'abord à votre partenaire s'il souhaite avoir un petit coussin ou une serviette roulée sous la tête. Il est essentiel que le cou soit détendu. Agenouillez-vous derrière la tête pour commencer la séquence.

POITRINE

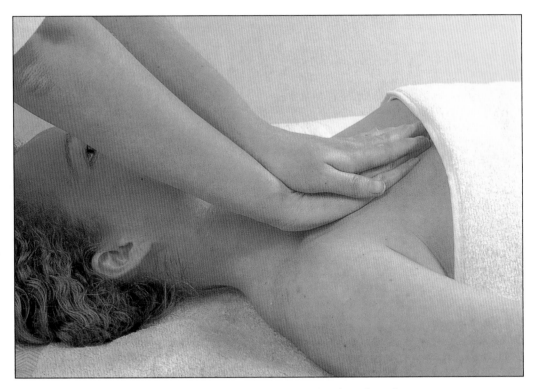

1 Huilez légèrement la paume de votre main droite et, plaçant le plat de la main sur la poitrine, les doigts pointés en direction des pieds, posez votre main gauche par-dessus. Vous exécuterez un mouvement d'effleurage sur le côté droit de la poitrine d'abord.

2 *Faites glisser vos mains sur la poitrine en direction de l'épaule et tournez autour de celle-ci, votre main gauche toujours posée sur la droite. Ce mouvement d'effleurage doit être continu.*

Pressez la poitrine et l'épaule contre la surface sur laquelle vous travaillez. Vous les verrez remonter lorsque vous lèverez vos mains à la fin du mouvement. Répétez 3 fois.

3 *Poursuivez la manœuvre d'effleurage en remontant le long du côté droit du cou.*

Répétez la séquence 2 fois à partir du milieu de la poitrine.

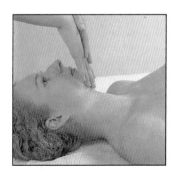

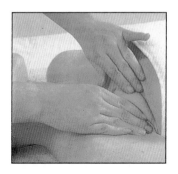

4 *Répétez la séquence une fois de plus, mais maintenant, amenez vos mains jusqu'au menton, de façon que vos doigts se trouvent placés juste au-dessous du milieu de la mâchoire.*

5 *Pétrissez des deux mains la partie charnue qui se trouve devant l'aisselle. Soulevez puis relâchez les muscles, en les pressant tour à tour contre une main puis contre l'autre.*

6 *Ne quittez pas encore cette partie charnue : pincez légèrement les muscles superficiels entre le pouce et l'index. Travaillez avec les deux mains tour à tour, en mouvements vifs et cadencés, en observant votre partenaire pour vous assurer que vous ne lui faites pas mal.*

Répétez les mouvements d'effleurage à partir du milieu de la poitrine et sur le côté droit du cou en un mouvement continu afin d'apaiser la région que vous venez de travailler.

Ensuite, répétez toute la séquence sur le côté gauche de la poitrine et du cou, en huilant légèrement la paume de votre main gauche avant de commencer.

ÉPAULES ET COU

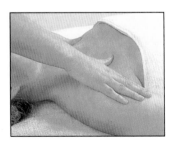

1 *Placez les deux mains côte à côte sur le devant de la poitrine.*

2 *Écartez-les et faites-les glisser vers les épaules en un mouvement d'effleurage ferme. Glissez autour des épaules et sur le haut du dos et remontez le long de la nuque.*

3 *En passant sur le dos et la nuque, soulevez légèrement votre partenaire afin d'étirer les muscles.*

4 *À gauche : Exercez des pressions circulaires du bout des doigts en remontant le long de la nuque jusqu'à la base du crâne. Il s'agit de petits mouvements de rotation fermes destinés à dénouer les muscles tendus. Attardez-vous un moment sur cette région, qui est souvent très crispée.*

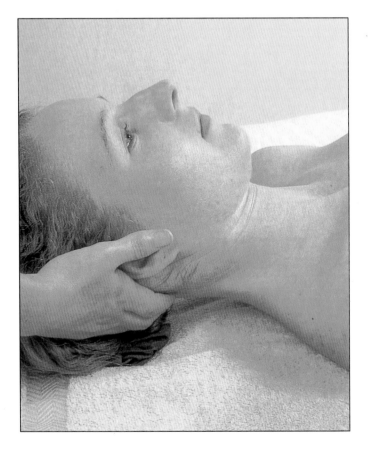

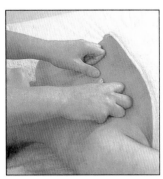

5 *Les poings fermés de façon assez lâche, utilisez vos articulations pour exécuter de petits mouvements de friction semi-circulaires sur tout le haut de la poitrine. Exercez une pression très ferme sur la région plus charnue, mais évitez de travailler directement sur la clavicule.*

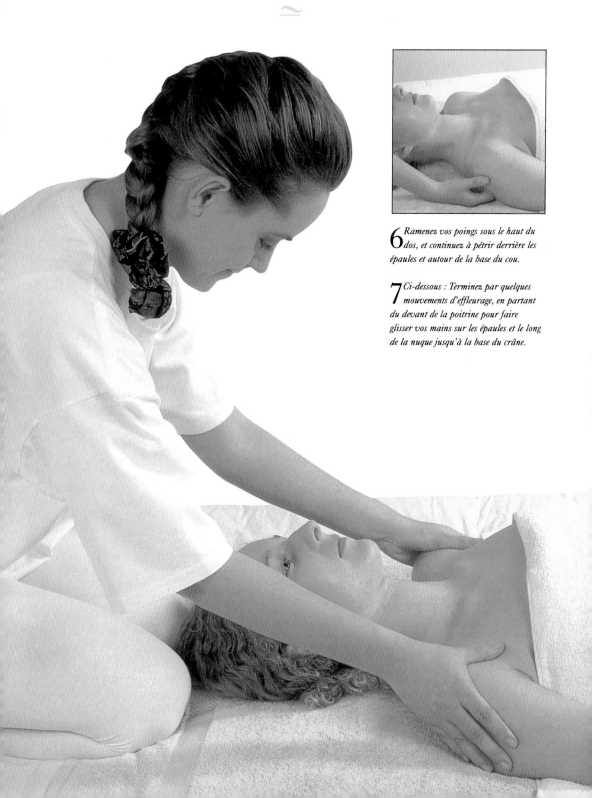

6 Ramenez vos poings sous le haut du dos, et continuez à pétrir derrière les épaules et autour de la base du cou.

7 Ci-dessous : Terminez par quelques mouvements d'effleurage, en partant du devant de la poitrine pour faire glisser vos mains sur les épaules et le long de la nuque jusqu'à la base du crâne.

VISAGE

Notre visage reflète notre état de santé et nos émotions. Le stress et la tension nerveuse s'expriment dans un froncement de sourcil et s'inscrivent dans les lignes qui entourent les yeux, la bouche et le menton. Le massage facial peut apaiser les maux de tête, l'anxiété et la fatigue et les remplacer par une sensation de sérénité. Il améliore la circulation et donne de l'éclat à la peau.

Si votre partenaire porte des lentilles de contact, demandez-lui de les ôter avant le massage. Utilisez une huile faciale légère en évitant le contour des yeux. Vos mains doivent rester décontractées. Vous serez surpris de constater que le visage est moins fragile qu'il n'en a l'air et que vous pouvez exercer une pression assez ferme sans incommoder votre partenaire.

Votre partenaire souhaitera sans doute avoir un petit coussin ou une serviette sous la tête.
Utilisez un bandeau pour dégager le visage.

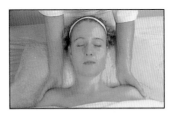

1 Agenouillez-vous à la tête de votre partenaire et huilez légèrement les paumes de vos mains. Posez celles-ci sur la clavicule, les doigts pointés vers l'extérieur, pour exécuter quelques légers mouvements d'effleurage.

2 Écartez vos mains et faites-les glisser vers les épaules. La pression doit rester légère.

3 Ramenez vos mains vers la nuque en un mouvement continu, marquez une pause en augmentant légèrement la pression des doigts, puis relâchez.

Répétez la séquence d'effleurage au moins 3 fois.

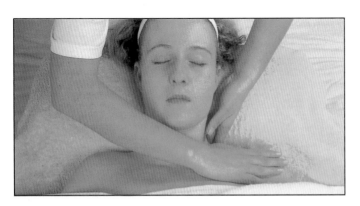

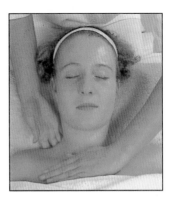

4 Placez votre bras droit en travers de votre partenaire de façon que la main s'appuie sur l'épaule gauche. En partant de l'épaule et avec des mouvements très légers, faites glisser votre main gauche le long du cou jusqu'au bord de la mâchoire. Répétez 3 fois.

5 Répétez ce mouvement de l'autre côté du cou.

6 *Posez les deux mains, les doigts tournés les uns vers les autres, sur le devant de la poitrine de votre partenaire. Passez légèrement le plat d'une main, puis l'autre, le long du cou*

jusqu'à la mâchoire, en vous écartant d'un geste vif dès que vous la touchez. Répétez plusieurs fois en faisant rapidement alterner les deux mains.

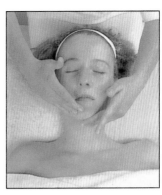

7 *Amenez les deux mains sur le devant de la mâchoire. Faites-les glisser l'une après l'autre du menton à l'oreille. Répétez plusieurs fois.*

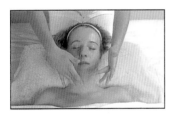

8 *Tapotez vivement toute la longueur de la mâchoire avec le majeur et l'annulaire, du milieu jusqu'aux oreilles. Il s'agit là d'une manœuvre stimulante, aussi le tapotement doit-il être rapide et assez ferme.*

9 *Apaisez la région en prenant délicatement le visage entre vos mains. Marquez une pause, puis relâchez.*

10 *Croisez les mains sur le front de votre partenaire. Entrelacez vos doigts de façon assez lâche et appuyez doucement vos paumes sur le front. Desserrez lentement les doigts et relâchez. Répétez 3 fois.*

11 *À gauche : Placez vos deux majeurs sur l'arête du nez. Faites-les glisser tout le long de l'arcade sourcilière jusqu'aux tempes. Reprenez le mouvement un peu plus haut sur le front et, toujours à partir du milieu, continuez jusqu'à la racine des cheveux. Répétez encore 2 ou 3 fois, en plaçant les doigts de plus en plus haut sur le front à chaque reprise, jusqu'à ce que vous ayez couvert toute la région.*

12 *Pour finir, placez vos mains de chaque côté de la tête de votre partenaire et marquez une pause de quelques secondes avant de relâcher.*

TAILLE ET ABDOMEN

De nombreuses personnes se sentent vulnérables lorsqu'elles exposent leur abdomen, aussi devrez-vous vous montrer particulièrement attentif lorsque vous en arriverez à cette partie du massage. Commencez par des mouvements très doux, mais essayez d'être sûr de vous, car un toucher hésitant peut déconcerter votre partenaire.

Le massage de l'abdomen calme les nerfs et peut soulager les maux de ventre si ceux-ci sont dus à la tension nerveuse, à une mauvaise digestion ou à la menstruation. Il stimule également les organes digestifs et facilite l'élimination. Attendez au moins 1 heure après le dernier repas de votre partenaire avant de procéder à un massage abdominal.

Agenouillez-vous à côté de votre partenaire. Avec un peu d'expérience,
vous vous rendrez compte que l'on peut traiter les deux côtés sans changer de position.
Pour commencer et terminer le massage, étudiez le souffle de votre partenaire,
afin que vos mouvements coïncident avec l'inspiration et l'expiration.
Faites d'abord doucement glisser vos mains du bas-ventre à la poitrine
au moment où votre partenaire inspire et descendez le long des côtés lorsqu'il expire.

ABDOMEN

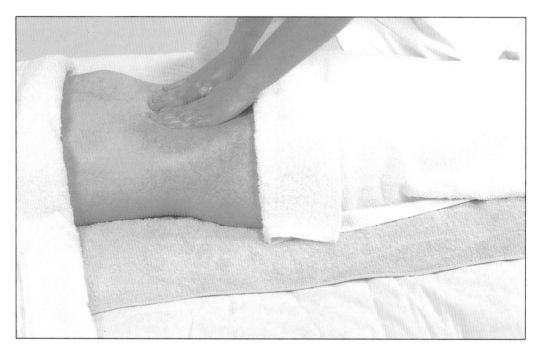

1 Agenouillez-vous au niveau des hanches de votre partenaire. Huilez légèrement les paumes de vos mains et établissez le contact en les plaçant en losange sur le bas du ventre, les doigts pointés vers la tête. Gardez les doigts serrés et les mains décontractées. Incitez votre partenaire à pratiquer la respiration abdominale afin de sentir son ventre se gonfler et se creuser. Harmonisez vos mouvements avec sa respiration.

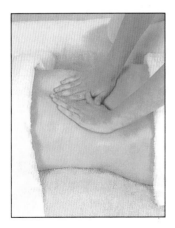

2 *Faites doucement glisser vos mains jusqu'au bas des côtes. La pression doit être douce et égale.*

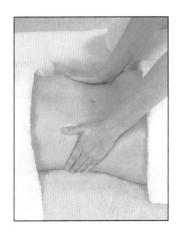

3 *Écartez les mains et faites-les descendre de part et d'autre de la taille. Accentuez la pression à mesure que vous vous éloignez des côtes afin de tirer les muscles vers l'extérieur.*

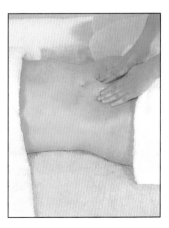

4 *Retournez à la position de départ avec les deux mains placées sur le bas du ventre et répétez ce mouvement plusieurs fois. Ajoutez un peu d'huile si nécessaire.*

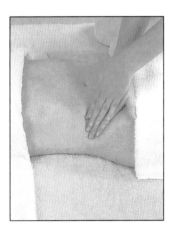

5 *Placez votre main droite à droite du bas du ventre de votre partenaire et posez votre main gauche par-dessus pour la maintenir.*

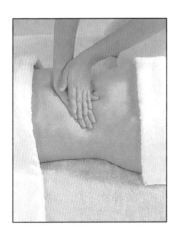

6 *Poussez vos mains vers le haut jusqu'au bas de la cage thoracique. La pression doit être ferme afin de stimuler le système digestif. Le mouvement est régulier et continu.*

7 *Poursuivez la manœuvre en longeant le bas de la cage thoracique pour redescendre à gauche de l'abdomen. Le sens du travail est important : montez le long du côté droit de votre partenaire, traversez juste en-dessous des côtes et redescendez sur le côté gauche.*

Faites plusieurs fois le tour du nombril, en retournant à chaque reprise au milieu du bas-ventre.

TAILLE

1 *Commencez à pétrir la région de la taille en pressant la chair tour à tour contre une main puis contre l'autre avant de relâcher. Ces mouvements doivent être fermes et stimulants.*

2, 3 *Ci-contre en haut, et ci-contre en bas : Croisez les mains par-dessus la taille de votre partenaire de façon à empoigner les côtés avec vos paumes. Ramenez les mains vers le haut d'un geste vif en les décroisant par-dessus l'abdomen et en retournant les paumes lorsqu'elles resdescendent de l'autre côté. Tirez à nouveau vers le haut et recroisez les bras pour reprendre la position de départ. Travaillez vite en exerçant une pression ferme lorsque vous tirez la chair des côtés vers le haut ; votre toucher se fait plus léger quand vous traversez le haut de l'abdomen. Répétez 4 fois.*

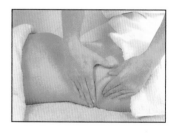

4 *En commençant de l'autre côté de la taille, pincez légèrement la chair entre vos pouces et les autres doigts. Il s'agit là de mouvements brefs et stimulants. Répétez la manœuvre de l'autre côté de la taille.*

5 *Les mains en cuillère, exécutez de légers mouvements de ventouse sur le côté de la taille, à une cadence rapide et stimulante, tout surveillant votre partenaire pour vous assurer que vous ne lui faites pas mal. Cette manœuvre a pour but de faire affluer le sang vers la région massée.*

6 *Maintenant, passez à la hanche. Pétrissez la chair en comprimant et en relâchant tour à tour. La pression doit être ferme et stimulante.*

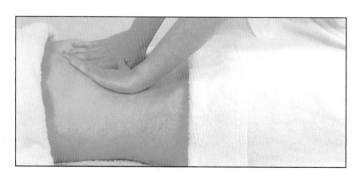

7 *À gauche : Pour mettre fin au massage abdominal, répétez les mouvements d'effleurage du début de la séquence. Terminez avec les deux mains placées un peu plus haut que le ventre, les doigts pointés vers la tête. Maintenez la position pendant quelques secondes, puis relâchez.*

ARRIÈRE DU CORPS

Demandez à votre partenaire de se coucher sur le ventre pour masser la partie postérieure des jambes et le fessier.
La tête doit être tournée sur le côté.

JAMBES ET FESSES

La face postérieure des jambes et le fessier se prêtent à toutes sortes de techniques de massage. La plupart des gens supportent des massages très vigoureux sur les principaux muscles des cuisses et des fesses. Les parties charnues sont particulièrement adaptées au pétrissage, et une pression plus ferme sera des plus agréables. À l'inverse, une manœuvre d'effleurage très douce peut stimuler et améliorer certaines fonctions corporelles. Il est possible de soulager les sensations de fatigue et de lourdeur dans les jambes, et votre partenaire, après le massage, se sentira en pleine forme.

EFFLEURAGE

1 *À gauche : Agenouillez-vous auprès de votre partenaire, au niveau des chevilles. Vous devez pouvoir travailler sur les deux jambes en même temps. Commencez par masser la jambe la plus éloignée de vous.*
Huilez légèrement vos mains et placez-les derrière la cheville gauche.

2 *Faites doucement glisser vos mains vers le haut de la jambe en un mouvement doux et continu, la main droite dirigeant la gauche. Une fois que vous atteignez le genou, marquez une pause de 2 secondes.*

3 *Poursuivez le mouvement le long de la cuisse et, parvenu en haut de celle-ci, croisez les mains en exerçant une pression égale et légère.*

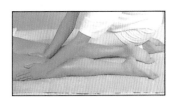

4 *Faites redescendre vos mains le long des côtés de la jambe jusqu'à ce que vous soyez revenu au point de départ.*

Répétez la séquence 3 fois en augmentant à chaque fois légèrement la pression lorsque vous travaillez en direction du cœur.

PARTIE SUPÉRIEURE DES JAMBES ET FESSIER

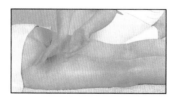
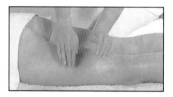

1 *Agenouillez-vous au niveau des cuisses de votre partenaire. Avec des mouvements de pétrissage fermes, pressez puis relâchez les muscles de l'arrière de la cuisse, en travaillant en direction du fessier. Essayez de couvrir une surface musculeuse assez étendue avec vos deux mains.*

2 *Avec le tranchant des mains, exécutez quelques mouvements de hachure. Faites alterner les deux mains de façon répétée et rapide. Poursuivez la manœuvre tout au long de l'arrière de la cuisse et sur le fessier.*

3 *Poursuivez le massage en exécutant quelques manœuvres de ventouse sur la cuisse et le fessier. Les mouvements doivent être brefs et rapides pour stimuler toute la région.*

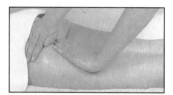

4 *Fermez vos poings de façon assez lâche et martelez vivement le haut et la face externe de la cuisse. Vous pouvez utiliser le dos des doigts ou des poings. Pour la région du fessier, utilisez les articulations.*

5 *Faites suivre cette séquence de mouvements de friction par des mouvements d'effleurage doux du genou jusqu'au haut de la cuisse, en travaillant de bas en haut, et inversement.*

MOLLETS

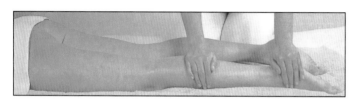

1 *Agenouillez-vous au niveau des chevilles de votre partenaire. Huilez-vous à nouveau les mains si nécessaire. Pour commencer, posez les deux mains sur l'arrière de la cheville. Faites glisser votre main droite jusqu'au genou en maintenant la cheville avec la main gauche.*

2 *Continuez à faire glisser votre main droite en direction de la cuisse en exerçant une pression plus légère lorsque vous approchez du genou.*

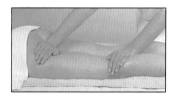

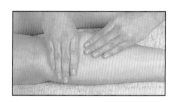

3 Tout en poursuivant la manœuvre vers le haut de la cuisse, faites glisser votre main gauche le long du mollet jusqu'au genou. Faites en sorte que le mouvement reste fluide.

4 Sans vous arrêter, faites redescendre votre main droite vers le bas. Une fois que vous atteignez le genou, levez votre main gauche, afin que la main droite puisse poursuivre le mouvement jusqu'à la cheville sans interruption.

5 Commencez à pétrir le mollet avec les deux mains, de la cheville jusqu'au genou, en évitant le pli du genou. Comprimez puis relâchez le muscle du mollet. Si les muscles du mollet sont très durs, cette manœuvre de pétrissage peut être douloureuse. Demandez à votre partenaire si le degré de pression exercé lui convient.

Répétez 3 fois jusqu'à ce que vous ayez acquis assez d'assurance.

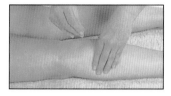

7 À gauche : Soulevez la jambe de votre partenaire et tenez-la avec votre main gauche, puis faites glisser votre main droite du cou-de-pied au genou. Exercez une pression aussi ferme que possible. Répétez 3 fois, puis reposez doucement la jambe par terre.

6 Exécutez quelques brèves manœuvres de pincement tout le long du muscle du mollet en vous assurant à nouveau auprès de votre partenaire que vous ne lui faites pas mal.

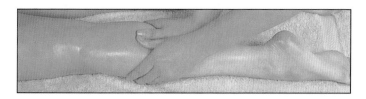

8 Posez vos deux pouces sur l'arrière de la cheville, puis massez le mollet jusqu'au genou en exerçant une pression assez ferme pour dénouer les muscles. Quand vous atteignez le pli du genou,

allégez la pression et faites doucement redescendre vos mains le long des côtés de la jambe jusqu'à la cheville. Répétez 3 fois.

9 Pour compléter le massage de la partie postérieure de la jambe, répétez les mouvements d'effleurage depuis le commencement de la séquence, en faisant glisser vos mains de la cheville à la cuisse et inversement. Répétez 3 fois pour décontracter la jambe.

Répétez tout le massage sur la partie postérieure de l'autre jambe,
après avoir recouvert le membre que vous venez de masser avec une serviette pour garder les muscles au chaud.

DOS ET ÉPAULES

Région puissante et très souple, le dos est la principale structure de soutien du corps. C'est pourquoi il requiert une attention toute particulière. En massant le dos, vous risquez de toucher des nerfs qui affectent toutes les parties du corps.

Un massage dorsal complet, insistant sur la colonne vertébrale et le bas du dos, soulage les effets du stress dans tout l'organisme et procure une sensation de bien-être physique et psychologique. Des mouvements doux et fluides étirent les

muscles et les tissus du dos en lui rendant sa flexibilité, sa santé et sa mobilité, tandis que des mouvements plus vigoureux le long des muscles spinaux et sur le bas du dos dénouent des muscles crispés et douloureux.

Ne travaillez jamais directement sur la colonne vertébrale, mais le fait de masser les deux côtés de la colonne fait beaucoup de bien. Évitez les manœuvres de percussion telles que les hachures et les mouvements de ventouse sur la région des reins.

D'abord, assurez-vous que votre partenaire est confortablement installé, couché sur le ventre, les bras posés de chaque côté du visage. Posez une serviette roulée sous le front et, si nécessaire, glissez un oreiller, un coussin ou une serviette roulée sous la poitrine. Dégagez la nuque.

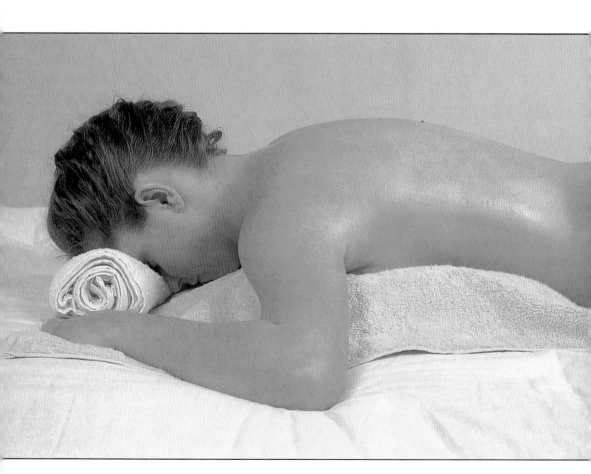

EFFLEURAGE

Agenouillez-vous au niveau de la hanche droite de votre partenaire
et huilez-vous les mains. Tout en exécutant les premiers mouvements d'effleurage,
essayez de repérer les régions particulièrement tendues et nouées.

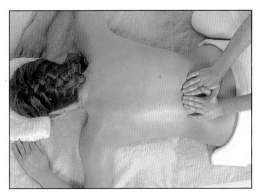

1 *Commencez les mouvements d'effleurage à partir du bas du dos. Croisez les pouces pour garder les mains biens serrées et montez lentement vers le milieu du dos en appuyant fermement avec le bout des doigts.*

2 *Poursuivez jusqu'en haut du dos en un mouvement continu.*

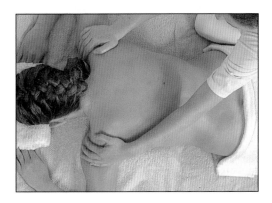

3 *Sans vous interrompre, écartez les mains et faites-les glisser autour des épaules.*

4 *Poursuivez le mouvement en ramenant les deux mains vers le bas du dos en longeant les côtés, puis reprenez la manœuvre à partir du début.*

Répétez cette séquence d'effleurage 3 fois en vous huilant légèrement les mains à chaque reprise.

ÉPAULES

3 Placez doucement le bras de votre partenaire en travers du dos et maintenez-le dans cette position en prenant sa main droite dans votre main gauche. L'omoplate doit légèrement saillir. Avec votre pouce droit, exercez des pressions circulaires sur toute la région de l'épaule. Des muscles puissants sont attachés à l'omoplate, et vous pouvez masser celle-ci fermement pour chasser toute tension de cette partie du corps.

1 Les pouces posés de part et d'autre de la colonne vertébrale, au niveau des omoplates, exercez des pressions circulaires en pénétrant fermement dans les muscles.

2 Continuez vers le haut jusqu'à ce que vous ayez atteint la nuque.

4 Posez votre main gauche sur la droite pour augmenter la pression et exécutez de petits mouvements circulaires depuis la base du cou jusque sur l'épaule.

5 Tournez autour de l'épaule et revenez vers l'omoplate en exerçant une pression ferme pour dénouer le muscle.

Passez de l'autre côté de votre partenaire et répétez la séquence sur l'autre épaule.

DOS

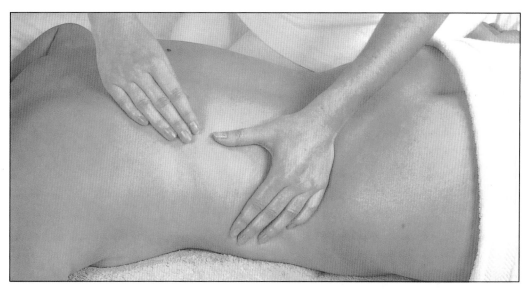

1 Agenouillé à droite de votre partenaire, commencez à pétrir fermement le côté du dos le plus éloigné de vous à partir de la taille en utilisant vos deux mains. Soulevez, roulez et relâchez les muscles en les poussant alternativement contre une main puis contre l'autre. Poursuivez la manœuvre de pétrissage jusqu'aux épaules. Recommencez à partir de la taille, mais en travaillant cette fois plus près de la colonne vertébrale.

Répétez l'opération de l'autre côté du dos (celui qui est le plus près de vous). Vous devriez pouvoir le faire sans changer de position.

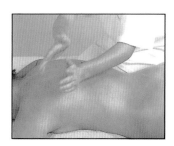

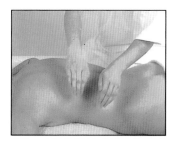

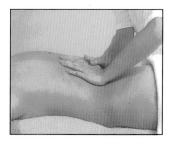

2 Avec le tranchant des mains, exécutez des mouvements de hachure vifs et cadencés depuis le bas du dos jusqu'aux épaules en évitant l'omoplate. Essayez de vous imaginer que chaque côté du dos est divisé en trois sections de façon à couvrir toute la région à fond.

3 Mettez les mains en cuillère et exécutez des mouvements de ventouse depuis le bas du dos jusqu'aux épaules. Le mouvement doit être rapide, vos deux mains entrant en action tour à tour.

4 Répétez les mouvements d'effleurage du début de la séquence pour apaiser le dos. Répétez plusieurs fois.

COLONNE VERTÉBRALE

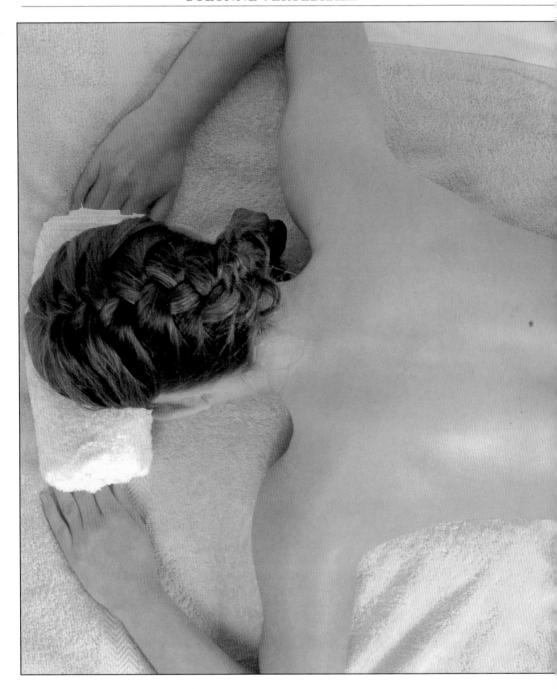

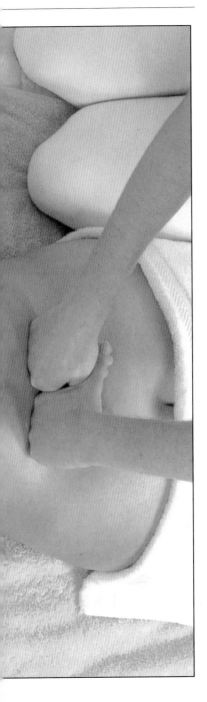

1 *À gauche : Fermez les poings et, en croisant les pouces pour donner plus de stabilité au mouvement, poussez vos mains le long de chaque côté de la colonne vertébrale jusqu'à la nuque.*

2 *À droite : Déroulez vos doigts lorsque vous atteignez la nuque et faites-les glisser vers le bas en longeant les côtés du dos. Répétez 3 fois.*

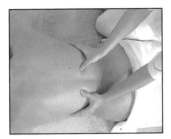

3 *Placez les pouces de part et d'autre de la colonne vertébrale, au niveau du bas du dos, les mains reposant sur les côtés. Exécutez de petits mouvements de rotation avec les pouces de chaque côté de la colonne vertébrale en vous déplaçant vers le haut jusqu'à ce que vous ayez atteint la racine des cheveux. Répétez la manœuvre en refaisant le trajet à l'envers jusqu'au bas du dos.*

4 *Croisez vos pouces pour donner plus de stabilité à vos mouvements et massez les deux côtés de la colonne vertébrale à l'aide de vos articulations en travaillant de bas en haut et inversement. Répétez 2 fois.*

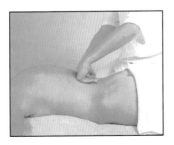

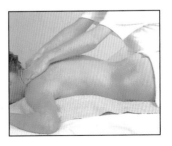

5 *En partant du bas du dos, poussez le revers de vos doigts de chaque côté de la colonne vertébrale jusqu'au-dessus de la taille, puis faites glisser vos mains vers les côtés et ramenez-les autour des hanches. Répétez 3 fois.*

6 *Pour conclure le massage, répétez les mouvements d'effleurage du début de la séquence en partant du bas du dos et en tournant autour des épaules pour revenir au point de départ en un long mouvement fluide et continu.*

AUTOMASSAGE

Pour se détendre et se redonner du tonus à la fin d'une journée fatigante et stressante, on peut se masser soi-même. Se masser le corps avec des lotions et des huiles après un bain ou une douche est très relaxant et permet de garder une peau éclatante. Vous pouvez aussi vous masser pour chasser des douleurs spécifiques ou pour détendre certaines régions particulièrement nouées. L'automassage offre l'avantage de pouvoir se pratiquer au gré de son humeur ou de ses besoins ; par exemple, pour se calmer le soir ou pour se réveiller le matin.

ÉPAULES

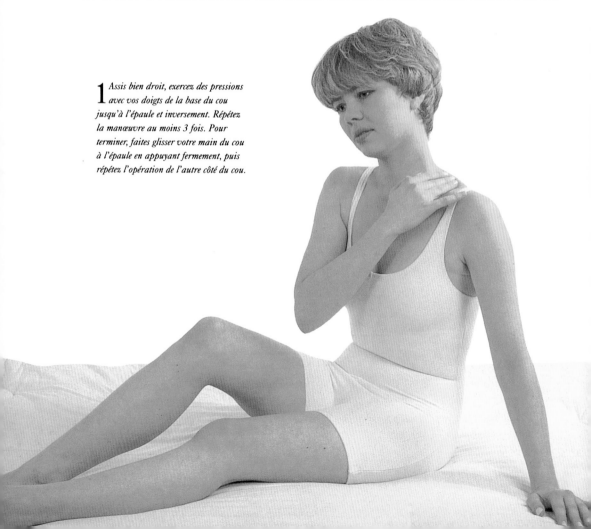

1 Assis bien droit, exercez des pressions avec vos doigts de la base du cou jusqu'à l'épaule et inversement. Répétez la manœuvre au moins 3 fois. Pour terminer, faites glisser votre main du cou à l'épaule en appuyant fermement, puis répétez l'opération de l'autre côté du cou.

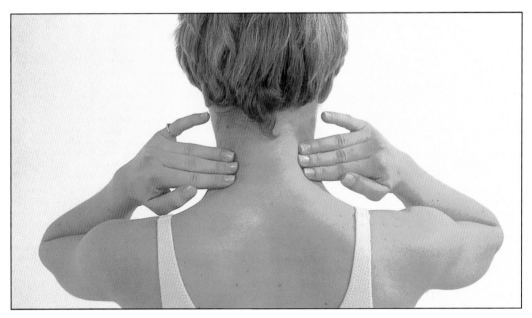

2 En travaillant de bas en haut avec le bout des doigts, exécutez de petits mouvements circulaires sur l'arrière du cou. Dans cette région, des mouvements circulaires doux destinés à dénouer les muscles valent mieux que des pressions statiques. Continuez ainsi tout autour de la base du crâne.

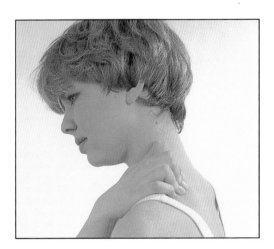

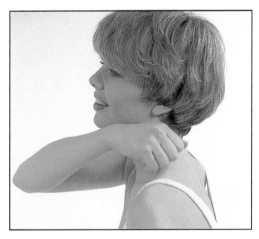

3 Pétrissez chaque épaule en comprimant fermement et en faisant rouler la chair entre vos doigts et la partie charnue de votre paume. Répétez plusieurs fois de chaque côté.

4 Donnez-vous de petits coups de poing sur l'épaule en gardant le poignet et le coude décontractés. Travaillez en mouvements légers et élastiques pour stimuler la région. Répétez sur l'autre épaule.

BRAS

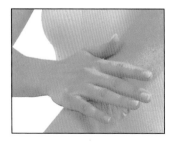

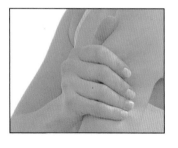

1 *Faites glisser votre main le long du bras, du poignet à l'épaule, en exerçant une pression ferme ; au retour, la pression doit se faire plus légère. Répétez plusieurs fois sur différentes parties du bras.*

2 *Comprimez la chair entre les doigts et la paume de la main depuis le coude jusqu'à l'épaule. Pétrissez ainsi toute la région en faisant le tour du bras.*

3 *Pétrissez l'avant-bras, du poignet jusqu'au coude, en faisant des mouvements circulaires avec votre pouce.*

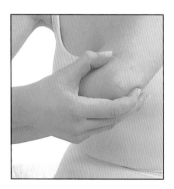

4 *Exercez des pressions circulaires tout autour du coude avec le pouce et les autres doigts. Massez d'abord le côté du coude le plus éloigné de vous, le bras qui travaille posé au-dessus du bras massé ; ensuite pliez celui-ci vers le haut pour travailler à partir de l'intérieur du coude. Si vous avez les coudes très secs, ajoutez de l'huile.*

5 *À droite : Tapotez-vous doucement le bras ou exécutez quelques mouvements de ventouse assez doux. Concluez par quelques manœuvres d'effleurage de bas en haut et inversement en couvrant toute la longueur du bras. Massez-vous la main avant de passer à l'autre bras.*

PIEDS

1 *En position assise, légèrement penché en arrière, soulevez une jambe et, en la soutenant des deux mains, faites effectuer un mouvement de rotation à votre cheville droite 5 fois dans chaque direction.*

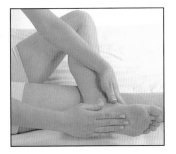

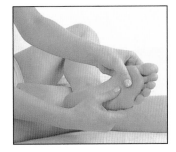

2 *Placez doucement votre pied par-dessus l'autre jambe. Une main posée sur le pied et l'autre dessous, effleurez-le depuis les orteils jusqu'à la cheville. Répétez 3 fois.*

3 *Exercez une pression circulaire des pouces sur la partie charnue de la plante du pied. Travaillez en lignes parallèles depuis l'intérieur du pied vers l'extérieur. Répétez 3 fois.*

4 *En soutenant le pied avec une main, continuez d'exercer des pressions circulaires sur la voûte plantaire, en travaillant de l'intérieur vers l'extérieur. Répétez 3 fois.*

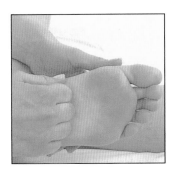

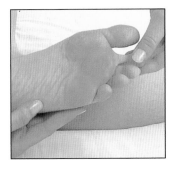

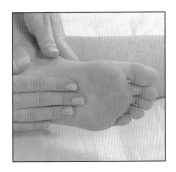

5 *Le pied toujours dans la même position, fermez votre poing et faites-lui effectuer des mouvements de rotation sur l'intérieur de la voûte plantaire en travaillant fermement toute la région.*

6 *Massez chaque orteil individuellement. Prenez l'orteil entre le pouce et l'index et tirez doucement, en déplaçant vos doigts jusqu'à ce que vous ayez atteint l'extrémité.*

7 *Une main posée sur la plante et l'autre sur le dessus du pied, répétez plusieurs fois les mouvements d'effleurage des orteils jusqu'à la cheville.*

Répétez toute la séquence de massage sur l'autre pied.

MASSAGE ET SPORT

Les sportifs professionnels apprécient beaucoup les massages, notamment parce qu'ils agissent à plusieurs niveaux. Avant un entraînement, le massage prépare le corps non seulement en l'échauffant et en assouplissant les muscles et les articulations (ce qui évite crampes et blessures), mais aussi en stimulant l'organisme, à la fois physiquement et mentalement, ce qui permet d'améliorer les performances. Après l'effort, le massage accélère l'élimination des toxines (en particulier l'acide lactique) en stimulant le système lymphatique. L'accumulation de ces substances au cours de l'effort est à l'origine d'une grande partie des douleurs et des courbatures que l'on éprouve après.

ENTORSES ET FOULURES

Une sensation de brûlure sous la peau indique souvent que les muscles, les fibres ou les ligaments ont été forcés au-delà de leur limite naturelle. C'est ce qui se passe souvent lorsqu'on fait du sport sans s'être préalablement échauffé ou quand on a trop présumé de ses forces. Un massage de routine et des exercices d'assouplissement avant une dépense physique importante permettent d'éviter les foulures. Un massage de la région blessée accélère la guérison.

Les entorses sont plus graves ; elles interviennent lorsqu'on se tord une articulation, le plus souvent la cheville, le poignet ou le genou. Les muscles, les ligaments et les tendons rattachés à cette articulation peuvent aussi être endommagés, et la région affectée peut être extrêmement douloureuse et enflée. Appliquez un sac de glace ou une compresse froide pendant 15 ou 20 minutes pour désenfler. Ensuite, vous pourrez commencer à masser la région très doucement (comme sur la photo ci-contre) en ayant soin de ne pas travailler directement sur la partie gonflée. Reposez la cheville le plus possible et utilisez un bandage pour la maintenir.

En cas d'entorse grave, consultez un médecin pour vous assurer qu'aucun os n'a été fracturé ; une entorse au genou requiert toujours des soins médicaux.

CRAMPES

Il n'est pas nécessaire d'être un fanatique de sport pour avoir des crampes. Au contraire, ce sont plutôt les muscles sous-employés ou mal préparés qui y sont sujets. Il n'est nul besoin de faire un faux mouvement pour avoir une crampe : elle peut survenir au milieu de la nuit, lorsque la réduction de la circulation sanguine contracte les muscles. Des crampes fréquentes sont en général signe d'une mauvaise circulation ou d'une carence en calcium ou en sel. Un massage augmentera la circulation et soulagera la douleur. Essayez aussi d'étirer le muscle affecté.

MAUX DE DOS

Un froissement musculaire dans le dos peut entraîner des douleurs insupportables. La plupart des disciplines sportives augmentent la tension dans les jambes, le fessier et le dos. D'anciennes blessures peuvent être à l'origine de douleurs dorsales chroniques. Des exercices difficiles ou inadaptés peuvent aussi causer de sérieux problèmes. Ne soumettez jamais votre dos à des pressions excessives. Un massage dorsal complet et régulier (en particulier avant une séance d'entraînement) réduira les risques d'accident. Cependant, si vous voulez vous échauffer le dos rapidement avant une séance ou au contraire le reposer après, faites-vous un massage « instantané » du dos et des épaules. Si vous avez des doutes sur la gravité de vos maux de dos, consultez un médecin, un ostéopathe ou un chiropracteur.

AVEC OU SANS HUILES

On n'a pas toujours de l'huile à portée de main, et les huiles ne sont pas indispensables pour masser les entorses et les crampes. Si vous avez une huile végétale légère, tant mieux, sinon vous pouvez tout simplement vous en passer.

FOULURE DE LA CHEVILLE

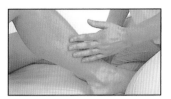

1 *Ci-dessus et ci-dessous : Évitez de travailler directement sur la région enflée. Commencez par une manœuvre d'effleurage allant du genou à la cuisse. Massez en direction des nodules lymphatiques situés dans l'aine afin de drainer les fluides qui s'accumulent autour de l'articulation. Revenez vers le genou d'un mouvement léger. Répétez plusieurs fois.*

2 *Aidez votre partenaire à plier la jambe blessée. Poursuivez les manœuvres d'effleurage sur la partie inférieure de la jambe, en travaillant cette fois de la cheville au genou et en faisant intervenir les deux mains tour à tour. Répétez plusieurs fois, puis pressez doucement les mollets d'une main en soutenant le pied de l'autre.*

3 *Massez très doucement la région de la cheville en effectuant de courts mouvements vers le haut. Veillez à ce que vos gestes ne causent pas de douleur.*

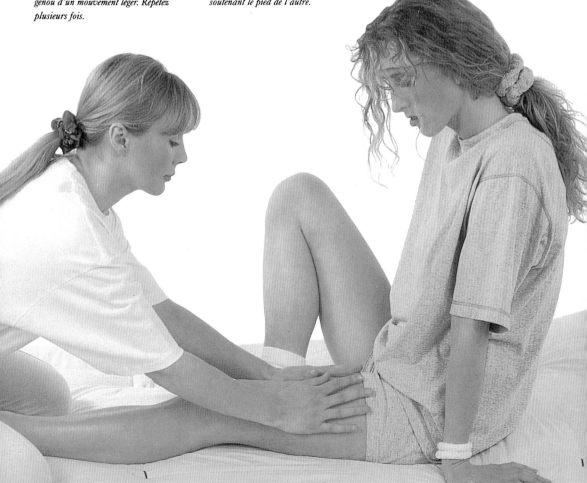

CRAMPE AU MOLLET

1 *Faites coucher votre partenaire sur le ventre et posez son pied sur votre jambe ou sur un petit oreiller, puis exercez une pression du pouce sur le muscle du mollet pendant 8 ou 10 secondes.*

2 *Exécutez quelques mouvements d'effleurage depuis la cheville à la cuisse, et inversement.*

SOIGNEZ-VOUS

Un bon moyen de traiter une crampe au mollet est de s'asseoir avec la jambe affectée allongée et de tirer ses orteils vers soi. Restez dans cette position pendant 8 secondes, puis relâchez. Répétez plusieurs fois, jusqu'à ce que la crampe diminue. Ensuite pétrissez le muscle du mollet en exerçant une pression ferme. Quand le muscle commence à se détendre, refaites quelques mouvements d'effleurage en remontant le long de la jambe.

CRAMPE AU TENDON DU GENOU

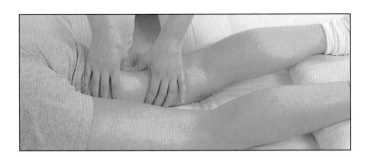

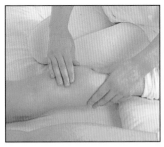

1 *Faites coucher votre partenaire sur le ventre et posez ses chevilles sur un petit oreiller ou un coussin, puis commencez à masser en remontant le long de la partie arrière de la cuisse en lents mouvements cadencés. Ensuite, exercez une pression statique sur le milieu de la cuisse avec les pouces et maintenez la position de 8 à 10 secondes.*

2 *Pétrissez le mollet. Comprimez, pressez et relâchez avec les deux mains alternativement. Exécutez quelques mouvements d'effleurage apaisants de la cheville à la cuisse et inversement.*

ÉTIREMENT DU GENOU

Couchez-vous sur le dos en levant la jambe souffrante et en pliant le genou de l'autre jambe. Étirez le muscle en attirant doucement la cuisse vers la poitrine.

Ensuite, massez fermement l'arrière de votre cuisse en direction du haut pendant 8 à 10 secondes. Pétrissez jusqu'à ce que vous sentiez les muscles se détendre. Enfin, exécutez un mouvement d'effleurage sur toute la région pour l'apaiser.

SYNOVITE DU COUDE

1 Tenez le poignet de votre partenaire d'une main et avec l'autre exécutez des mouvements d'effleurage des deux côtés du bras, du poignet jusqu'au coude et inversement. Répétez plusieurs fois.

2 Posez la main de votre partenaire sur votre hanche. Massez du poignet jusqu'au coude et inversement en effectuant de petits mouvements circulaires avec les deux pouces et en vous concentrant sur les muscles de l'avant-bras.

3, 4 Tenez bien le poing de votre partenaire d'une main et, en soutenant son coude de l'autre, faites-le fléchir en avant en repliant la main afin de bien étirer les tendons attachés à l'os.

MASSAGE POUR BÉBÉ

Les nouveau-nés réagissent instinctivement au toucher, et le massage d'un bébé par sa mère contribue à renforcer leurs liens. Tous les nourrissons sont extrêmement sensibles aux caresses. Voyez comment votre bébé serre ses mains et replie les orteils au moindre contact. Il n'existe pas de séquence établie pour masser les bébés. Exécutez des mouvements fluides et doux. Une simple manœuvre d'effleurage renforcera les liens naturels et contribuera à apaiser et à rassurer le nourrisson. Il arrive que des massages réguliers suffisent à calmer des bébés difficiles ou sujets à des coliques, ou règlent des problèmes d'aérophagie et d'autres troubles digestifs.

RELAXATION

Couchez doucement le bébé sur le dos sur une serviette tiède étalée entre vos jambes ou sur vos genoux selon votre préférence. Versez environ une cuillère à café (5 ml) d'huile d'amande douce dans une soucoupe. Assurez-vous que vous avez les mains chaudes et que la pièce est calme, tiède et qu'il n'y a pas de courants d'air. L'idéal est de masser le bébé après le bain.

DEVANT DU CORPS DU BÉBÉ

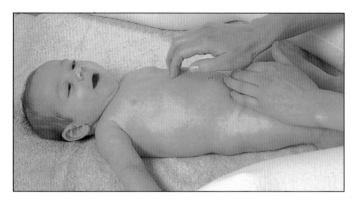

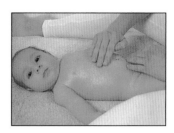

2 *Exécutez des mouvements circulaires sur le ventre en exerçant une pression très douce et en montant sur la droite pour redescendre par la gauche. Faites en sorte que la manœuvre soit continue en levant votre main gauche lorsque vos bras se croisent. Répétez ces mouvements circulaires plusieurs fois.*

1 *Répartissez doucement un peu d'huile sur le devant du corps du bébé, des épaules aux pieds en évitant le visage. Effleurez délicatement la poitrine et le ventre du bout des doigts. C'est là une caresse merveilleuse qui permet de calmer le nourrisson à tout moment.*

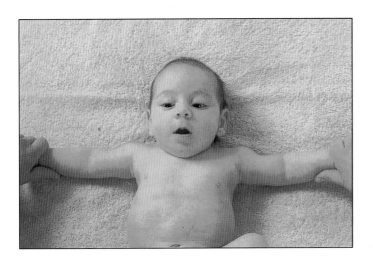

3 *À gauche : Étendez doucement les deux bras sur le côté en ouvrant les mains et les doigts si le bébé veut bien se laisser faire. Comprimez délicatement les bras de haut en bas, puis massez le poignet et les paumes en exerçant de faibles pressions circulaires du pouce. Pour finir, étirez les doigts les uns après les autres d'une légère traction.*

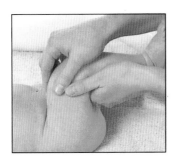

4 *Passez aux jambes et aux pieds en massant un membre à la fois. Soutenez la jambe des deux mains et pétrissez doucement la partie charnue de la cuisse en comprimant légèrement et en relâchant tour à tour. Ensuite, en tenant la jambe d'une seule main, effleurez-la du genou à la cuisse, et inversement.*

5 *À droite : Placez la main de soutien derrière la cheville. Passez doucement la paume de l'autre main sur le dessus du pied, des orteils à la cheville, et inversement. Une fois que vous atteignez les orteils, étirez-les délicatement les uns après les autres.*

Répétez les étapes 4 et 5 sur l'autre jambe.

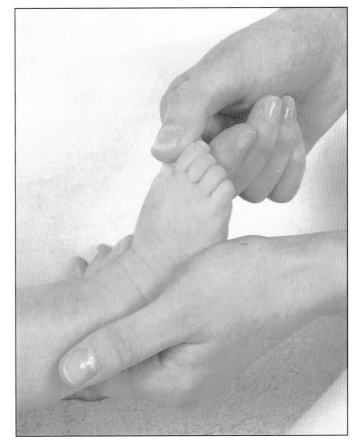

DOS DU BÉBÉ

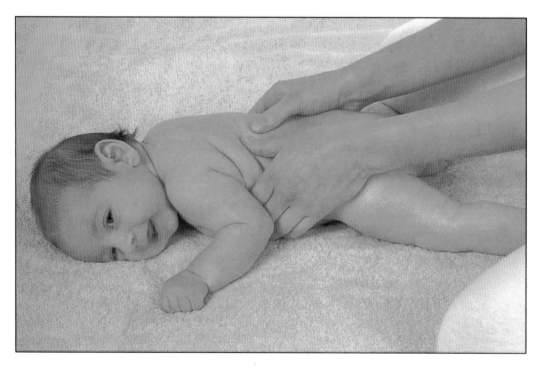

1 *Retournez le bébé sur le ventre. Commencez par exécuter une manœuvre d'effleurage de haut en bas* *pour répartir un peu d'huile sur le dos. Poursuivez le mouvement sur les côtés, puis reprenez sur les jambes jusqu'aux* *épaules et aux bras. Un tel massage, très doux, a un effet particulièrement apaisant, car il calme les nerfs du dos.*

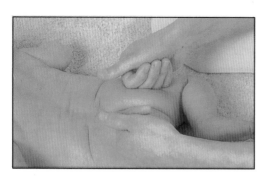

2 *Pétrissez et comprimez doucement les fesses pour stimuler la circulation. Fermez les poings et effectuez des mouvements circulaires sur toute la région.*

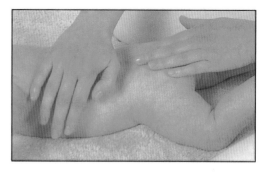

3 *En travaillant avec les deux mains alternativement, effleurez doucement un côté du dos depuis les fesses jusqu'à l'épaule et inversement. Répétez de l'autre côté du dos.*

4 *Placez vos deux mains de chaque côté du torse et massez doucement avec vos pouces de bas en haut jusqu'à la base du cou et inversement, sans oublier les épaules.*

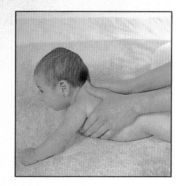

5 *Pour finir, répétez la manœuvre d'effleurage très légère utilisée au début du massage en couvrant toute la région du dos, du cou jusqu'aux fesses.*

MASSAGE
POUR PERSONNES ÂGÉES

Avec l'âge, les articulations se font raides et douloureuses, les rhumatismes et d'autres signes de vieillesse apparaissent. Il existe de nombreux moyens de réduire les troubles liés au processus de vieillissement. Une alimentation saine et une vie aussi active que possible sont plus importants que jamais ; le massage, quant à lui, peut soulager la douleur et aider à lutter contre les sensations de raideur et le manque de souplesse en augmentant la circulation sanguine.

Il n'est pas indispensable d'être couché pour être massé. Vous pouvez parfaitement vous faire masser le cou et les épaules en restant assis et poser les jambes sur un tabouret pour vous faire masser les mollets, les pieds et les chevilles.

Les recherches montrent que le fait de caresser un animal domestique peut contribuer à faire baisser la tension artérielle et à lutter contre la dépression, accélérer la guérison et réduire les risques de malaise cardiaque. Vos animaux apprécieront aussi !

Un bain chaud agrémenté d'huiles essentielles telles que lavande ou bois de santal peut soulager et détendre. Après le bain, faites-vous un massage : vous aurez fait un grand pas pour vous aider vous-même. Concentrez-vous sur les articulations raides tels les poignets, les genoux, les chevilles et les hanches. Si l'articulation est atteinte de polyarthrite chronique, le fait de masser au-dessus et au-dessous peut soulager la douleur. Évitez les parties enflées ou enflammées.

L'usure générale des articulations qui intervient avec l'âge, l'ostéo-arthrite, affecte en général les hanches et les genoux. Parce que la douleur est causée par les muscles situés autour de l'articulation plutôt que par l'articulation elle-même, le massage contribue à apaiser les spasmes et la douleur. Tant que la région n'est ni gonflée ni enflammée, vous pouvez masser l'articulation, en pénétrant doucement la partie qui fait le plus mal.

Le massage répond au besoin profond d'être touché et de communiquer, apportant des bienfaits psychologiques aussi bien que physiologiques, et contribue ainsi à un équilibre de vie.

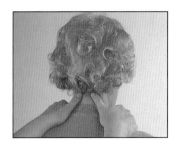

1 Placez vos pouces à la base du crâne, juste sous la partie osseuse, en laissant reposer vos mains de chaque côté de la tête. Sans exercer trop de pression, faites lentement glisser vos pouces sous les cheveux jusqu'au milieu de l'arrière de la tête. Répétez la manœuvre 3 fois pour stimuler le système nerveux.

2 Placez les pouces sur l'arrière du cou et exercez des pressions douces en descendant en ligne droite, de la base du crâne aux épaules. Cela soulage les sensations de raideur et dénoue cette région. Répétez l'opération 3 fois.

3 Les mains placées de chaque côté du cou, pétrissez doucement le haut des épaules, en comprimant et en relâchant les muscles entre vos pouces et les autres doigts. Répétez 3 fois en parcourant toute la longueur des épaules.

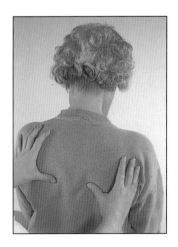

4 Descendez vos mains au niveau des omoplates et massez avec les doigts jusqu'en haut des épaules. Appuyez légèrement sur le dos puis relâchez. Répétez du début à la fin 3 fois. Vous pouvez varier la manœuvre en effectuant des mouvements de rotation avec vos doigts à mesure que vous progressez vers le haut.

5 Vous pouvez appliquer n'importe quelle technique de massage pour les mains et les pieds, mais évitez de travailler directement sur les articulations atteintes d'arthrite. Massez au-dessus et au-dessous, puis frottez le membre en direction du nodule lymphatique le plus proche. Cela favorise l'élimination des toxines et réduit l'inflammation.

6 S'il n'y a pas d'inflammation, vous pouvez exercer des pressions circulaires du pouce sur toute la paume ; ensuite, retournez la main et travaillez tous les doigts à tour de rôle depuis la base jusqu'à l'extrémité. Étirez doucement chaque articulation, puis décontractez la main avec des mouvements d'effleurage assez fermes en direction du poignet.

TOUCHER SENSUEL

Dans une ambiance propice, avec un éclairage tamisé, une musique relaxante et des arômes d'huiles essentielles aphrodisiaques telles que rose, patchouli, néroli ou bois de santal, un massage peut constituer une expérience sensuelle des plus agréables, détendant le corps et stimulant les sens. Fiez-vous à votre intuition pour découvrir les régions les plus sensibles du corps de votre partenaire. Ce ne sont pas seulement les zones érogènes les plus évidentes qui procurent du plaisir : la nuque, le cuir chevelu, le plexus solaire, l'intérieur des coudes, les mains et les pieds, entre autres, sont aussi très sensibles.

1 *Votre partenaire couché sur le ventre, placez vos deux mains, les doigts bien écartés, sur ses omoplates. Marquez une pause, puis faites glisser vos paumes de côté tout autour des épaules.*

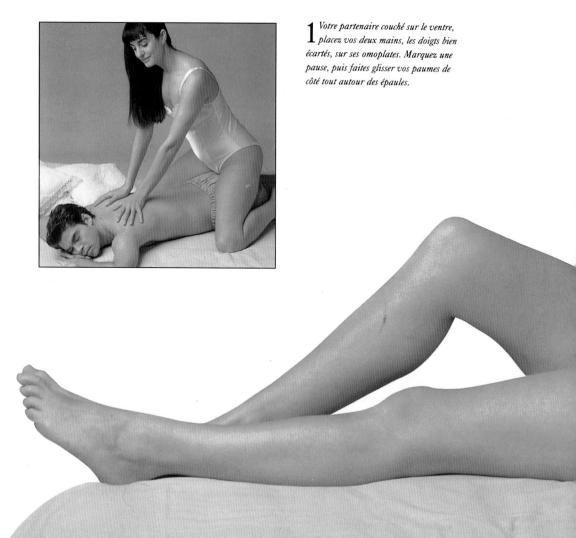

2 *Pétrissez doucement le haut des épaules, comprimant et relâchant les muscles de chaque côté du cou et des épaules. À mesure qu'elles se détendent, pénétrez plus profondément dans les muscles.*

Ci-dessous : Le dos peut être extrêmement sensible au toucher sous toutes ses formes. Asseyez-vous dos à dos avec votre partenaire et rapprochez-vous doucement l'un de l'autre de façon à sentir vos contours mutuels. Pressez-vous l'un contre l'autre afin de sentir le bassin, la colonne vertébrale et les épaules de votre partenaire. Posez votre tête sur son épaule et soyez attentif à l'échange de chaleur et d'énergie qui s'opère entre vous. Comptez jusqu'à 10 et répétez de l'autre côté.

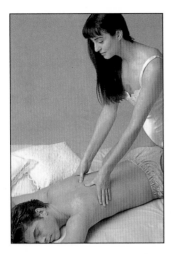

3 *Assurez-vous que votre partenaire est bien installé, la tête reposant sur la joue, puis massez doucement les deux côtés de la colonne vertébrale avec vos pouces depuis la nuque jusqu'au bas du dos ; là, refaites le parcours inverse en accentuant légèrement la pression et faites tourner vos pouces pour soulager la tension musculaire. Répétez l'opération 2 ou 3 fois.*

4 *Déplacez-vous de façon que votre partenaire puisse poser sa tête sur vos cuisses et exécutez de lents mouvements d'effleurage sur toute la longueur du dos, du cou jusqu'aux fesses, en revenant vers le haut par les côtés du torse. Répétez 3 fois.*

5 *Effleurez doucement chaque côté de la colonne vertébrale du bout des doigts, du bas du dos jusqu'en haut. Répétez 3 fois en faisant des mouvements de plus en plus légers, jusqu'à ce qu'ils soient à peine perceptibles.*

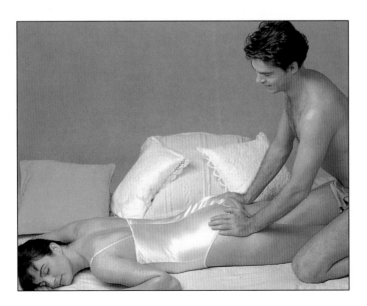

6 *À gauche : Effectuez quelques manœuvres de pétrissage sur le bas du dos. Pétrissez les fesses avec le plat de la main, et plus particulièrement avec les paumes, puis revenez au point de départ et travaillez une autre région. Les nerfs qui traversent cette partie du corps sont reliés à l'aine de l'homme et à l'utérus de la femme. Les fesses sont une région hautement érogène.*

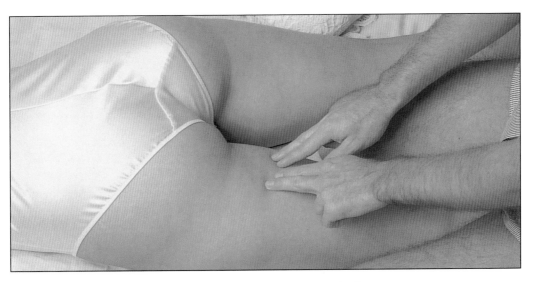

7 *Repliez vos annulaires et vos auriculaires, placez vos mains en haut de la cuisse et décrivez des cercles vers l'extérieur avec vos index et vos* majeurs, une main alternant avec l'autre. C'est un mouvement lent, mesuré ; vous pouvez varier le degré de pression.

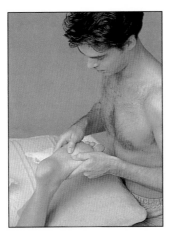

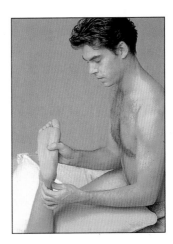

8 *Posez la jambe de votre partenaire sur votre cuisse et, en exerçant une pression ferme, effectuez des mouvements de rotation sur le mollet avec vos deux pouces alternativement.*

9 *Soulevez le pied de votre partenaire et, en le tenant des deux mains, pétrissez fermement la voûte plantaire avec vos pouces. Travaillez la partie charnue de la plante du pied jusqu'au gros orteil.*

10 *Tenez le pied de votre partenaire d'une main en appuyant fermement votre pouce au milieu de la voûte plantaire. Cela est très apaisant. Avec le pouce et l'index de l'autre main, effectuez des mouvements circulaires autour de la cheville.*

11 *À ce stade, étendez-vous l'un en face de l'autre en plaçant des coussins aux endroits qui ont besoin d'être soutenus afin de vous sentir parfaitement à l'aise. Caressez doucement la main de votre partenaire.*

12 *Étirez doucement puis relâchez les poignets de votre partenaire en faisant ployer la main d'avant en arrière. Caressez doucement le creux de la paume avec vos doigts. Répétez sur l'autre main.*

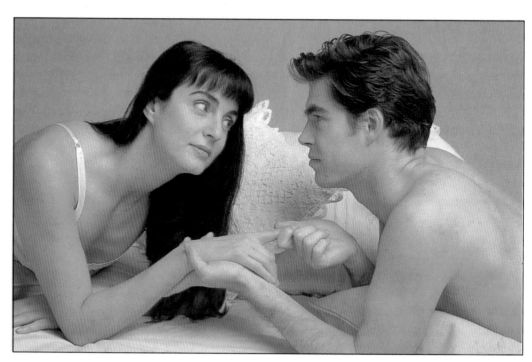

13 *Massez doucement chaque doigt en commençant par le pouce ou l'auriculaire et en partant de l'articulation du bas pour aller vers l'extrémité. Comprimez, frottez, faites des mouvements circulaires et étirez doucement.*

14 En soutenant le coude de votre partenaire d'une main, utilisez l'autre pour caresser l'intérieur du poignet juste au-dessous du pouce : c'est une zone particulièrement sensible. Travaillez toute la région du poignet en exécutant des mouvements circulaires très doux avec votre pouce. Répétez sur l'autre poignet.

15 À gauche : Effleurez l'intérieur du bras du bout des doigts. C'est une région très sensible, et l'effet est à la fois stimulant et relaxant. Répétez sur l'autre bras.

16 *À gauche : Exécutez de longs mouvements d'effleurage de haut en bas sur l'intérieur de la cuisse. Ensuite, rapprochez-vous de la région hautement érogène de l'aine.*

17 *Effleurez très légèrement les épaules en direction du cou ; caressez les côtés, le devant et l'arrière du cou en allant jusqu'à la base du crâne.*

Vous pouvez également passer vos doigts à travers les cheveux. Attardez-vous sur la base du cou, ce qui est sexuellement très stimulant.

18 *À droite : Pour finir, faites le tour des oreilles du bout des doigts, en commençant par l'arrière pour revenir vers le creux. Pincez doucement le bord extérieur et le lobe : vous stimulerez ainsi la glande surrénale et les organes sexuels.*

MASSAGE INSTANTANÉ

Lorsqu'on a le cou et les épaules tendus, on a parfois envie de se faire masser sans pouvoir consacrer du temps à une séance de massage complète. C'est pourquoi il peut être utile d'apprendre à masser les épaules dans un minimum de temps, notamment si l'on travaille dans un bureau. Même à domicile, on peut se faire masser le cou et les épaules en moins de dix minutes, simplement assis sur une chaise. L'utilisation d'huiles essentielles n'est pas indispensable, et vous pouvez travailler à travers des vêtements légers si cela vous paraît plus simple.

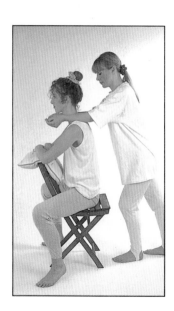

2 Demandez à votre partenaire de se pencher en avant et exécutez des mouvements d'effleurage depuis le bas des omoplates jusqu'en haut des épaules en vous arrêtant en haut du bras. Répétez 4 fois.

1 Demandez à votre partenaire de s'asseoir à califourchon sur une chaise. Vous pouvez lui donner un coussin ou une serviette pliée pour améliorer son confort. Debout derrière lui, posez vos avant-bras sur ses épaules et penchez-vous en avant pour peser doucement sur la partie charnue de celles-ci.

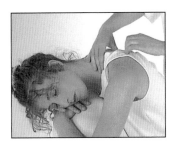

3 Pétrissez fermement les épaules, des côtés du cou jusqu'en haut du bras en travaillant avec les deux mains.

4 En commençant tout à fait au bas du dos, travaillez le long de la colonne vertébrale en direction du cou avec de petites frictions circulaires. Poursuivez la manœuvre de chaque côté du cou jusqu'à

la base du crâne, puis redescendez vers le bas du dos et remontez à nouveau, cette fois en faisant glisser vos mains vers les épaules lorsque vous arrivez en haut.

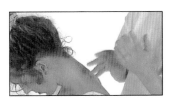

5 Placez-vous à côté de votre partenaire et faites-lui pencher la tête en avant en soutenant celle-ci d'une main. Pincez fermement la chair du cou entre le pouce et l'index de l'autre main et massez avec des mouvements circulaires en montant jusqu'à la base du crâne.

6 Retournez vous placer derrière votre partenaire et massez l'arrière de la tête avec les deux mains en exerçant de petites pressions circulaires de façon à sentir bouger le cuir chevelu contre le crâne ; continuez jusqu'au front et redescendez vers les tempes. Votre toucher doit se faire plus léger sur celles-ci.

7 Exécutez quelques manœuvres de hachure avec le tranchant de vos mains tout le long de la partie charnue des épaules et du haut du dos, d'abord d'un côté, puis de l'autre ; les mouvements sont brefs et rapides, les poignets et les mains restent très souples.

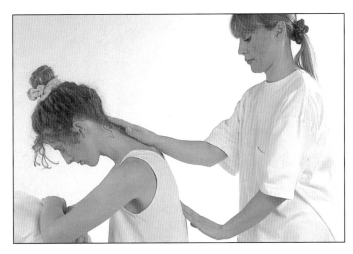

8 Poursuivez avec une manœuvre de ventouse sur chaque épaule en ne travaillant qu'un seul côté à la fois.

9 À droite : Pour conclure la séquence, effleurez doucement le dos vers le bas en faisant intervenir les deux mains tour à tour. Répétez 5 fois en allégeant votre toucher à chaque reprise.

RÉFLEXOLOGIE

La plupart des gens apprécient un massage des pieds : c'est l'une des parties les plus sensibles du corps. N'importe quel type de massage du pied a un effet bénéfique et relaxant, mais la réflexologie est une méthode spécifique de diagnostic et de traitement. Cette méthode se base sur le principe que le corps est divisible en dix zones verticales correspondant chacune à une partie du pied, de sorte que les pieds constituent une véritable carte géographique du corps. Une partie sensible du pied permet de détecter un problème dans l'organe correspondant, et l'on peut résoudre ce problème en massant la région appropriée. La réflexologie constitue parfois un moyen efficace de soulager la douleur et d'aider le corps à retrouver son équilibre et son bien-être.

CARTE DES PIEDS

Ces schémas des zones et points réflexes des pieds doivent être considérés comme un simple guide. Lorsqu'une région du pied est congestionnée et sensible, vous pouvez la rechercher sur la carte appropriée et déterminer approximativement le point ou la zone réflexe correspondant. Les schémas ne peuvent être que d'une aide sommaire, les pieds étant différents d'une personne à l'autre et aucun n'ayant exactement la forme des pieds présentés sur ces pages. De plus, les cartes sont en deux dimensions, ce qui n'est pas le cas pour les points réflexes qui, comme votre corps, sont tridimensionnels. En réalité, vos organes se super-posent alors que les schémas, pour plus de clarté, sont simplifiés. Ils donnent néanmoins une idée approximative de l'emplace-ment des zones et des points réflexes.

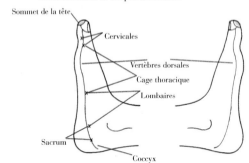

Zone vertébrale

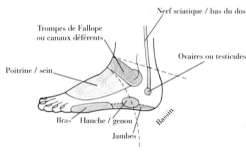

Profil externe du pied

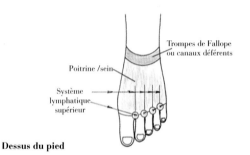

Dessus du pied

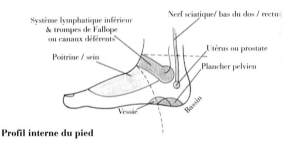

Profil interne du pied

L'HISTOIRE

L'idée d'utiliser les réflexes du corps à des fins thérapeutiques n'est pas nouvelle : les habitants de la Chine ancienne ont mis au point la technique de l'acupressing il y a des milliers d'années. Cette technique est à la base de nos connaissances concernant les zones et points de réflexes ainsi que les liens qui unissent les différentes parties du corps. Nous savons que les Chinois, les Japonais, les Indiens et les Égyptiens d'autrefois travaillaient sur les pieds pour préserver ou améliorer la santé, et beaucoup des principes

élaborés depuis longtemps par ces anciennes civilisations sont repris dans la pratique moderne.

La réflexologie telle que nous la connaissons aujourd'hui s'inspire largement des travaux des docteurs William Fitzgerald et Eunice Ingham. William Fitzgerald a mis au point son propre système de points d'acupressure dont la stimulation produit un effet analgésique. Il a découvert que le corps peut être divisé en dix zones allant du haut de la tête aux orteils et que tout ce qui se passe dans une région spécifique de l'organisme peut affecter les organes et les autres parties du corps

situés dans cette zone. La théorie a été affinée dans les années 30 par une jeune physiothérapeute, Eunice Ingham, qui a élaboré une technique de prise spéciale axée sur l'action du pouce et a défini un système de zones plus complexe. Depuis, le système a encore été affiné pour devenir la méthode mondialement reconnue qui est pratiquée aujourd'hui.

La réflexologie moderne représente une mine de bienfaits pour la santé. Elle diminue le stress, améliore la circulation, débarrasse le corps des impuretés et des toxines et fait remonter les niveaux d'énergie.

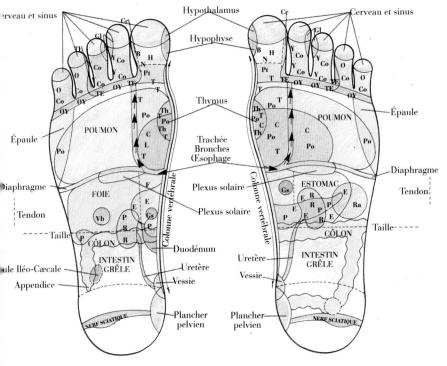

LÉGENDES

B : Bouche
C : Cœur
Ce : Côté du cou
Co : Cou
E : Estomac
F : Foie
Gl : Glandes lacrymales
Gs : Glandes surrénales
H : Hypophyse
N : Nez
O : Oreilles
OY : Oreilles et yeux
P : Pancréas
Po : Poumons
Pt : Parathyroïde
R : Reins
Ra : Rate
T : Thyroïde
TE : Trompes d'Eustache
Th : Thymus
Vb : Vésicule biliaire
Y : Yeux

PIED DROIT

PIED GAUCHE

TECHNIQUES DE BASE DE RÉFLEXOLOGIE

TRAITEMENT

Pour établir un diagnostic précis, il faut être un professionnel expérimenté, mais on peut appliquer certaines techniques de base pour procéder à un massage du pied. Vous pouvez les essayer sur vous-même en vous asseyant et en posant une cheville sur la cuisse de l'autre jambe. Conformez-vous aux instructions suivantes :

● Le pied de votre partenaire doit être posé à la bonne hauteur sur vos genoux ou sur des coussins ou des traversins.
● Votre partenaire peut être assis sur un siège confortable, les pieds posés sur une table basse ou sur un tabouret.
● Vérifiez que le dos, le cou et les genoux sont bien soutenus, afin que votre partenaire puisse bien se détendre.
● Le massage se fait sans huile. Vous pouvez cependant poudrer les pieds avec du talc si vous le souhaitez.
● Vos ongles doivent être coupés ras et soigneusement limés.
La séquence de mouvements

suivante constitue une introduction à la réflexologie. Il est indispensable de tenir le pied correctement afin de pouvoir atteindre et stimuler tous les points sans difficulté. Les mains devront tour à tour jouer un rôle actif (massage) ou passif (soutien) selon la partie du pied travaillée.

Outre le fait de bien tenir le pied, il est essentiel de respecter le principe du levier. Quand c'est le pouce qui travaille, opposez-lui les autres doigts afin de créer un contact plus équilibré avec le pied ; inversement, dans la technique du « doigt qui marche », opposez le pouce au doigt qui travaille.

PREMIER CONTACT AVEC LES PIEDS

Ci-dessous : Le premier contact avec les pieds donne le ton de tout le traitement. Le simple fait de tenir doucement les pieds entre vos mains les détend et vous permet d'établir un lien avec votre partenaire.

ROTATION DE LA CHEVILLE

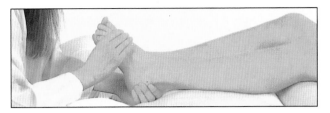

Commencez par des manœuvres relaxantes. Prenez le pied droit dans votre main gauche en tenant bien le talon. Avec la main qui travaille, maintenez doucement le pied à la base des orteils et faites-lui effectuer plusieurs mouvements de rotation dans chaque direction.

EXTENSION DE LA CHEVILLE

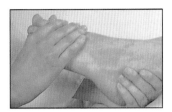

En tenant le pied comme précédemment, étirez-le lentement d'avant en arrière afin de chasser la tension accumulée dans le tendon d'Achille ; prenez garde de ne pas forcer l'articulation de la cheville. Ensuite, exercez des pressions tout autour de celle-ci. Cette région correspond aux organes de reproduction, aux jambes et au bas du dos.

RELAXATION DU PLEXUS SOLAIRE

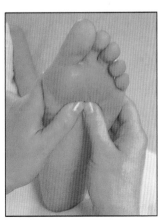

Placez les deux pouces sur le point du plexus solaire, situé au milieu de la partie charnue de la plante du pied, là où il y a une petite échancrure. C'est un bon exercice de relaxation, notamment si votre partenaire est tendu ou nerveux. Vous pouvez aussi travailler sur les deux pieds simultanément.

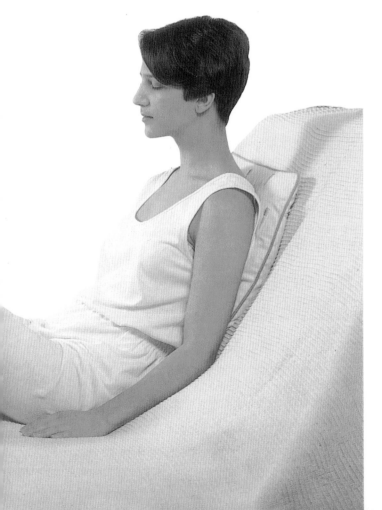

TECHNIQUE DU POUCE RECOURBÉ

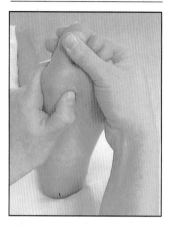

Placez le coin externe du pouce sur un point de réflexe. Le pouce est posé à plat. Pliez-le au niveau de la première articulation pour appuyer et tirez-le en arrière par-dessus le point. Exercez une contre-pression à l'aide des autres doigts et soulevez le poignet pour augmenter la pression. Cette technique permet de stimuler des points trop petits pour la technique du pouce qui marche (voir à droite), tels que le point pituitaire, le plexus solaire et les points de drainage lymphatique ou encore n'importe quel point douloureux.

TECHNIQUE DU POUCE QUI MARCHE

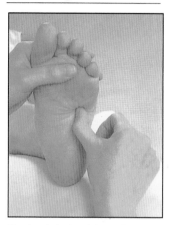

C'est la principale technique utilisée pour couvrir des régions plus importantes. Commencez comme précédemment, puis faites légèrement basculer en avant le coin externe du pouce recourbé. Maintenez une pression égale lorsque vous faites marcher votre pouce, en évitant de le lever. Suivez la ligne du diaphragme sous la partie charnue de la plante du pied, puis stimulez la région spinale le long de la voûte plantaire, du talon jusqu'au gros orteil.

TECHNIQUE DU DOIGT QUI MARCHE

1, 2 *Cette technique est utilisée pour le dessus des pieds. Le principe est celui du pouce qui marche : pliez la première articulation du doigt et faites-le basculer vers l'avant. Tenez les orteils, déployez-les avec la main de soutien et poussez sur la partie charnue de la plante avec le pouce de la main qui travaille afin d'exercer une contre-pression. Faites marcher votre doigt de la base du petit orteil jusqu'à la cheville, puis recommencez en « marchant » entre les phalanges des autres orteils vers l'intérieur du pied.*

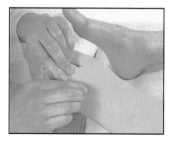
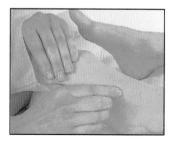

Cette manœuvre soulage la tension dans la poitrine et dans la région des poumons, ainsi que dans les régions de drainage lymphatique et des cordes vocales qui sont situées entre le gros orteil et le deuxième doigt de pied.

166

CARESSE DES PIEDS

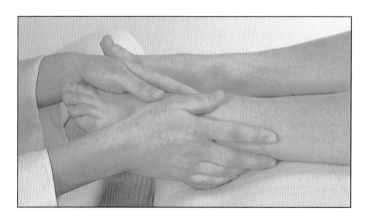

À gauche : En utilisant les deux mains alternativement, caressez doucement le pied, de la cheville jusqu'aux orteils, pour apaiser et détendre toute la région.

CARESSE FINALE

À droite : Prenez le pied dans vos deux mains et faites-les doucement glisser de haut en bas. Ces caresses sont très agréables, et vous pouvez les utiliser pendant tout le traitement pour apaiser et détendre votre partenaire après avoir stimulé une zone de réflexe particulièrement sensible. Concluez toujours la séance par des caresses de ce genre afin de rééquilibrer le pied.

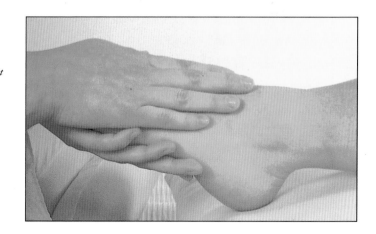

Pour que le traitement soit efficace :

- Explorez le pied avec le bord externe de votre pouce en ayant soin de ne pas enfoncer votre ongle.
- Surveillez régulièrement les réactions de votre partenaire à des pressions spécifiques pour détecter les régions sensibles ou douloureuses.
- Apportez une grande attention aux régions sensibles; elles peuvent présenter une consistance granuleuse en raison de la calcification ou des dépôts de lymphe. Travaillez-les à fond pour dissiper les blocages.
- Travaillez plusieurs fois chaque région du pied.
- Travaillez chaque pied à fond une première fois pour repérer les régions sensibles, puis recommencez afin de réintégrer le pied et le corps.
- Exécutez des manœuvres d'effleurage très douces entre chaque mouvement et entre chaque région du pied pour assurer une continuité.
- Maintenez toujours le contact en gardant au moins une main posée sur le pied.

ADRESSES UTILES

MASSAGE

ORGANISMES

Maison des kinésithérapeutes
24, rue des Petits-Hôtels
75010 Paris
France
Tél. : (1) 44 83 46 46

Association des kinésithérapeutes de Belgique
Nhenneaulaan 69
1930 Zaventem
Belgique
Tél. : (02) 725 57 64

Fédération suisse des physiothérapeutes
Oberstadt 11
6204 Sempach-Stadt
Suisse
Tél. : (041) 99 33 88

Corporation professionnelle des physiothérapeutes
1100 avenue Beaumont
Bureau 530
Ville-Mont-Royal
Québec H3P3E5
Canada
Tél. : (514) 737 27 70

Association of Physical and Natural Therapists
93 Parkhurst Road
Horley, Surrey RH6 8EX
Grande-Bretagne
Tél. : (029) 377 5467

British Massage Therapy Council
9 Elm Road
Worthing, Sussex BN11 1PG
Grande-Bretagne

Institute for Complementary Medicine
Unit 4
Tavern Quay
Londres SE16
Grande-Bretagne
Tél. : (071) 237 5165

PRATICIENS ET COURS

The Bluestone Clinic
34 Devonshire Place
Londres W1N 1PE
Grande-Bretagne
Tél. : (071) 935 7933

Champneys
Chesham Road
Wiggington
Tring
Herts HP23 6HY
Grande-Bretagne
Tél. : (044) 286 3351

Henlow Grange
Henlow
Bedfordshire SG16 6BD
Grande-Bretagne
Tél. : (046) 281 1111

Grayshott Hall
Headley Road
Grayshott
Nr Hindhead, Surrey GU26 6JJ
Grande-Bretagne
Tél. : (042) 860 4331

London College of Massage
5 Newman Passage
Londres W1P 3PF
Grande-Bretagne
Tél. : (071) 323 3574

London School of Sports Massage
88 Cambridge Street
Londres SW1V 4QG
Grande-Bretagne
Tél. : (071) 233 5962

Massage Training Institute
24 Highbury Grove
Londres N5 2EA
Grande-Bretagne
Tél. : (071) 226 5313

Northern Institute of Massage
100 Waterloo Road
Blackpool FY4 1AW
Grande-Bretagne

American Massage Therapy Association
820 Davies Street
Evanston, IL 60201
États-Unis

Boulder School of Massage Therapy
PO Box 4573
Boulder, CO 80306
États-Unis

The Connecticut Center for Massage Therapy
75 Kitts Lane
Newington, CT 06111
États-Unis

RÉFLEXOLOGIE

The British School of Reflexology
92 Sheering Road
Old Harlow, Essex CN17 OJW
Grande-Bretagne
Tél. : (027) 942 9060

British School of Reflex Zone Therapy
87 Oakington Avenue
Wembley Park
Londres HA9 8HY
Grande-Bretagne
Tél. : (081) 908 2201

International Institute of Reflexology
15 Hartfield Close
Tonbridge, Kent TN10 4JP
Grande-Bretagne

Reflexologists' Society
39 Presbury Road
Cheltenham, Glos GL52 2PT
Grande-Bretagne
Tél. : (024) 251 2601

International Institute of Reflexology
PO Box 12642
5650 First Avenue North
St Petersburg, FLA 33733-2642
États-Unis

BIBLIOGRAPHIE

MASSAGE

Nigel Dawes and Fiona Harrold, *Massage Cures*, Thorsons, 1990

George Downing, *Le Massage euphonique*, Hachette, 1977

Fiona Harrold, *The Massage Manual*, Headline, 1992

Tina Heinl, *Baby Massage*, Prentice Hall, 1983

Nitya Lacroix, *Massage for Total Relaxation*, Dorling Kindersley, 1991

Sensual Massage, Dorling Kindersley, 1989

Lucy Lidell, *Le Massage*, Robert Laffont, 1984

Clare Maxwell-Hudson, *The Complete Book of Massage*, Dorling Kindersley, 1988

Sara Thomas, *Massage pour les maux de tous les jours*, Robert Laffont, 1989

Jacqueline Young, *Self Massage*, Thorsons, 1992

RÉFLEXOLOGIE

Dwight C. Byers, *Better Health with Foot Reflexology*, Ingham Publishing Inc., 1983

Kevin and Barbara Kunz, *The Complete Guide to Foot Reflexology*, Prentice Hall, 1982

Laura Norman et Thomas Cowan, *The Reflexology Handbook*, Judy Piatkus, 1988

YOGA
LES BASES DU YOGA IYENGAR

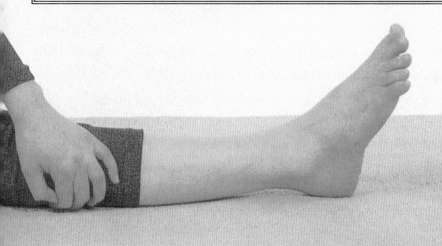

Antidote puissant contre les tensions de la vie moderne, le yoga est une philosophie pratique qui vise à unir le corps, l'esprit et l'âme en vue d'une meilleure santé et d'un épanouissement personnel plus satisfaisant. La pratique des postures, appelées Asanas, peut vous aider à développer un corps souple et en pleine forme. Ces exercices faciles, choisis spécialement pour les débutants, agissent sur toutes les fonctions de l'organisme, tonifient les muscles, stimulent la circulation et améliorent la santé dans son ensemble. Les bienfaits ne sont pas seulement physiques : à mesure que vous maîtriserez les postures et les techniques de relaxation et de contrôle de la respiration, vous vous apercevrez que le yoga a le pouvoir de calmer l'esprit, d'augmenter la faculté de concentration et d'aider à faire face aux tensions de la vie quotidienne. C'est une discipline complète, qui favorise l'épanouissement personnel et le bien-être physique et spirituel.

Les auteurs tiennent à remercier Yogacharya Sri B.K.S. Iyengar pour son aide et son soutien dans l'élaboration de cet ouvrage.

LE DON DU YOGA

Le yoga est l'un des plus merveilleux présents que l'Inde ait fait à l'humanité. Entre autres vertus précieuses, il contribue à renforcer la santé physique grâce à la pratique de tout un système d'exercices appelés les Asanas qui purifient le corps et le maintiennent en forme. Le yoga part du principe que l'exercice est essentiel pour accélérer l'élimination des toxines et pour assurer le bon fonctionnement de la circulation sanguine et des autres mécanismes internes.

Après avoir abordé le côté physique de l'existence, le yoga se tourne vers son aspect mental. Différents exercices ou techniques de respiration permettent d'apaiser l'esprit, d'accéder à la paix intérieure et de mieux faire face aux soucis de la vie quotidienne.

La philosophie du yoga a résisté à l'épreuve du temps, conviant l'humanité à revoir sa façon de penser et son comportement, et à se détourner de la violence, de la malhonnêteté et de la cupidité (une remise en question bien nécessaire aujourd'hui).

Le yoga a donc un rôle à jouer à la fois sur le plan pratique et sur le plan intellectuel et spirituel, en offrant une vision plus méditative, plus idéaliste du monde, une expérience unique et précieuse.

VUE D'ENSEMBLE DU YOGA

Le yoga se pratique en Inde depuis plus de deux millénaires. Histoires et légendes des temps anciens attestent son existence, ainsi que celle des praticiens et divinités qui y étaient associés.

La littérature de l'Inde est une mine de connaissances sur le yoga et couvre tous les domaines possibles. À peu près dans l'ordre chronologique, on trouve les Védas (livres de connaissance scripturale), les Upanisads, (spéculations philosophiques) et leurs commentaires ; ensuite les Purânas (les anciennes cosmologies) et les deux épopées, le Râmâyana et le Mahâbhârata. Le Mahâbhârata contient l'un des chefs-d'œuvre de la littérature de l'Inde, le Bhagavad-Gîtâ. Vers la fin de la période védique apparaît la littérature aphoristique, avec les *Aphorismes du yoga* de Patanjali, particulièrement intéressants pour les étudiants yogis. Il existe en outre de nombreux ouvrages anciens (datant d'avant notre ère) ou plus modernes qui traitent des divers aspects du yoga et de sa philosophie, montrant que cette discipline reste aujourd'hui plus pertinente que jamais.

Le yoga est considéré à la fois comme une philosophie, une science et un art. Il présente huit aspects clairement définis et, dans sa forme la plus pure, il constitue un système complet capable de répondre à tous les besoins humains. Cependant, le yoga a toujours servi de base à d'autres activités et disciplines. Aujourd'hui, par exemple, la physiothérapie et les exercices physiques utilisent souvent des mouvements adaptés de postures de yoga.

À travers les âges, différentes écoles de yoga ont mis

Patanjali est le fondateur légendaire du yoga. Selon la tradition, il aurait apporté la sérénité de l'esprit à l'humanité à travers la philosophie du yoga, la clarté du discours grâce à ses travaux de grammairien et la santé corporelle par son activité de médecin.

L'iconographie indienne le représente sous une forme mi-homme mi-serpent, comme le montre cette sculpture moderne.

l'accent sur divers aspects de cette discipline, mais toutes possèdent une base idéologique commune, qui consiste à tendre vers l'amélioration personnelle des adeptes et, de façon plus générale, de l'humanité.

Issu de la racine sanscrite « yuj », qui signifie « mettre sous le joug, joindre, unir », le mot yoga désigne l'union de tous les aspects de la personne humaine, des plus profonds aux plus superficiels. Une autre définition du yoga fréquemment retenue est celle de l'intégration de l'esprit individuel dans l'universel – ce qui constitue l'objectif le plus élevé.

En tant que philosophie, le yoga est inhabituel en ce qu'il insiste sur le caractère essentiel de la pratique des postures – de simples exercices physiques à première vue – et des techniques de respiration pour mener une vie digne et satisfaisante. Toute une doctrine est rattachée à ces postures et exercices respiratoires. Le concept occidental parallèle de « mens sana in corpore sano » – un esprit sain dans un corps sain – a toujours été reconnu comme vrai ; il semble même qu'on lui accorde de plus en plus d'importance aujourd'hui.

PATANJALI ET LES YOGA-SÛTRAS

La première grande figure, mi-historique mi-mythologique, du yoga est celle du sage Patanjali qui a vécu avant l'ère chrétienne, aux environs de 220 av. J.-C. selon certaines estimations. Il est traditionnellement considéré comme l'auteur d'ouvrages sur la médecine, la grammaire et le yoga. Ces trois disciplines couvrent les domaines corporel, intellectuel et spirituel. Intitulé *Yoga-sûtras* ou *Aphorismes du yoga*, le traité de Patanjali sur le yoga fait encore autorité aujourd'hui.

Les yoga-sûtras résument tous les aspects du yoga et les organisent en un système défini. Selon Patanjali, le yoga comprend huit membres, tous également importants et reliés comme partie d'un tout. Ce sont les suivants :

1. Cinq préceptes d'abstinence (Yama) destinés à créer un monde meilleur : ne jamais nuire à qui ou quoi que ce soit ; ne pas mentir ; ne pas voler ; mener une vie chaste et pieuse ; ne pas être cupide.

2. Cinq préceptes d'observance (Niyama) : propreté externe et interne ; contentement ; autodiscipline ; étude de soi et étude des textes ; don de soi à Dieu.

3. La pratique des postures (Asanas) : pratiquer de façon dévouée et consciencieuse les différents types de postures.

4. La pratique du contrôle de la respiration (Prânâyâma) : pratiquer les techniques de respiration avec prudence et discernement.

5. Le détachement des activités temporelles (Pratyâhara) : libérer les sens et l'esprit des sollicitations extérieures.

6. Concentration de la pensée (Dharânâ) : fixer son esprit sur un sujet abstrait.

7. Méditation (Dhyâna) : parvenir à un état d'esprit serein et méditatif.

8. Extase ou contemplation (Samâdhi) : s'absorber dans un sujet ou dans le Divin.

L'INFLUENCE DE B.K.S. IYENGAR

Les travaux de B.K.S. Iyengar font de lui un pionnier moderne du yoga. Il a expliqué et illustré tous les aspects traditionnels de cette discipline telle qu'elle a été présentée par Patanjali. Il a redécouvert et organisé en système toute une gamme de postures et de techniques de respiration, les rendant accessibles aux adeptes de tous niveaux à travers le monde.

Mais surtout, B.K.S. Iyengar s'est beaucoup intéressé aux effets thérapeutiques du yoga. Il fait autorité dans les écoles de yoga du monde entier, et ses ouvrages *Light on Yoga* et *Light on Prânâyâma* sont des classiques contemporains. Il a reçu de nombreux titres et récompenses du gouvernement indien et de divers organismes éducatifs pour ses apports au yoga.

Les postures et techniques de contrôle de la respiration présentées dans cet ouvrage se basent sur les travaux de B.K.S. Iyengar.

VERS LE BIEN-ÊTRE PHYSIQUE

Le yoga est un art ineffable, bien qu'il s'appuie sur une philosophie très logique. Seule la pratique peut faire ressentir les effets des diverses Asanas et Prânâyâmas sur le corps et l'esprit.

On comprend aisément pourquoi, grâce au yoga, le corps s'assouplit et voit ses fonctions améliorées. La manière dont le yoga agit sur l'esprit paraît déjà moins évidente. La raison pour laquelle il devrait influencer l'humeur (volonté, sentiment de bien-être, niveaux d'énergie) semble défier toute logique.

En lisant ces lignes, vous songerez peut-être : « Voilà qui est très intéressant, mais ce n'est pas pour moi. » Pourtant, si vous pratiquez les postures, vous avez des chances d'être agréablement surpris. Il se peut qu'elles vous paraissent plus difficiles qu'elles n'en ont l'air, que vos articulations ne fonctionnent pas aussi bien que vous le pensiez, mais ne renoncez pas pour autant. Les Asanas vous aideront bientôt à corriger certaines faiblesses physiques. Elles élargiront également votre esprit et renforceront votre faculté de concentration.

PORTÉE DU COURS

L'objectif de ce cours est de fournir une introduction de base à la théorie et à la pratique du yoga. La partie principale, « Vers le bien-être physique », présente 41 postures et variantes – les Asanas – que les débutants de tout âge peuvent essayer. La description des principales techniques s'accompagne d'illustrations étape par étape très claires, accessibles à tous. Un cours en 10 semaines est inclus pour vous guider de façon systématique et progressive sur la base d'une pratique quotidienne. S'il vous est impossible de vous entraîner tous les jours, le cours prendra simplement plus de temps. Les précautions nécessaires sont indiquées pour rendre les exercices totalement sûrs. Certains points généraux sont également exposés. Une section est consacrée aux postures susceptibles d'aider à résoudre certains problèmes spécifiques – maux de tête, sensations de raideur et douleurs dans le cou et les épaules, maux de dos et raideur de l'articulation de la hanche. Un programme de postures recommandées pendant la menstruation est également proposé. Dans « Vers la paix de l'esprit », vous

trouverez des conseils concernant quelques techniques simples de relaxation et de contrôle de la respiration destinées à apaiser l'esprit.

PRATIQUE À DOMICILE

Il existe différentes manières de pratiquer à domicile. Elles dépendent d'un certain nombre de facteurs, notamment le temps dont vous disposez, vos devoirs familiaux et autres obligations personnelles.

Temps
Il n'existe pas de règles établies concernant le temps à consacrer à la pratique ni le moment où celle-ci doit avoir lieu. Il est évident que plus on consacre de temps au yoga, plus on en tire de bénéfice. Certaines personnes préfèrent s'entraîner le matin, d'autres le soir. Vous pouvez également diviser les séances afin de mettre à profit des moments de loisir très brefs, même si vous ne pratiquez qu'à raison de 10 minutes à la fois.

Contraintes familiales et autres
La pratique peut s'adapter selon les circonstances. Ainsi, on peut s'organiser de façon à ne pas interférer avec ses obligations. Dans ce cas, il est important de prévoir le moment et le programme avec soin de façon à en tirer le maximum de

profit. Par exemple, si vous ne disposez que de 10 à 20 minutes de temps libre, Sarvângâsana (n° 37 et n° 38) et Setu Bandha Sarvângâsana (n° 39) ou Viparita Karani (n° 40) seront les plus appropriées.

Niveau

La pratique des postures et des Prânâyâmas diffère selon le niveau et le degré d'expérience. Les postures élémentaires doivent être pratiquées sur une base régulière, et il ne faut jamais les oublier. À cet effet, vous pouvez varier le type de postures pratiquées chaque jour, en consacrant par exemple un jour aux postures debout et l'autre aux postures assises. Incluez toujours des postures inversées. Les débutants se concentreront plus particulièrement sur les postures debout.

Besoins individuels

Si vous pratiquez à domicile, soyez attentif à vos besoins et gardez bien à l'esprit quelles postures sont utiles et dans quelles circonstances. Par exemple, les postures debout sont tonifiantes, tandis que les flexions en avant ont un effet apaisant. C'est là une approche possible. L'autre consiste à vous contraindre à exécuter un programme spécifique indépendamment de vos préférences personnelles. La première approche développe la sensibilité, la seconde la volonté. Les deux sont nécessaires. Si vous avez un problème de santé spécifique pour lequel certaines postures sont recommandées, tenez-vous en à ce programme.

Structure

La pratique du yoga doit être structurée. Le mieux est de commencer par des postures simples ou qui permettent au corps de s'étirer, avant de passer au principal groupe de postures choisies pour la journée ; concluez la séance par des postures relaxantes qui aident l'organisme à assimiler le travail que vous venez d'accomplir.

Autodiscipline

La pratique à domicile exige de l'autodiscipline et une bonne compréhension des postures. Commencez par vous remémorer certaines des postures et des instructions. Prenez d'emblée de bonnes habitudes pour acquérir des bases solides, plus d'assurance dans la pratique et une connaissance plus approfondie du yoga.

Répétition des postures

Il est courant de répéter certaines positions, comme les postures debout, les postures assises et les postures tordues, aussi longtemps que cela n'est pas fatigant. Cependant, ne répétez pas les postures inversées et les positions destinées à récupérer.

Durée des postures

La section consacrée aux Asanas fournit des indications concernant la durée de chaque posture. Ne restez pas trop longtemps dans une posture donnée tant qu'elle ne vous est pas devenue familière et que vous manquez de vigueur. Ne forcez jamais pour maintenir une position. Augmentez graduellement la durée de chaque posture afin d'améliorer à la fois vos capacités et votre santé.

Respiration pendant les postures

Exécutez les mouvements vers le haut lorsque vous inspirez et les mouvements vers le bas lorsque vous expirez. Autrement dit, vous devez, dans la mesure du possible, commencer le mouvement au début de l'inspiration ou de l'expiration et le terminer à la fin. Ne retenez pas votre souffle pendant les postures.

Menstruation

Les femmes doivent éviter les postures inversées pendant la menstruation, car elles interfèrent avec le flux naturel du sang. Il existe toute une gamme de postures adaptées à cette période.

AVERTISSEMENT

Ce cours n'est pas destiné aux personnes atteintes des affections suivantes :
- cancer ou tumeurs bénignes
- décollement de la rétine
- diabète
- épilepsie
- maladie cardiaque
- hypertension
- VIH (virus d'immunodéficience humaine)
- syndrome de Ménière
- sclérose en plaques
- encéphalomyélite myalgique
- handicaps physiques
- grossesse
- convalescence postopératoire

Dans tous ces cas, demandez conseil à un professeur expérimenté.

LES ASANAS

Il existe de nombreux types de postures de yoga (les textes indiens en mentionnent parfois jusqu'à 840 000 !). Mais, en pratique, seulement vingt ou trente postures principales étaient couramment pratiquées jusqu'à une époque récente. Aujourd'hui, cependant, grâce au travail de B.K.S. Iyengar, plus de deux cents postures sont pratiquées par les étudiants yogis à travers le monde. Le système des postures a fini par être accepté comme un sujet à part entière, du fait de l'attention portée à la précision et à l'exécution correcte des mouvements.

Toutes les postures (Asanas) sont valables sur le plan anatomique et physiologique. Elles donnent une idée de la variété des mouvements que peut exécuter le corps humain. Dans la méthode Iyengar, elles ont été classées par catégories en fonction de leur degré de difficulté, dans l'intérêt des débutants aussi bien que des adeptes plus avancés.

Les postures sont groupées suivant la position du corps : debout, assis, tordu, couché sur le ventre, couché sur le dos, inversé ou en équilibre. Mêlant des mouvements lents et rapides, elles enseignent la concentration, le dynamisme et le calme. Elles ont des effets thérapeutiques importants, car leur pratique tonifie et fortifie toute la structure organique. Le tonus musculaire s'améliore automatiquement. L'étudiant yogi verra sa santé renforcée, tandis que sa vigueur et son agilité augmenteront peu à peu.

Les postures ont également une valeur intrinsèque sur le plan psychologique, car elles posent un défi et sont intéressantes à pratiquer. Elles exercent en outre un effet équilibrant sur certains troubles psychologiques – ainsi, elles peuvent « réveiller » une personne léthargique et déprimée, ou la calmer si elle est agitée ou bouleversée.

AVANT DE COMMENCER

Il existe quelques règles de base à respecter avant une séance de yoga :

• Attendez de 4 à 5 heures après un repas lourd ou de 2 à 3 heures après un repas léger.

• Videz votre vessie et bougez vos intestins avant de commencer. Sarvângâsana sur appui (n° 38) et Ardha Halâsana (n° 36) vous aideront.

• Pour pratiquer, portez des vêtements lâches et restez pieds nus.

• Travaillez sur un sol ou un revêtement antidérapant. Le sol ne doit pas être trop froid, en particulier l'hiver.

• Pliez très soigneusement les couvertures dont vous aurez à vous servir, car le moindre pli vous dérangerait pendant les exercices.

• Retirez vos lentilles de contact.

• Demandez conseil si vous rencontrez des difficultés dans l'exécution de certaines postures. Il se peut que ces difficultés soient courantes, auquel cas la solution sera facile. Dans l'intervalle, ne forcez pas.

POSTURES DEBOUT

1 • TÂDÂSANA
POSTURE DE LA MONTAGNE

C'est la première posture à apprendre. C'est la position debout de base : toutes les postures commencent et finissent par là.

Bien que Tâdâsana soit pratiquée dès le début, elle est difficile à maîtriser, car elle nécessite une fusion équilibrée des énergies du corps et de l'esprit dans une pose statique. On ne peut parvenir à un tel équilibre qu'après avoir corrigé des défauts de posture en s'exerçant à diverses Asanas. C'est pourquoi les débutants doivent se familiariser progressivement avec les postures.

Tenez-vous bien droit, pieds joints et se touchant au niveau du gros orteil, du talon et de l'os de la cheville. Gardez les genoux droits et tirez sur les muscles de la cuisse. Tendez les jambes, étirez la colonne vertébrale et redressez le devant du corps. Rejetez les épaules en arrière, rentrez les omoplates et laissez les bras pendre de façon décontractée le long du tronc. Détendez les mains en gardant les paumes tournées vers les hanches. Étirez le cou et détendez votre visage.

Regardez droit devant vous. Concentrez-vous sur votre corps : équilibrez votre poids de façon égale sur les deux pieds ; étendez les plantes des pieds de façon égale ; étirez de la même manière le côté droit et le côté gauche de votre corps. Gardez la poitrine ouverte.

Gardez la posture de 30 à 60 secondes lorsque vous ne pratiquez que celle-là, un peu moins longtemps si vous en pratiquez d'autres.

NOTES SUR LES POSTURES

Lisez avec soin ces notes sur les différents groupes de postures avant de commencer l'entraînement.

Postures debout
● Ne sautez pas en position si vous avez le dos ou les genoux fragiles.
● Ne forcez pas sur les genoux lorsque vous les tendez.
● Ne retenez pas votre respiration.
● Ne tendez pas la gorge ou l'abdomen de façon excessive.

Postures assises
● Asseyez-vous sur une ou deux couvertures pliées afin de ne pas fatiguer le bas du dos. Vous diminuerez la hauteur à mesure que vous deviendrez plus souple.
● Lorsque vous tendez les jambes, faites-le avec précaution, sans forcer.

Poses tordues
● Asseyez-vous sur des couvertures pliées pour hausser la base de la colonne vertébrale. Vous pourrez alors tourner tout le tronc.
● Ne crispez pas l'abdomen.

Poses inversées
● Évitez ces postures pendant la menstruation. Les postures recommandées pour cette période sont indiquées dans la section Asanas pour la menstruation.
● Il faut que vous soyez à l'aise dans ces postures. Si vous sentez une pression dans n'importe quelle partie de la tête ou du cou, disposez vos couvertures autrement. Il se peut aussi que la posture ne soit pas exécutée correctement.
● Demandez conseil si vous avez (ou avez eu) des blessures au cou ou à la tête, ou si vous souffrez d'une affection des yeux, des oreilles ou du cerveau.

2 • VRKSÂSANA
POSTURE DE L'ARBRE

1 *Départ en station debout (Tâdâsana, n° 1). Sans bouger la jambe gauche, pliez la jambe droite sur le côté. Prenez la cheville dans votre main et placez le pied le plus haut possible sur l'intérieur de la cuisse gauche. Repoussez le genou droit en arrière de façon à l'aligner sur la hanche droite.*

2 *Inspirez et levez les bras à la verticale, les paumes tournées l'une vers l'autre. Tendez les coudes et étirez les bras et le tronc vers le haut. Tenez-vous fermement sur le pied gauche de façon à ne pas perdre l'équilibre. Tirez la jambe vers le haut.*

3 *À droite : Joignez les paumes sans plier les coudes. Restez ainsi de 20 à 30 secondes. Expirez, puis abaissez les bras et la jambe. Répétez de l'autre côté.*

3 • UTTHITA TRIKONÂSANA
POSTURE DU TRIANGLE ÉTIRÉ

Trikonâsana est l'une des principales postures debout. Apprenez les différents points progressivement, introduisez-les dans votre entraînement quotidien et construisez à partir d'eux.

• Si vous avez le dos fragile ou une blessure au genou, ne sautez pas pour vous mettre en position.

1 *Mettez-vous en Tâdâsana (n° 1). Avec une profonde inspiration, écartez les pieds d'environ 105-120 cm (3 1/2-4 pi), tout en levant les bras au niveau des épaules, les paumes tournées vers le bas. Les pieds sont tournés vers l'avant et parallèles.*

2 *Tournez le pied gauche d'environ 15° vers l'intérieur et le pied droit d'environ 90° vers l'extérieur. Placez le talon droit en face de la voûte plantaire. Tandis que vous tournez celui-ci vers l'intérieur, la jambe gauche effectue une rotation vers l'extérieur. Tandis que vous tournez le pied droit vers l'extérieur, toute la jambe effectue la même rotation.*

3 *Ci-dessous : Expirez et penchez le tronc de côté sur la droite; prenez votre cheville droite dans votre main droite. Levez le bras gauche dans le prolongement du bras droit, la paume tournée vers l'avant. Tournez la tête vers le haut. Faites effectuer à vos jambes un mouvement de rotation dans des directions contraires et tournez le tronc vers l'avant et vers le haut. Gardez les genoux tendus et tirez sur les muscles de la cuisse.*

Restez ainsi de 20 à 30 secondes. Inspirez et revenez à l'étape n° 2. Tournez les pieds vers le milieu. Laissez vos bras au repos quelques instants afin de ne pas vous fatiguer (vous pouvez poser les mains sur vos hanches). Alignez les pieds. Répétez de l'autre côté. Redressez-vous, puis expirez, joignez les pieds d'un bond et abaissez les bras.

4 • UTTHITA PÂRSVAKONÂSANA
POSTURE ÉTIRÉE EN ANGLE LATÉRAL

2 À droite : Tournez le pied droit à environ 15° vers l'intérieur et le pied gauche à environ 90° vers l'extérieur, le talon gauche placé à l'opposé de la voûte plantaire du pied droit. Tandis que vous tournez le pied droit vers l'intérieur, la jambe effectue un mouvement de rotation vers l'extérieur. Tandis que vous tournez le pied gauche vers l'extérieur, toute la jambe effectue un mouvement de rotation dans la même direction. Gardez les jambes droites et redressez le tronc.

• Si vous avez une sciatique ou une foulure du genou, tournez le pied gauche à 120-160°.

1 Mettez-vous en Tâdâsana (n° 1). Avec une inspiration profonde, écartez les pieds à environ 120-135 cm (4-4 1/2 pi). En même temps, levez les bras au niveau des épaules.

3 Gardez la jambe droite bien tendue et pliez la jambe gauche à 90° de façon que le tibia soit perpendiculaire par rapport au sol, et la cuisse parallèle. Expirez et penchez le tronc (à partir des hanches et non de la taille) vers le bas, sur la gauche. Placez la paume ou le bout des doigts de la main gauche par terre à côté de la partie externe du pied gauche.

Tendez le bras droit par-dessus la tête, la paume tournée vers le bas. Regardez vers le haut. En gardant la jambe droite et les deux bras bien tendus, faites tourner tout le tronc vers le haut. Tirez le côté droit du corps vers le bout des doigts. Détendez le visage et respirez normalement. Restez ainsi de 20 à 30 secondes. Inspirez et redressez-vous. Tournez les pieds vers

le milieu et posez les mains sur les hanches. Répétez de l'autre côté. Redressez-vous pour retourner à l'étape 2, puis expirez et remettez-vous en Tâdâsana.

• Si la respiration se fait hachée, redressez-vous et reposez-vous ou bien penchez-vous vers le sol jusqu'à ce que votre souffle redevienne normal.

5 • VIRABHADRÂSANA I
POSTURE DU GUERRIER 1

1 *Mettez-vous en Tâdâsana (n° 1). Avec une inspiration profonde, écartez les pieds de 120-135 cm (4-4 1/2 pi) en levant les bras au niveau des épaules.*

2 *Tournez les paumes vers le haut et levez les bras à la verticale, bien parallèles, les coudes tendus et les paumes se faisant face. Étirez le tronc vers le haut. Si le fait de lever les bras vous fatigue, posez les mains sur la taille.*

3 *Tournez la jambe et le pied droits à 45° vers l'intérieur et le pied gauche à 90° vers l'extérieur. En même temps, tournez les hanches et le tronc vers la gauche. Avancez la hanche droite et reculez légèrement la hanche gauche afin que les deux côtés du corps soient parallèles.*

4 *Expirez et pliez la jambe gauche à angle droit. Étirez tout le corps vers le haut. Rentrez les omoplates et ouvrez la poitrine. Rejetez la tête en arrière et regardez vers le haut. Ne forcez pas sur le cou et la gorge. Gardez la jambe arrière bien tendue ; les hanches et le tronc restent tournés vers la gauche. Étirez-vous au maximum. Restez ainsi de 20 à 30 secondes. Inspirez et redressez-vous. Remettez-vous de face, les bras au repos. Alignez les pieds. Répétez de l'autre côté. Redressez-vous, puis expirez et remettez-vous d'un bond en Tâdâsana.*

6 • VIRABHADRÂSANA II
POSTURE DU GUERRIER II

1 *Mettez-vous en Tâdâsana (n° 1).*

2 *Avec une profonde inspiration, écartez les pieds à 120-135 cm (4-4 1/2 pi) de distance en levant les bras au niveau des épaules.*

3 *Tournez le pied gauche à environ 15° vers l'intérieur et le pied droit à 90° vers l'extérieur. Positionnez les pieds de façon que le talon droit se trouve placé à l'opposé de la voûte plantaire du pied gauche. Tandis que vous tournez le pied gauche vers l'intérieur, la jambe gauche effectue un mouvement de rotation vers l'extérieur. Tandis que vous tournez le pied droit vers l'extérieur, toute la jambe effectue un mouvement de rotation dans la même direction. Gardez les deux genoux tendus. Étirez le tronc vers le haut à partir des hanches.*

• *Si vous avez de la sciatique, tournez le pied droit à 120°-160°.*

4 Avec une expiration, pliez la jambe droite à angle droit en gardant la jambe gauche bien tendue. Étirez le tronc à la verticale et les bras à l'horizontale, les paumes tournées vers le bas. Tournez la tête vers la droite. Tirez le bras gauche légèrement sur la gauche pour éviter que le tronc ne penche vers la droite. Soulevez la poitrine. Détendez le visage et respirez normalement.

Restez ainsi de 20 à 30 secondes. Inspirez et redressez-vous. Tournez les pieds vers le centre et alignez-les. Laissez les bras au repos si nécessaire.

Répétez de l'autre côté. Redressez-vous, puis expirez et remettez-vous en Tâdâsana.

7 • PÂRSVOTTÂNÂSANA
ÉTIREMENT LATÉRAL EXTRÊME

POSTURE COMPLÈTE

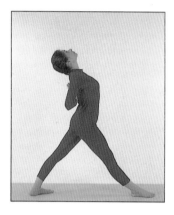

1 Mettez-vous en Tâdâsana (n° 1). Joignez les paumes derrière le dos en Namaste (pour la méthode, voir encadré page ci-contre).

2 Avec une profonde inspiration, écartez les pieds à 105-120 cm (3 1/2-4 pi) de distance. Les orteils sont pointés vers l'avant, au même niveau.

3 Tournez la jambe et le pied gauches à environ 45° vers l'intérieur et le pied droit à 90° vers l'extérieur. Tournez les hanches et le tronc vers la droite. Étirez le tronc vers le haut et rejetez la tête en arrière. Ne tirez pas sur la gorge.

4 À droite : Expirez et penchez-vous par-dessus la jambe droite. Gardez les deux jambes tendues et faites en sorte que vos deux hanches soient au même niveau. Étirez-vous le plus possible vers le bas, puis détendez la tête.

Restez ainsi de 20 à 30 secondes. Inspirez et redressez-vous. Tournez-vous vers l'avant sans relâcher les mains. Alignez les pieds, puis répétez de l'autre côté.

Relevez-vous, tournez-vous vers l'avant, puis expirez et remettez-vous en Tâdâsana. Abaissez les mains.

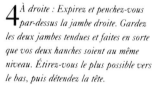

VARIANTE (SIMPLE)

VARIANTE (AVEC ÉTIREMENT DES BRAS)

Dans l'étape 1 (Tâdâsana), au lieu de joindre les paumes derrière le dos en Namaste, attrapez les coudes.

Au lieu de joindre les mains derrière le dos, étirez les bras à la verticale, puis abaissez-les en même temps que le tronc par-dessus la jambe. Posez les mains par

terre de chaque côté du pied de devant. Il est plus facile de garder l'équilibre et de maintenir l'étirement du tronc dans cette position.

NAMASTE
MAINS EN POSITION DE PRIÈRE

1 Joignez les paumes derrière le dos avec les doigts pointés vers le bas.

2 Tournez les mains vers la colonne vertébrale.

3 Tournez les mains vers le haut et placez-les entre les omoplates. Rentrez les épaules, tirez les coudes en arrière et pressez les paumes l'une contre l'autre.

8 • PRÂSARITA PÂDOTTÂNÂSANA
ÉTIREMENT VERS L'AVANT AVEC JAMBES ÉCARTÉES

3 *Ci-dessous : Courbez-vous et posez les mains par terre, les épaules bien écartées, les bras légèrement inclinés en arrière. Tendez ceux-ci. Gardez les jambes bien tendues. Creusez le dos et étirez le devant du corps vers l'avant. Regardez en haut.*

Repliez les coudes, abaissez le tronc et posez la tête par terre. Si possible, reculez les mains plus loin en arrière de façon qu'elles se trouvent dans l'alignement des pieds. Haussez les hanches et les épaules. Détendez-vous et respirez régulièrement.

Restez ainsi de 20 à 30 secondes. Inspirez, levez la tête et creusez la colonne vertébrale. Ensuite, placez les mains sur les hanches et redressez-vous. Rentrez un peu les pieds et joignez-les d'un bond.

1 *Mettez-vous en Tâdâsana (n° 1) avec les mains posées sur les hanches.*

2 *Avec une profonde inspiration, écartez les pieds à 135-150 cm (4 1/2-5 pi) de distance. Tournez-les vers l'avant ou légèrement vers l'intérieur pour éviter de glisser. Tendez les jambes et tirez sur les muscles des cuisses.*

9 • UTTÂNÂSANA
ÉTIREMENT VERS L'AVANT

Mettez-vous en Tâdâsana (n° 1) avec les pieds écartés de 30 cm (1 pi). Saisissez-vous les coudes et passez les bras par-dessus la tête. Penchez légèrement la taille en arrière. Tendez fortement les jambes.

Expirez et penchez-vous en avant. Amenez les hanches et le buste aussi près que possible des jambes et, si vous le pouvez, continuez à vous étirer jusqu'à ce

que la tête se trouve au niveau des genoux. Tirez sur les coudes pour faire descendre le tronc encore plus bas. Avancez les hanches afin que les jambes soient bien verticales. Gardez les genoux droits et tirez sur les muscles des jambes. Détendez la tête et respirez régulièrement. Restez ainsi de 20 à 30 secondes. Inspirez, redressez-vous et joignez les jambes.

========== NOTE ==========

Si vous avez la tête qui tourne ou souffrez de maux de dos, vous pouvez pratiquer Uttânâsana avec les mains posées sur un appui.

VARIANTE (SUR APPUI)

Placez-vous devant un appui, à environ 120-150 cm (4-5 pi) de distance. Écartez les pieds de 30 cm (1 pi). Fléchissez le corps en avant et posez les mains sur l'appui. Ajustez la distance en vous rapprochant ou en vous éloignant de façon que les jambes soient verticales et que le tronc et les bras soient bien étirés.

Tendez les jambes et les rotules, et tirez sur les muscles de la cuisse. Étirez les bras et le tronc vers l'avant. Descendez les hanches et creusez le haut du dos.

Restez ainsi de 20 à 30 secondes.

10 • PÂDÂNGUSTHÂSANA
POSTURE DES DOIGTS AU PIED

11 • GARUDÂSANA
POSTURE DE L'AIGLE

1 Tenez-vous debout, les pieds écartés de 30 cm (1pi). Penchez-vous en avant et, avec le pouce, l'index et le majeur, décrivez un cercle autour des gros orteils. Raidissez les genoux et gardez les jambes bien verticales. Tendez les bras, étirez le tronc vers l'avant et creusez le dos. Regardez vers le haut.

2 À droite : Expirez, pliez les coudes vers l'extérieur, tirez le tronc vers le bas et abaissez la tête au niveau des tibias.

   Restez ainsi de 20 à 30 secondes. Inspirez et redressez-vous, puis joignez les pieds et tenez-vous debout bien droit.

Mettez-vous en Tâdâsana (n° 1). Fléchissez légèrement la jambe gauche. Pliez la jambe droite et passez la cuisse par-dessus la jambe gauche. Accrochez le pied droit au mollet gauche.

   Pliez les coudes et haussez-les au niveau des épaules, les pouces pointés vers le visage. Croisez le coude gauche par-dessus le droit, puis accrochez le poignet et la paume de la main droite par-dessus la gauche. Restez ainsi de 20 à 30 secondes, puis répétez de l'autre côté.

12 • UTKATÂSANA
POSTURE FÉROCE

Mettez-vous en Tâdâsana (n° 1).
Inspirez et étirez les bras au-dessus de la
tête, les paumes tournées l'une vers
l'autre. Tendez les coudes et étirez les
paumes et les doigts. Étirez fortement le
tronc en poussant les mains vers le haut.
Fléchissez les genoux et reculez les
hanches. Pliez encore plus les chevilles et
appuyez sur les talons. Si vous pouvez
garder les coudes droits, joignez les
paumes. Restez ainsi de 20 à 30 secondes,
puis redressez-vous.

13 • UTTHITA HASTA PÂDÂNGUSTHÂSANA
JAMBE LEVÉE

VERS L'AVANT

Mettez-vous en Tâdâsana (n° 1) face
à un appui, à 60-90 cm (2-3 pi) de
distance. Pliez la jambe droite et
placez l'arrière du talon (mais pas le
tendon d'Achille) sur l'appui. Le
genou et le gros orteil sont tournés
vers le plafond. Tendez la jambe
gauche, le pied pointé vers l'avant.
Raidissez les deux genoux. Poussez la
jambe droite et le talon loin de vous.
Étirez la jambe gauche et le tronc
verticalement. Les bras pendent le
long du tronc ; vous pouvez également
les tirer vers le haut ou poser les
mains sur les hanches.

DE CÔTÉ

Mettez-vous en Tâdâsana (n° 1) à
60-90 cm (2-3 pi) de distance de
l'appui et de profil par rapport à lui.
Pliez la jambe droite vers l'extérieur
et placez le talon sur l'appui qui se
trouve au niveau de la hanche.
Gardez la jambe gauche
perpendiculaire et le pied pointé vers
le haut ; raidissez la rotule et les
muscles de la cuisse. Étirez la jambe
droite latéralement et le tronc et la
jambe gauche verticalement. Placez les
mains sur les hanches ou levez les bras
vers le haut.

POSTURES ASSISES

14 • SUKHÂSANA
POSTURE FACILE

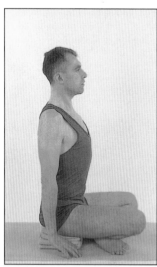

1 *Asseyez-vous en tailleur sur une ou deux couvertures pliées. Croisez les tibias, pas seulement les chevilles. Placez les mains de chaque côté des hanches, appuyez par terre avec le bout des doigts et étirez le tronc vers le haut. Ouvrez la poitrine et rejetez les épaules en arrière.*

2 *Gardez le tronc bien droit et ramenez les mains sur les genoux. Restez ainsi de 30 à 60 secondes, puis inversez le croisement des jambes et répétez.*

15 • VIRÂSANA
POSTURE DU HÉROS

*Les genoux devraient être à l'aise dans cette posture.
Si vous avez les genoux fragiles, pliez un morceau de tissu et placez-le derrière
l'articulation du genou pour créer de l'espace ; vous pouvez également vous asseoir
sur un traversin et apprendre à fléchir les genoux.
En cas d'autres problèmes, demandez conseil.*

Agenouillez-vous, les genoux joints et les
pieds écartés de chaque côté des hanches.
Asseyez-vous entre les jambes, sur une
pile de couvertures pliées si nécessaire.
   Étirez le tronc vers le haut. Rejetez
les épaules en arrière et élargissez-les.
Faites rouler l'intérieur des cuisses vers
l'extérieur pour abaisser la face externe
des cuisses et rapprocher celles-ci des
tibias. Posez les mains sur les jambes.
   Restez ainsi de 1 à 2 minutes, puis
quittez la posture et redressez les jambes.

17 • PARVATÂSANA
POSTURE DE LA MONTAGNE

*Cette posture peut être pratiquée
dans plusieurs positions assises,
telles que Sukhâsana (n° 14)
et Virâsana (n° 15).*

Entrecroisez les doigts. Tournez les
paumes vers l'extérieur, étirez les bras en
avant puis levez-les au-dessus de la tête.
Ne cambrez pas la taille. Raidissez les
coudes et étirez-vous le plus possible.
   Restez ainsi de 20 à 30 secondes, puis
abaissez les bras. Inversez
l'entrecroisement des doigts (en plaçant
ceux de la main droite devant ceux de la
main gauche et vice-versa) et répétez.

16 • VIRÂSANA FLEXION EN AVANT
POSTURE DU HÉROS AVEC FLEXION EN AVANT

Asseyez-vous entre les jambes ou sur
les talons. Si les fesses ne reposent pas
confortablement sur les talons, placez
une couverture pliée ou un traversin
sur ceux-ci. Écartez légèrement les

genoux et penchez-vous en avant
en étirant le buste et les bras ; les côtés
du corps doivent toucher l'intérieur
des cuisses ; n'écartez pas trop les
jambes.

18 • DANDÂSANA
POSTURE DU BÂTON

Asseyez-vous sur une ou deux couvertures pliées, les jambes tendues devant vous. Raidissez les genoux et étirez les pieds. Tendez les talons et la plante des pieds, les orteils pointés en l'air.

Placez les paumes ou le bout des doigts à côté des hanches et appuyez vers le bas. Étirez le tronc vers le haut en ayant soin de soulever le bas du dos. Étirez toute la colonne vertébrale vers le haut. Ouvrez la poitrine et rejetez les épaules en arrière. Reposez votre vue et regardez droit devant vous.

Restez ainsi de 20 à 30 secondes, puis relâchez.

19 • SIDDHÂSANA
POSTURE PARFAITE

1 Asseyez-vous en Dandâsana (n° 18). Pliez le genou droit aussi loin que possible sur la droite, prenez le pied par-dessous et amenez-le vers le pubis. Positionnez la cheville de façon que la plante du pied soit tournée vers le haut.

2 Pliez la jambe gauche de la même façon sur la gauche et placez le talon au-dessus du talon droit, la plante du pied tournée vers le haut. Glissez les orteils du pied gauche entre la cuisse et le mollet droits et les orteils du pied droit entre la cuisse et le mollet gauches. Centrez les pieds devant le pubis et ouvrez les cuisses vers l'extérieur. Étirez le tronc vers le haut, en particulier le bas du dos. Placez les mains sur les genoux et poussez ceux-ci vers l'extérieur, sans séparer les pieds. Gardez une posture ferme, le dos bien droit. Restez ainsi de 30 à 60 secondes, puis inversez la position des jambes.

20 • GOMUKHÂSANA (BRAS SEULEMENT)
POSTURE DE LA TÊTE DE VACHE

À gauche : Asseyez-vous sur les talons ou en Virâsana (n° 15) ou en Sukhâsana (n° 14). Repliez le bras gauche derrière le dos et étirez la main et l'avant-bras vers le haut le long de la colonne vertébrale, la paume tournée vers l'extérieur. Rentrez le coude vers l'intérieur à l'aide de l'autre main.

Levez le bras droit vers le haut, tournez-le de façon que la paume soit tournée vers l'intérieur, puis pliez le coude et attrapez la main droite. Serrez les mains et tirez le plus possible. Rejetez l'épaule gauche en arrière et pointez le coude droit vers le plafond.

Restez ainsi de 30 à 60 secondes, puis répétez de l'autre côté.

VARIANTE (DEBOUT)

Vous pouvez également exécuter ces mouvements en restant debout.

21 • JANUSIRSÂSANA
POSTURE DE LA TÊTE AU GENOU

• *En cas de douleurs dans le bas du dos, n'exécutez pas la posture complètement.*

DOS CREUSÉ

1 *Asseyez-vous en Dandâsana (n° 18) sur une ou deux couvertures pliées. Si vous avez le bas du dos raide, il vous faudra plus de hauteur.*

2 *Pliez le genou droit sur le côté et placez le talon contre l'aine droite. Reculez encore le genou. Penchez-vous en avant et attrapez le pied gauche, au besoin en utilisant une ceinture. Tendez la jambe gauche devant vous, le genou bien raide. Étirez le tronc vers le haut et creusez le dos. Allongez le devant du corps. Regardez en l'air.*

Restez ainsi de 20 à 30 secondes, puis répétez de l'autre côté.

POSTURE COMPLÈTE

*Suivez les instructions 1 et 2. En
expirant, penchez-vous en avant par-
dessus la jambe gauche. Étirez-vous et
posez la tête sur le tibia.*

*Restez ainsi de 20 à 30 secondes, puis
répétez de l'autre côté.*

VARIANTE
(TÊTE SUR TRAVERSIN)

*Suivez les instructions 1 et 2. Posez la tête sur
une couverture pliée ou sur un traversin.*

*Restez ainsi de 1 à 2 minutes, puis répétez
de l'autre côté.*

• *Si vous manquez de souplesse, posez la tête
sur un tabouret. Si le genou tire, soutenez-le et
réduisez la durée de la posture.*

195

22 • TRIANG MUKHAIKAPÂDA PASCIMOTTÂNÂSANA
FLEXION EN AVANT AVEC UNE JAMBE REPLIÉE

DOS CREUSÉ

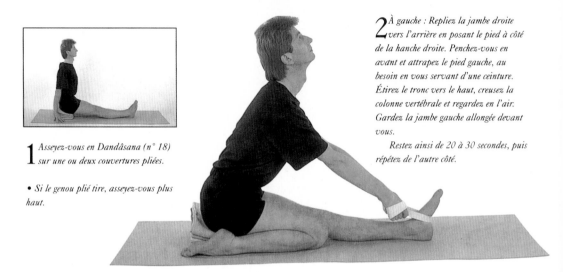

1 *Asseyez-vous en Dandâsana (n° 18) sur une ou deux couvertures pliées.*

• Si le genou plié tire, asseyez-vous plus haut.

2 *À gauche : Repliez la jambe droite vers l'arrière en posant le pied à côté de la hanche droite. Penchez-vous en avant et attrapez le pied gauche, au besoin en vous servant d'une ceinture. Étirez le tronc vers le haut, creusez la colonne vertébrale et regardez en l'air. Gardez la jambe gauche allongée devant vous.*

Restez ainsi de 20 à 30 secondes, puis répétez de l'autre côté.

POSTURE COMPLÈTE

Suivez les instructions 1 et 2. Au moment de l'expiration, penchez-vous en avant par-dessus la jambe gauche. Allongez le tronc pour aller plus loin. Posez la tête.

Restez ainsi de 20 à 30 secondes, puis répétez de l'autre côté.

VARIANTE (TÊTE SUR TRAVERSIN)

Suivez les instructions 1 et 2. Posez la tête sur une couverture ou sur un traversin.

Restez ainsi de 1 à 2 minutes, puis répétez de l'autre côté.

• Si vous manquez de souplesse, posez la tête sur un tabouret.

23 • MARICYÂSANA 1 (TORSION SEULEMENT)
SIMPLE TORSION EN ATTRAPANT LES BRAS DANS LE DOS

1 Asseyez-vous en Dandâsana (n° 18) sur une ou deux couvertures pliées. Pliez le genou gauche vers le haut et amenez le pied devant le pubis. Placez le bord interne du pied contre l'intérieur de la cuisse droite. Gardez la jambe droite tendue. Tournez-vous vers la droite et amenez le haut du bras gauche en face du genou gauche. Placez la main droite près de la hanche droite.

2 Posez le bout des doigts de la main droite par terre et appuyez le bras gauche contre le genou gauche afin de pouvoir tourner le tronc plus loin. Faites effectuer un mouvement de rotation vers l'intérieur au bras gauche de façon que la paume soit retournée.

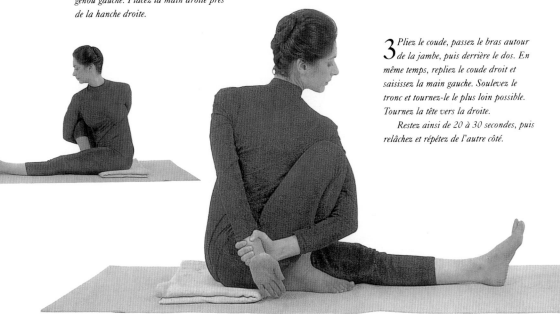

3 Pliez le coude, passez le bras autour de la jambe, puis derrière le dos. En même temps, repliez le coude droit et saisissez la main gauche. Soulevez le tronc et tournez-le le plus loin possible. Tournez la tête vers la droite.

Restez ainsi de 20 à 30 secondes, puis relâchez et répétez de l'autre côté.

24 • PASCIMOTTÂNÂSANA
FLEXION EN AVANT TOTALE

DOS CREUSÉ

Asseyez-vous en Dandâsana (n° 18) sur une ou deux couvertures pliées. Penchez-vous en avant et attrapez les pieds, à l'aide d'une ceinture si nécessaire. Étirez le tronc vers le haut. Creusez le dos, soulevez la poitrine et regardez en l'air. Gardez les genoux tendus.

Restez ainsi de 20 à 30 secondes, puis relâchez.

POSTURE COMPLÈTE

Suivez les instructions précédentes, puis penchez-vous en avant par-dessus les jambes en poussant les mains loin de vous. Étirez le devant du corps et la colonne vertébrale pour aller plus loin.

Les deux jambes et les deux côtés du corps doivent être étirés de façon égale. Posez la tête.

Restez ainsi de 20 à 30 secondes, puis redressez-vous.

VARIANTE (TÊTE SUR TRAVERSIN)

Faites comme ci-dessus, en posant la tête sur un traversin ou des couvertures.

Apaisez votre esprit. Restez ainsi de 2 à 3 minutes, puis redressez-vous.

25 • MÂLÂSANA (PRÉPARATOIRE)
POSTURE DE LA GUIRLANDE

Accroupissez-vous, le bas du dos appuyé contre un mur. Les talons doivent toucher le sol si possible. Écartez les genoux, mais en gardant les pieds joints. Inclinez le tronc entre les cuisses et les genoux. Étirez les bras et la poitrine en avant et posez les mains par terre.

Restez ainsi de 30 à 60 secondes, puis levez-vous.

POSTURES COUCHÉES SUR LE DOS ET SUR LE VENTRE

26 • TRAVERSINS CROISÉS

1 *Disposez deux traversins en croix sur le plancher, le traversin dans le sens de la longueur par-dessus. Asseyez-vous dessus.*

2 *Couchez-vous en arrière et allongez les jambes devant vous. Placez le bas du dos sur la partie la plus haute des traversins ; les épaules touchent le sol. Vous pouvez vous attacher les cuisses à l'aide d'une ceinture pour un étirement plus passif et une posture plus reposante. Allongez les bras parallèlement à la tête*

et détendez-vous. Si vous sentez un pincement au bas du dos, passez vos mains dessous depuis la taille jusqu'au fessier afin de l'étirer et de le soulager.

Restez ainsi de 3 à 5 minutes. Pour vous relever, glissez légèrement en arrière en direction de la tête, puis pliez les genoux et tournez-vous sur le côté.

27 • MATSYÂSANA (SIMPLE)
POSTURE DU POISSON

Asseyez-vous en Sukhâsana (n° 14). Penchez-vous en arrière et allongez-vous sur le dos. Étirez le bas du dos. Disposez les bras parallèlement à la tête et tendez les

coudes. Étirez tout le tronc, en particulier la région abdominale.

Restez ainsi de 1 à 2 minutes, puis redressez-vous, inversez le croisement des jambes et répétez.

28 • SUPTA BADDHAKONÂSANA
POSTURE DU CORDONNIER COUCHÉ

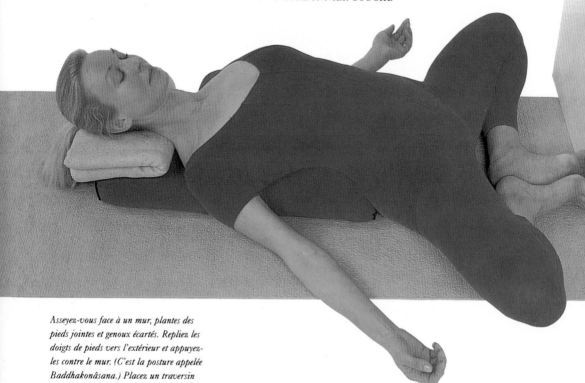

Asseyez-vous face à un mur, plantes des pieds jointes et genoux écartés. Repliez les doigts de pieds vers l'extérieur et appuyez-les contre le mur. (C'est la posture appelée Baddhakonâsana.) Placez un traversin en longueur derrière le bas du dos, calez-le et couchez-vous dessus, les épaules touchant le sol. Rapprochez-vous du mur. Passez les bras au-dessus de la tête.

Respirez régulièrement.
Restez ainsi de 2 à 5 minutes.
Tournez-vous sur le côté pour vous relever.

• Si les jambes tirent, placez une couverture sous les cuisses.

29 • SUPTA VIRÂSANA
POSTURE DU HÉROS ALLONGÉ

Asseyez-vous en Virâsana (n° 15). Placez un traversin (ou des couvertures pliées) derrière vous. Calez-le contre le bas du dos et couchez-vous dessus. Placez une couverture sous la tête si nécessaire. Détendez-vous. Restez ainsi 3 à 5 minutes, puis redressez-vous.

• Si vous avez besoin de vous asseoir sur quelque chose pour exécuter cette posture, il faudra aussi vous soutenir le dos.

30 • URDHVA PRASÂRITA PÂDÂSANA
JAMBES ÉTIRÉES À 90°

1 Asseyez-vous de côté près d'un mur ; amenez le fessier aussi près que possible de la paroi. Levez les jambes l'une après l'autre et faites pivoter le corps. Étendez-vous et appuyez les jambes à la verticale contre le mur. Allongez les bras parallèlement à la tête et détendez-vous.

2 Sans décoller les hanches du sol, tendez les jambes et tirez-les vers le haut. Étirez également les bras.

Restez ainsi de 20 à 30 secondes (ou plus longtemps). Pour abaisser les jambes, pliez les genoux et tournez-vous sur le côté.

31 • ADHO MUKHA SVÂNÂSANA
POSTURE DU CHIEN

2 *Ci-dessous : Reculez de 90-120 cm (3-4 pi) en arrière et tendez les jambes de façon que le corps forme un V renversé. Soulevez les hanches, pliez les jambes et étirez les talons vers le bas. Tendez les coudes, soulevez les épaules et étirez le tronc vers le haut. Gardez les bras et les jambes bien droits. Décontractez la tête.*

Restez ainsi de 20 à 30 secondes, puis pliez les genoux et redescendez.

1 *Mettez-vous en Tâdâsana (n° 1). Écartez les pieds de façon qu'ils soient placés au niveau des hanches. Penchez-vous en avant et posez les paumes par terre devant les pieds au niveau des épaules. Écartez les doigts.*

VARIANTE (AVEC SOUTIEN DE LA TÊTE)

1 *À droite : Placez une couverture pliée ou un traversin non loin du mur, dans le sens de la longueur. Agenouillez-vous devant. Placez les mains, paumes vers le bas, près du mur. Le pouce et l'index sont bien écartés et touchent la paroi.*

2 *Ci-dessous : Soulevez les hanches et tendez les jambes. Posez la tête sur la couverture. Étirez fortement le tronc et les bras. Ne laissez pas tout le poids du corps basculer sur la tête. Gardez-la détendue.*

   Restez ainsi de 30 à 60 secondes, puis redescendez.

POSTURES TORDUES

32 • MARICYÂSANA (DEBOUT)
TORSION DEBOUT

33 • BHÂRADVÂJÂSANA
TORSION SIMPLE
PRÉPARATOIRE

Placez un tabouret ou une petite table près d'un mur ou d'un appui. Mettez-vous en Tâdâsana (n° 1), le côté droit du corps contre le mur. Posez le pied droit sur le tabouret et appuyez vers le bas. La cuisse droite touche toujours le mur. Étirez le tronc vers le haut et tournez-vous vers le mur, en vous retenant des deux mains là où vous trouverez des prises. La jambe gauche et le tronc restent verticaux, le pied demeure pointé vers l'avant. Tournez-vous le plus possible.

Restez ainsi de 20 à 30 secondes, et répétez de l'autre côté.

Asseyez-vous en Dandâsana (n° 18) sur une ou deux couvertures pliées. Pliez les jambes vers la gauche. Posez le pied gauche sur la voûte plantaire du pied droit. La plante du pied gauche est tournée vers le haut. Étirez la colonne vertébrale et le tronc vers le haut. Tournez-vous vers la droite. Placez la main gauche sur la face

externe du genou droit et la main droite à côté de la hanche droite. Aidez-vous des bras pour tourner le tronc. Tournez les hanches, la taille et la poitrine le plus loin possible.

Restez ainsi de 20 à 30 secondes. Tournez-vous vers l'avant et répétez de l'autre côté.

POSTURE COMPLÈTE

Suivez la méthode préparatoire (à gauche). Repliez le bras droit derrière le dos, rentrez le coude et attrapez le bras gauche, juste au-dessus du coude. Tendez le bras gauche, retournez la main, paume vers le bas, et glissez-la sous la cuisse droite près du genou. Gardez le bras bien tendu. Tournez le tronc aussi loin que possible, en vous servant des bras et de la main comme de leviers. Tournez la tête d'un côté, puis de l'autre.

Restez ainsi de 20 à 30 secondes, puis répétez de l'autre côté.

VARIANTE
(SUR UNE CHAISE)

Asseyez-vous sur une chaise, pieds et genoux joints. Soulevez les hanches, la taille et la cage thoracique. Tournez-vous vers la droite en vous tenant au dos du siège. Gardez le tronc vertical et tournez-vous au maximum. Tournez la tête et le cou vers la droite.

Restez ainsi de 20 à 30 secondes, puis répétez de l'autre côté.

POSTURES INVERSÉES

34 • SARVÂNGÂSANA
ÉQUILIBRE SUR LE COU

1 *Empilez soigneusement quatre ou cinq couvertures pliées : la hauteur doit être de 5-7,5 cm (2-3 po), la largeur doit correspondre à celle des épaules, la profondeur doit pouvoir accueillir toute la partie supérieure du bras. Si les bras et les coudes tendent à s'écarter, retenez-les à la distance requise à l'aide d'une ceinture. Étendez-vous en plaçant les épaules*

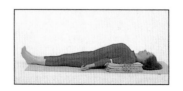

sur les couvertures, à 5-7,5 cm (2-3 po) du bord, la tête reposant sur le sol. Vous devez être allongé en ligne droite.

2 *Pliez les genoux et amenez les pieds près du fessier. Soulevez légèrement le bas du dos et étirez-le.*

3 *Pliez les genoux au-dessus de l'abdomen et levez le tronc et les jambes. Soutenez le dos avec les mains et ouvrez la poitrine.*

4 *Tendez les jambes vers le haut. Ramenez les mains vers les omoplates pour vous assurer le maximum de soutien et vous soulever le plus haut possible. Amenez la poitrine vers le menton. Étirez tout le corps vers le haut. La posture doit être stable.*

Restez ainsi de 2 à 5 minutes. Pour redescendre, pliez les jambes et laissez-vous glisser vers le bas.

35 • HALÂSANA
POSTURE DE LA CHARRUE

===NOTE===

• Les postures inversées ne doivent pas être pratiquées pendant la menstruation.

• Si vous sentez une pression dans la tête, les yeux, les oreilles ou la gorge dans une des postures inversées, arrêtez et reposez-vous. Demandez conseil.

À partir de Sarvângâsana (n° 34), faites passer les jambes par-dessus la tête et posez les pieds par terre. En continuant de soutenir le dos avec les mains, soulevez le tronc et tirez le devant du corps vers le haut. Tendez les genoux et étirez les jambes à partir des hanches. Gardez le visage, la vue et l'ouïe au repos.

Restez ainsi de 2 à 5 minutes, puis redescendez.

• Après être redescendu, asseyez-vous au bord des couvertures et penchez-vous en avant pour vous reposer en Pascimottânâsana (n° 24).

36 • ARDHA HALÂSANA
POSTURE DE LA DEMI-CHARRUE

Placez la tête sous une chaise ou un tabouret avant de vous mettre en Sarvângâsana (n° 34). À partir de cette posture, abaissez les jambes sur la chaise pour soutenir les cuisses.

Posez les bras de chaque côté du tabouret et détendez-vous. Les épaules ne doivent pas glisser des couvertures.

Restez ainsi de 3 à 5 minutes. Pour redescendre, pliez les genoux et laissez-vous glisser vers le bas en repoussant le tabouret avec vos mains.

• Si vous avez le tronc très long, vous pouvez augmenter la hauteur en plaçant des couvertures sur le tabouret.

• Si vous avez le dos très raide, éloignez un peu le tabouret pour qu'il vous soutienne les tibias.

• Si vous avez mal au cou, augmentez la hauteur des couvertures.

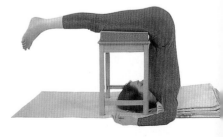

37 • SARVÂNGÂSANA (SUR UNE CHAISE)
ÉQUILIBRE SUR LE COU

Utilisez un fauteuil stable qui ne risque pas de basculer.
Exécutez chaque mouvement avec lenteur et précaution, pour vous sentir en sécurité.

4 *Ci-dessous : Appuyez les épaules sur le traversin. Tendez les jambes, l'arrière des genoux posé sur le bord du siège. Tenez les pieds. Rentrez le dos et ouvrez bien la poitrine.*

Restez ainsi de 5 à 8 minutes, puis laissez-vous glisser conformément aux instructions suivantes (5-7).

1 *Placez un traversin par terre, devant le fauteuil. Asseyez-vous à l'envers, les jambes posées par-dessus le dossier, en vous tenant aux accoudoirs.*

3 *Laissez-vous glisser plus bas de façon que la taille s'incurve sur le bord du siège. Posez la tête par terre.*

2 *Rapprochez les fesses du dossier en tenant bien les accoudoirs et penchez-vous en arrière.*

5 *Pliez les jambes et posez les pieds sur le dossier du siège, en vous retenant aux accoudoirs.*

6 *Laissez-vous glisser en arrière jusqu'à ce que le bas du dos repose sur le traversin. Restez ainsi pendant un moment.*

7 *Tournez-vous sur le côté, asseyez-vous en tailleur devant le fauteuil et posez la tête dessus.*

Essayez de disposer le traversin et les couvertures de diverses manières pour obtenir la hauteur souhaitée.

38 • SARVÂNGÂSANA (CONTRE UN MUR)
ÉQUILIBRE SUR LE COU CONTRE UN MUR

5 *Ci-dessous : Soutenez le dos avec les mains et rentrez les coudes. Tendez les jambes tout en gardant les pieds posés contre le mur. Soulevez la poitrine, l'abdomen et les hanches. Respirez régulièrement. Restez ainsi de 3 à 5 minutes, puis pliez les jambes et redescendez.*

1 *Placez une ou deux couvertures soigneusement pliées près d'un mur. Asseyez-vous dessus de côté, aussi près du mur que possible.*

2 *Penchez-vous en arrière et accoudez-vous par terre ; faites pivoter le tronc et levez une jambe le long du mur.*

3 *Levez l'autre jambe le long du mur et couchez-vous. Placez le fessier contre le mur, les épaules appuyées sur les couvertures et la tête posée par terre.*

4 *Pliez les jambes, appuyez les pieds contre le mur et soulevez les hanches et la poitrine.*

39 • SETU BANDHA SARVÂNGÂSANA (SOUTENU)
ÉQUILIBRE SUR LE COU, DOS CAMBRÉ

Cette posture peut être exécutée pendant la menstruation.
Pour la rendre plus reposante, attachez une ceinture autour des cuisses.

SUR TRAVERSIN

1 Superposez deux traversins horizontalement par terre et asseyez-vous dessus.

2 Laissez-vous doucement glisser en arrière de façon que le bas du dos arrive juste au bord du traversin.

3 En vous appuyant sur les bras, couchez-vous en arrière jusqu'à ce que les épaules et la tête touchent le sol. Allongez les bras en arrière et détendez-vous. Restez ainsi de 5 à 8 minutes.

• Si vous sentez un pincement dans le bas du dos, étirez celui-ci à partir de la taille ou glissez un support sous les pieds.

• Pour redescendre, pliez les genoux, repoussez les traversins et laissez-vous glisser en arrière. Retirez la ceinture (si vous en avez utilisé une). Tournez-vous sur le côté, puis asseyez-vous en tailleur devant les traversins, penchez-vous en avant et posez la tête dessus.

SUR UN BANC

1 Placez une ou deux couvertures sur un banc. Posez un traversin par terre dans le prolongement du banc. Asseyez-vous au bord du banc et allongez les jambes dessus, le dos tourné au traversin.

2 Posez les mains par terre. Penchez-vous en arrière, en fléchissant la taille au bord du banc. Tendez les jambes.

3 Posez les épaules et la tête sur le traversin. Placez les bras en arrière. Restez ainsi de 5 à 8 minutes.

40 • VIPARITA KARANI
INVERSION REPOSANTE

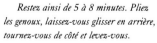

1 *Placez une brique ou un livre épais contre un mur. Mettez un traversin devant. Posez une ou deux couvertures pliées dessus, en ajustant la hauteur à votre taille. Asseyez-vous de côté sur le traversin, la hanche droite touchant le mur.*

2 *En vous aidant des mains, faites pivoter le corps et levez la jambe droite contre le mur. La fesse droite est appuyée contre celui-ci.*

3 *Continuez à faire pivoter le corps et levez la jambe gauche. En même temps, penchez-vous en arrière jusqu'à ce que la tête et les épaules touchent le sol. Le bas du dos est soutenu par le traversin et les couvertures, le fessier et les jambes sont appuyés contre le mur. Jetez les bras en arrière et détendez-vous.*

Restez ainsi de 5 à 8 minutes. Pliez les genoux, laissez-vous glisser en arrière, tournez-vous de côté et levez-vous.

RELAXATION

41 • SAVÂSANA
POSTURE DU CADAVRE

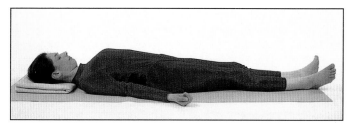

Allongez-vous par terre, les pieds joints. Étirez les bras et les jambes, puis détendez-les. Gardez les bras légèrement écartés du tronc, les paumes tournées vers le haut. Laissez les jambes et les pieds rouler sur le côté.

Glissez une couverture pliée sous la tête et le cou à une hauteur confortable, de façon que le front et le menton ne soient pas inclinés en arrière. Fermez les yeux et laissez-vous aller mentalement. Sentez votre corps s'enfoncer dans le sol de tout son poids ; votre esprit s'apaise. Respirez régulièrement.

Restez ainsi de 5 à 10 minutes. Pour vous relever, ouvrez lentement les yeux, pliez les genoux et tournez-vous sur le côté.

VARIANTE (SUR UN TRAVERSIN)

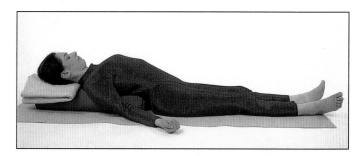

Placez un traversin ou deux couvertures pliées par terre dans le sens de la longueur. Asseyez-vous devant le traversin et retenez-le contre votre dos. Penchez-vous en arrière et couchez-vous dessus. La colonne vertébrale doit être bien centrée. Glissez une couverture pliée sous la tête. Appuyez les épaules vers le bas en les écartant du cou. Étirez la nuque. Étirez les bras et les jambes, puis détendez-les. Décontractez les mains et les doigts ; les paumes sont tournées vers le haut. Étirez la plante des pieds et les orteils, puis laissez les pieds rouler naturellement de côté.

Fermez les yeux et détendez-vous. Respirez calmement et sentez votre poitrine s'ouvrir, soutenue par le traversin.

Restez ainsi de 5 à 10 minutes. Avant de vous relever, ouvrez lentement les yeux, pliez les genoux et tournez-vous sur le côté.

Quand on exécute Savâsana sur un traversin, l'esprit et le corps se détendent bien, car la poitrine est ouverte, ce qui facilite la respiration. Cette posture fortifie les poumons et constitue une bonne préparation pour Prânâyâma.

VERS LA PAIX DE L'ESPRIT

Prânâyâma, c'est le contrôle de la respiration, depuis le plus petit détail jusqu'au niveau le plus complexe. Selon Patanjali, il ne faut pas s'y essayer avant d'avoir maîtrisé les postures et, conformément à la méthode orthodoxe, on ne doit s'y livrer que sous la plus stricte surveillance. Postures et exercices de respiration visent à former un corps et un esprit sains et forts. La philosophie du yoga insiste sur le fait qu'il faut atteindre cet objectif avant de se lancer dans un programme de développement philosophique et spirituel.

L'un n'est pas possible sans l'autre. Mais une fois que l'on a acquis des bases solides, le progrès est assuré.

DÉTENDRE LE CORPS

Couchez-vous en Savâsana (n° 41, variante) sur un traversin. Consacrez quelques minutes à détendre votre corps. Chassez la tension des pieds, des jambes, des bras, des mains, de l'abdomen et du visage. Faites le calme dans votre esprit.

Gardez les yeux immobiles. Détendez les tempes et le front. Détendez la peau sur l'arête du nez. Détendez les joues. Détendez les mâchoires en abaissant légèrement la mâchoire inférieure sans la crisper. Sentez le lien entre les conduits auditifs et les mâchoires et détendez cette région. Gardez la langue immobile, posée sur le bas du palais ; à mesure qu'elle se détend, laissez sa base reculer dans la gorge. Ne serrez pas les dents ; gardez-les légèrement entrouvertes.

Détendez le cou et la gorge. Si vous n'y parvenez pas, appuyez les épaules vers le bas et rentrez les omoplates. En même temps, abaissez légèrement le menton sur la poitrine. Calmez les vibrations des cordes vocales.

Dans les premiers temps de votre entraînement, mettez fin ici à vos exercices de relaxation. Restez étendu sur le dos, puis pliez les jambes et tournez-vous sur le côté avant de vous lever.

OBSERVER SA RESPIRATION

Consacrez 5 minutes à vous détendre sur un traversin comme indiqué ci-dessus. Une fois que vous êtes détendu physiquement, commencez à observer votre respiration. Abaissez votre regard vers votre poitrine. Étudiez le rythme de votre souffle naturel, sans le changer. Notez si vous respirez régulièrement et de la même façon avec les deux narines. Voyez si vos inspirations et vos expirations sont d'une égale durée. Respirez doucement et calmement. Poursuivez ainsi pendant quelques minutes. Tout en observant votre souffle, ne perdez pas conscience de votre relaxation. Restez détendu physiquement.

La relaxation s'apprend. Vous vous rendrez vite compte que lorsque vous vous concentrez sur votre respiration la tension s'insinue dans les différentes parties du corps. Certaines zones de tension sont communes à tout le monde. Pendant l'inspiration, tout le monde recule la tête et soulève le menton ; revenez

systématiquement à la position de départ. De la même façon, sans que vous en ayez conscience, la tension se glisse dans les mains, les pieds, l'abdomen... Chassez cette tension dès que vous la détectez, au moment de l'expiration.

Il existe d'autres zones de tension, différentes suivant les individus ; elles dépendent de la constitution et du maintien physiques de chacun. Des blessures, des raideurs, un développement musculaire et articulaire asymétrique peuvent entraver le flux de l'énergie et empêcher le corps de se détendre, de même que des tensions mentales et affectives. C'est pourquoi la pratique des postures est nécessaire : elle combat l'usure de la vie quotidienne.

La relaxation et Prânâyâma vous permettent d'aller plus loin en vous apprenant à vous tourner mentalement vers l'intérieur et à accéder à la paix mentale aussi souvent que vous le voulez. De la sorte, vous vous construisez peu à peu des réserves de force intérieure.

La deuxième étape de votre relaxation peut s'arrêter ici pour les premières semaines d'entraînement. Quand vous aurez plus d'expérience, vous pourrez approfondir votre relaxation (voir au verso).

COURS DE CONTRÔLE DU SOUFFLE (PRÂNÂYÂMA) EN DIX SEMAINES

Dans le cadre de ce cours de 10 semaines, les dimanches sont consacrés aux postures relaxantes. L'entraînement au contrôle du souffle (Prânâyâma) peut s'y ajouter de la façon suivante :

SEMAINES 1 et 2	Relaxation physique
SEMAINES 3 et 4	Étude de la respiration
SEMAINE 5	Répétition des semaines 1 à 4
SEMAINES 6 et 7	Approfondissement de la relaxation. Ajouter : Inspiration normale, expiration et inspiration allongées, inspiration normale.
SEMAINES 8 et 9	Approfondissement de la relaxation. Ajouter : inspiration et expiration allongées.
SEMAINE 10	Répétition des techniques apprises au cours des semaines 6 à 9.

Ci-dessous : pour s'entraîner à la relaxation, étendez-vous en Savâsana (n° 41, variante) sur un traversin en ouvrant bien la poitrine. Vérifiez que vous êtes confortablement installé de façon à ne pas vous laisser distraire de votre relaxation par une gêne physique.

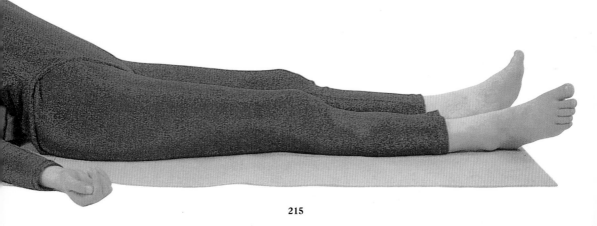

APPROFONDIR LA RELAXATION

Après avoir consacré quelques
minutes à l'étude de votre respiration
normale, entraînez-vous à l'allonger
de la façon suivante.

Inspiration normale, expiration allongée

Expirez et détendez l'abdomen.
Inspirez normalement. Expirez
lentement et calmement. Ne forcez
pas. Inspirez à nouveau
normalement, puis expirez lentement
et calmement.

Continuez ainsi pendant environ
5 minutes. Ensuite, restez
tranquillement étendu et respirez
normalement. Relaxez-vous. Laissez
passer quelques minutes avant de
poursuivre.

Inspiration allongée, expiration normale

Expirez à fond, puis inspirez
lentement, calmement. N'inspirez
pas trop brusquement ou
profondément, mais allongez la
respiration en douceur.
Expirez normalement.
Inspirez à nouveau doucement et
calmement ; les yeux et l'esprit
restent détendus.
Ne crispez pas les narines. Expirez
normalement.

Continuez ainsi pendant environ
5 minutes, puis respirez
normalement. Attendez quelques
minutes avant de reprendre.

Ces exercices de contrôle du

souffle suffiront pour les premières
séances.

Inspirations et expirations allongées

Expirez à fond pour vider vos
poumons et pour vous préparer
psychologiquement. Inspirez
lentement et calmement, en
allongeant le souffle comme ci-
dessus. Prenez votre temps. Puis
expirez lentement et doucement,
toujours en allongeant la respiration.
Détendez-vous à fond. Inspirez à
nouveau calmement, lentement, sans
vous crisper, puis expirez doucement,
lentement.

Continuez pendant environ
5 minutes, puis respirez
normalement.

Terminer votre relaxation

Pliez les jambes, tournez-vous sur le
côté, ôtez le traversin et étendez-
vous sur le dos en Savâsana. Gardez
la couverture pour la tête. Sentez
votre corps s'enfoncer dans le sol ;
faites le calme dans votre esprit.
Laissez-vous aller complètement.
Détendez-vous mentalement. Prenez
conscience de votre poitrine.

Maintenant ouvrez lentement les
yeux, pliez les genoux et tournez-
vous sur le côté droit. Restez ainsi un

**Ci-dessous : Savâsana (n° 41) sans
traversin intervient lors de l'étape finale
de l'entraînement à la relaxation.
Vérifiez que votre corps est en ligne
droite et restez immobile ; faites le calme
dans votre esprit et dans votre corps.**

moment, puis tournez-vous sur la
gauche. Levez-vous.

CONCLUSION

Si, grâce aux enseignements de
Patanjali et à la pratique des Asanas,
on a fortifié son corps, son esprit et
son système nerveux, on peut passer
en toute sécurité aux premières
étapes de Prânâyâma. Cependant, au
début, il est préférable d'être guidé
par un professeur expérimenté. La
tradition considère la présence d'un
gourou comme essentielle.

Vous ne pouvez pas vous initier au
contrôle du souffle avant de maîtriser
parfaitement la relaxation et d'être
entraîné à modifier sans effort le
rythme de votre respiration. C'est
pourquoi, traditionnellement, on
n'enseignait pas Prânâyâma aux
débutants. Il est dit dans un texte
yogique qu'apprendre à contrôler son
souffle, c'est comme essayer
d'apprivoiser un tigre. Le « père » du
yoga, Patanjali, affirme qu'il est
indispensable de maîtriser d'abord la
pratique des Asanas.

Les explications contenues dans
cet ouvrage ont pour but de vous
guider dans les premières étapes de
la pratique yogique. La phase finale
du yoga, c'est la méditation et la
conscience spirituelle. On ne peut y
parvenir sans une préparation
adéquate. Le chemin est long, mais
les bienfaits retirés des efforts
accomplis sont immenses, ainsi
qu'ont pu le constater
d'innombrables adeptes, dans le
passé comme de nos jours.

ACCESSOIRES

L a méthode Iyengar utilise divers supports et accessoires pour aider le débutant à se mettre dans certaines postures spécifiques ou pour réaliser des efforts particuliers. Ce principe est important dans le cadre d'une thérapie de yoga, mais il est également utile pour l'entraînement physique en général.

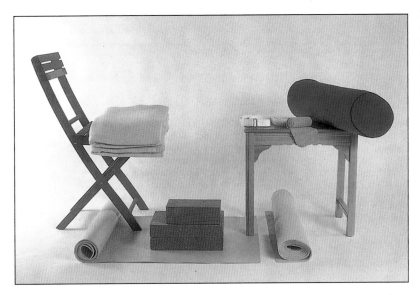

La plupart des accessoires requis sont des objets usuels présents dans chaque foyer. Si l'on ne dispose pas d'un accessoire en particulier, on peut en général lui en substituer un autre. Le fait de soutenir le corps dans les Asanas permet de réaliser des extensions musculaires d'une manière passive. Cela aide également à améliorer la circulation sanguine et à augmenter la capacité respiratoire.

Les accessoires mentionnés dans cet ouvrage sont :

- **Appui** Dans les postures debout et les torsions, pour une prise plus sûre et pour aider le corps à se tourner.
- **Banc** Dans Setu Bandha Sarvângâsana (n° 39), pour cambrer le dos et ouvrir la poitrine.
- **Bandage** À enrouler autour de la tête pour effectuer des flexions.
- **Bâton ou perche** Dans Uttânâsana (n° 9), pour accentuer le mouvement de l'épaule.
- **Brique** Dans les postures debout, pour soutenir la main lorsqu'il est difficile d'atteindre le sol.
- **Ceinture** Pour rentrer les coudes dans Sarvângâsana (n° 34) et aider à attraper le pied dans les flexions.
- **Chaise** Dans les torsions, pour aider à tourner la colonne vertébrale.
- **Couvertures** Dans Sarvângâsana (n° 34) et Halâsana (n° 35) pour ne pas comprimer le cou. Dans les postures assises, pour soulever le bas du dos. Dans Savâsana (n° 41), pour soutenir la tête.
- **Fauteuil** Dans Sarvângâsana avec support (n° 37).
- **Montant de porte** Dans Supta Pâdângusthâsana, pour soutenir la jambe levée.
- **Mur** Dans les postures debout et les torsions, pour fournir un appui et permettre de s'orienter.
- **Tabouret** Dans Ardha Halâsana (n° 36) pour soutenir les cuisses afin que la posture soit reposante. Dans les torsions debout et les postures avec jambe levée pour soutenir celle-ci.
- **Tapis antidérapant** Pour éviter de glisser dans les postures debout.
- **Traversins** Dans les postures couchées sur le dos, pour soutenir celui-ci et soulever la poitrine.

COURS EN DIX SEMAINES

Ce cours comprend quarante et une postures (Asanas) et leurs variantes. Les postures dynamiques et relaxantes alternent pour que phases d'effort et phases de récupération s'équilibrent. On ajoute des postures à mesure que se développent la force, l'endurance et la souplesse.

Ce cours ne prétend pas être autre chose qu'un guide destiné à structurer votre entraînement. Vous trouverez des instructions de base pour exécuter les postures dans la section consacrée aux Asanas.

Cependant, il est conseillé, en plus de l'entraînement proposé ici, de prendre des leçons avec un professeur expérimenté. Le cours est conçu sur une base de trente à soixante minutes d'entraînement quotidien. Il peut être adapté ou étalé sur une durée plus longue suivant les besoins individuels et les circonstances.

Le numéro des postures fait référence à leur séquence dans la section des Asanas. Les astérisques indiquent qu'une posture est introduite pour la première fois.

SEMAINE 1

LUNDI	MARDI ET JEUDI	MERCREDI ET VENDREDI	SAMEDI	DIMANCHE
*1 • Tâdâsana	9 • Uttânâsana (sur appui)	1 • Tâdâsana	1 • Tâdâsana	*26 • Traversins croisés
*2 • Vrksâsana	*31 • Adho Mukha Svânâsana (avec soutien de la tête)	2 • Vrksâsana	2 • Vrksâsana	*27 • Matsyâsana (simple)
*3 • Trikonâsana	14 • Sukhâsana	3 • Trikonâsana	3 • Trikonâsana	31 • Adho Mukha Svânâsana (avec soutien de la tête)
*4 • Pârsvakonâsana	*17 • Parvatâsana (en Sukhâsana)	4 • Pârsvakonâsana	4 • Pârsvakonâsana	*9 • Uttânâsana
*6 • Virabhadrâsana II	*20 • Gomukhâsana (bras seulement)	6 • Virabhadrâsana II	6 • Virabhadrâsana II	39 • Setu Bandha Sarvângâsana (sur traversin)
*9 • Uttânâsana (sur appui)	*39 • Setu Bandha Sarvângâsana (sur traversin)	9 • Uttânâsana (sur appui)	9 • Uttânâsana (sur appui)	40 • Viparita Karani
*16 • Virâsana (flexion en avant)	*40 • Viparita Karani	16 • Virâsana (flexion en avant)	16 • Virâsana (flexion en avant)	*41 • Savâsana (sur traversin)
*14 • Sukhâsana	41 • Savâsana	14 • Sukhâsana	*15 • Virâsana	
*41 • Savâsana		*34 • Sarvângâsana	14 • Sukhâsana	
		41 • Savâsana	17 • Parvatâsana (en Sukhâsana)	
			20 • Gomukhâsana	
			34 • Sarvângâsana	
			*36 • Ardha Halâsana	
			41 • Savâsana	

1 • Tâdâsana

2 • Vrksâsana

3 • Trikonâsana

4 • Pârsvakonâsana

6 • Virabhadrâsana II

9 • Uttânâsana

9 • Uttânâsana (sur appui)

14 • Sukhâsana

15 • Virâsana

**16 • Virâsana
(flexion en avant)**

**17 • Parvatâsana
(en Sukhâsana)**

20 • Gomukhâsana

26 • Traversins croisés

27 • Matsyâsana

**31 • Adho Mukha Svânâsana
(avec soutien de la tête)**

34 • Sarvângâsana

36 • Ardha Halâsana

**39 • Setu Bandha Sarvângâsana
(sur traversin)**

40 • Viparita Karani

41 • Savâsana

41 • Savâsana (sur traversins)

POINTS IMPORTANTS

Postures debout
• Appuyez de façon égale sur les bords des pieds et sur les talons et la partie charnue des orteils.

• Étirez les orteils.
• Tendez les genoux et tirez les muscles des cuisses vers le haut.
• La jambe arrière est tendue quand vous pliez la jambe avant.
• Ouvrez les paumes.

• Exécutez les angles droits avec précision.
• Dans les postures tordues, tournez les hanches au maximum.
• Ne forcez pas quand vous tournez la tête ou le cou.

SEMAINE 2

**LUNDI, MERCREDI
ET VENDREDI**

1 • Tâdâsana
3 • Trikonâsana
4 • Pârsvakonâsana
*7 • Pârsvottânâsana (simple)
9 • Uttânâsana
*31 • Adho Mukha Svânâsana
16 • Virâsana (flexion en avant)
34 • Sarvângâsana
* 35 • Halâsana
41 • Savâsana

MARDI ET JEUDI

*33 • Bhâradvâjâsana (sur siège)
14 • Sukhâsana
17 • Parvatâsana (en Sukhâsana)
*15 • Virâsana
* 17 • Parvatâsana (en Virâsana)
20 • Gomukhâsana (bras seulement)
31 • Adho Mukha Svânâsana
34 • Sarvângâsana
35 • Halâsana
41 • Savâsana

SAMEDI

31 • Adho Mukha Svânâsana
9 • Uttânâsana (sur appui)
1 • Tâdâsana
2 • Vrksâsana
3 • Trikonâsana
4 • Pârsvakonâsana
6 • Virabhadrâsana II
*7 • Pârsvottânâsana (posture complète)
16 • Virâsana (flexion en avant)
34 • Sarvângâsana
35 • Halâsana
41 • Savâsana

DIMANCHE

26 • Traversins croisés
27 • Matsyâsana (simple)
31 • Adho Mukha Svânâsana (avec soutien de la tête)
9 • Uttânâsana
39 • Setu Bandha Sarvângâsana (sur traversin)
40 • Viparita Karani
41 • Savâsana (sur traversin)

1 • Tâdâsana

2 • Vrksâsana

3 • Trikonâsana

4 • Pârsvakonâsana

6 • Virabhadrâsana II

7 • Pârsvottânâsana (simple)

7 • Pârsvottânâsana (posture complète)

9 • Uttânâsana

9 • Uttânâsana (sur appui)

14 • Sukhâsana

15 • Virâsana

16 • Virâsana
(flexion en avant)

17 • Parvatâsana
(en Virâsana)

20 • Gomukhâsana
(bras seulement)

26 • Traversins croisés

27 • Matsyâsana (simple)

31 • Adho Mukha Svânâsana

31 • Adho Mukha Svânâsana (avec
soutien de la tête)

33 • Bhâradvâjâsana
(sur siège)

34 • Sarvângâsana

35 • Halâsana

39 • Setu Bandha
Sarvângâsana (sur traversin)

40 • Viparita Karani

41 • Savâsana

41 • Savâsana
(sur traversin)

221

SEMAINE 3

LUNDI, MERCREDI ET VENDREDI

31 • Adho Mukha Svânâsana
9 • Uttânâsana (sur appui)
1 • Tâdâsana
3 • Trikonâsana
4 • Pârsvakonâsana
6 • Virabhadrâsana II
*5 • Virabhadrâsana I
9 • Uttânâsana
* 7 • Pârsvottânâsana (posture complète)
33 • Bhâradvâjâsana (sur une chaise)
14 • Sukhâsana
17 • Parvatâsana (en Sukhâsana)
34 • Sarvângâsana
35 • Halâsana
41 • Savâsana

MARDI ET JEUDI

9 • Uttânâsana
31 • Adho Mukha Svânâsana
*18 • Dandâsana
*22 • Triang Mukhaikapâda Pascimottânâsana (dos creusé)
*24 • Pascimottânâsana (dos creusé)
36 • Ardha Halâsana
*39 • Setu Bandha Sarvângâsana (sur traversin)
*30 • Urdhva Prasârita Pâdâsana
41 • Savâsana

SAMEDI

33 • Bhâradvâjâsana (sur une chaise)
*32 • Maricyâsana (debout)
1 • Tâdâsana
3 • Trikonâsana
4 • Pârsvakonâsana
6 • Virabhadrâsana II
5 • Virabhadrâsana I
9 • Uttânâsana
7 • Pârsvottânâsana (posture complète)
*11 • Garudâsana
15 • Virâsana
17 • Parvatâsana (en Virâsana)
16 • Virâsana (flexion en avant)
34 • Sarvângâsana
35 • Halâsana
41 • Savâsana

DIMANCHE

26 • Traversins croisés
27 • Matsyâsana (simple)
*28 • Supta Baddhakonâsana
31 • Adho Mukha Svânâsana
9 • Uttânâsana (sur appui)
*38 • Sarvângâsana (contre un mur)
36 • Ardha Halâsana
39 • Setu Bandha Sarvângâsana (sur traversin)
40 • Viparita Karani
41 • Savâsana (sur traversin)

1 • Tâdâsana

3 • Trikonâsana

4 • Pârsvakonâsana

5 • Virabhadrâsana I

6 • Virabhadrâsana II

7 • Pârsvottânâsana (posture complète)

9 • Uttânâsana

9 • Uttânâsana (sur appui)

11 • Garudâsana

14 • Sukhâsana

15 • Virâsana

16 • Virâsana
(flexion en avant)

17 • Parvatâsana
(en Sukhâsana)

17 • Parvatâsana
(en Virâsana)

18 • Dandâsana

22 • Triang Mukhaikapâda
Pascimottânâsana (dos creusé)

24 • Pascimottânâsana
(dos creusé)

26 • Traversins croisés

27 • Matsyâsana

28 • Supta Baddhakonâsana

30 • Urdhva Prasârita Pâdâsana

31 • Adho Mukha Svânâsana

32 • Maricyâsana (debout)

33 • Bhâradvâjâsana
(sur siège)

34 • Sarvângâsana

35 • Halâsana

36 • Ardha Halâsana

38 • Sarvângâsana
(contre un mur)

39 • Setu Bandha Sarvângâsana
(sur traversin)

40 • Viparita Karani

41 • Savâsana

41 • Savâsana
(sur traversin)

SEMAINE 4

LUNDI, MERCREDI ET VENDREDI

15 • Virâsana
*13 • Utthita Hasta Pâdângusthâsana (vers l'avant et latéralement)
1 • Tâdâsana
3 • Trikonâsana
4 • Pârsvakonâsana
6 • Virabhadrâsana II
5 • Virabhadrâsana I
9 • Uttânâsana
7 • Pârsvottânâsana (posture complète)
17 • Virâsana (flexion en avant)
14 • Sukhâsana
27 • Matsyâsana
34 • Sarvângâsana
35 • Halâsana
41 • Savâsana

MARDI ET JEUDI

32 • Maricyâsana (debout)
33 • Bhâradvâjâsana (sur une chaise)
31 • Adho Mukha Svânâsana
18 • Dandâsana
*21 • Janusirsâsana (dos creusé)
22 • Triang Mukhaikapâda Pascimottânâsana (dos creusé)
*23 • Maricyâsana I (torsion seulement)
24 • Pascimottânâsana (dos creusé)
*25 • Mâlâsana (préparatoire)
34 • Sarvângâsana
35 • Halâsana
41 • Savâsana

SAMEDI

1 • Tâdâsana
2 • Vrksâsana
3 • Trikonâsana
4 • Pârsvakonâsana
6 • Virabhadrâsana II
5 • Virabhadrâsana I
9 • Uttânâsana
7 • Pârsvottânâsana (posture complète)
11 • Garudâsana
20 • Gomukhâsana (bras seulement)
31 • Adho Mukha Svânâsana
34 • Sarvângâsana
36 • Ardha Halâsana
41 • Savâsana

DIMANCHE

26 • Traversins croisés
27 • Matsyâsana (simple)
28 • Supta Baddhakonâsana
31 • Adho Mukha Svânâsana
9 • Uttânâsana (sur appui)
38 • Sarvângâsana (contre un mur)
36 • Ardha Halâsana
39 • Setu Bandha Sarvângâsana (sur traversin)
40 • Viparita Karani
41 • Savâsana (sur traversin)

1 • Tâdâsana

2 • Vrksâsana

3 • Trikonâsana

4 • Pârsvakonâsana

5 • Virabhadrâsana I

6 • Virabhadrâsana II

7 • Pârsvottânâsana

9 • Uttânâsana

9 • Uttânâsana (sur appui)

11 • Garudâsana

Postures debout
• Étirez les jambes à partir des os de la cheville.
• Étirez le devant et les côtés du corps.
• Dans les postures de face, ouvrez les hanches.

Postures assises
• Le bas du dos ne doit pas s'affaisser.
• Dans les postures concaves (dos creusé), soulevez et ouvrez la poitrine et rentrez les côtes arrière.
• Dans les postures où les jambes sont pliées, détendez les aines et les genoux; abaissez les cuisses sans laisser le dos s'affaisser.
• Dans les postures où les jambes sont tendues, étirez-les et gardez les cuisses et les genoux vers le bas.

13 • Utthita Hasta
Pâdângusthâsana
(vers l'avant)

13 • Utthita Hasta
Pâdângusthâsana (latéral)

14 • Sukhâsana

15 • Virâsana

16 • Virâsana
(flexion en avant)

18 • Dandâsana

20 • Gomukhâsana

21 • Janusirsâsana
(dos creusé)

22 • Triang Mukhaikapâda
Pascimottânâsana
(dos creusé)

23 • Maricyâsana I

24 • Pascimottânâsana
(dos creusé)

25 • Mâlâsana
(préparatoire)

26 • Traversins croisés

27 • Matsyâsana

28 • Supta
Baddhakonâsana

31 • Adho Mukha
Svânâsana

32 • Maricyâsana (debout)

33 • Bhâradvâjâsana
(sur siège)

34 • Sarvângâsana

35 • Halâsana

36 • Ardha Halâsana

38 • Sarvângâsana
(contre un mur)

39 • Setu Banda
Sarvângâsana
(sur traversin)

40 • Viparita Karani

41 • Savâsana

41 • Savâsana (sur traversin)

SEMAINE 5

Pratiquez un mélange de programmes dynamiques et reposants choisis parmi ceux des quatre semaines précédentes.

SEMAINE 6

LUNDI, MERCREDI ET VENDREDI

1 • Tâdâsana
3 • Trikonâsana
4 • Pârsvakonâsana
5 • Virabhadrâsana I
9 • Uttânâsana
6 • Virabhadrâsana II
7 • Pârsvottânâsana (posture complète)
*8 • Prâsarita Pâdottânâsana
16 • Virâsana (flexion en avant)
34 • Sarvângâsana
35 • Halâsana
24 • Pascimottânâsana
30 • Urdhva Prasârita Pâdâsana
41 • Savâsana

MARDI ET JEUDI

9 • Uttânâsana
31 • Adho Mukha Svânâsana
*21 • Janusirsâsana (avec soutien de la tête)
*22 • Triang Mukhaikapâda Pascimottânâsana (avec soutien de la tête)
*24 • Pascimottânâsana (avec soutien de la tête)
23 • Maricyâsana I (torsion seulement)
34 • Sarvângâsana
36 • Ardha Halâsana
*39 • Setu Bandha Sarvângâsana (sur un banc)
41 • Savâsana

SAMEDI

13 • Utthita Hasta Pâdângusthâsana (vers l'avant et latéralement)
1 • Tâdâsana
3 • Trikonâsana
4 • Pârsvakonâsana
5 • Virabhadrâsana I
9 • Uttânâsana
6 • Virabhadrâsana II
7 • Pârsvottânâsana (bras étirés)
8 • Prâsarita Pâdottânâsana
*12 • Utkatâsana
25 • Mâlâsana (préparatoire)
16 • Virâsana (flexion en avant)
36 • Ardha Halâsana
34 • Sarvângâsana
41 • Savâsana

DIMANCHE

31 • Adho Mukha Svânâsana (avec soutien de la tête)
16 • Virâsana (flexion en avant)
9 • Uttânâsana
30 • Urdhva Prasârita Pâdâsana
27 • Matsyâsana (simple)
28 • Supta Baddhakonâsana
*37 • Sarvângâsana (sur une chaise)
36 • Ardha Halâsana
41 • Savâsana (sur traversin)
   (1) relaxant
   (2) étude de la respiration

1 • Tâdâsana

3 • Trikonâsana

4 • Pârsvakonâsana

5 • Virabhadrâsana I

6 • Virabhadrâsana II

7 • Pârsvottânâsana (posture complète)

7 • Pârsvottânâsana (bras étirés)

8 • Prâsarita Pâdottânâsana

9 • Uttânâsana

9 • Uttânâsana
(sur appui)

12 • Utkatâsana

13 • Utthita Hasta
Pâdângusthâsana
(vers l'avant)

13 • Utthita Hasta
Pâdângusthâsana
(latéralement)

16 • Virâsana

16 • Virâsana
(flexion vers l'avant)

21 • Janusirsâsana
(avec soutien de la tête)

22 • Triang Mukhaikapâda
Pascimottânâsana

23 • Maricyâsana I

24 • Pascimottânâsana
(posture complète)

24 • Pascimottânâsana
(avec soutien de la tête)

25 • Mâlâsana (préparatoire)

27 • Matsyâsana

28 • Supta Baddhakonâsana

30 • Urdhva Prasârita Pâdâsana

31 • Adho Mukha Svânâsana

31 • Adho Mukha Svânâsana
(avec soutien de la tête)

34 • Sarvângâsana

35 • Halâsana

36 • Ardha Halâsana

37 • Sarvângâsana (sur siège)

39 • Setu Bandha Sarvângâsana
(sur banc)

41 • Savâsana

41 • Savâsana
(sur traversin)

SEMAINE 7

LUNDI, MERCREDI ET VENDREDI

15 • Virâsana
31 • Adho Mukha Svânâsana
1 • Tâdâsana
3 • Trikonâsana
4 • Pârsvakonâsana
5 • Virabhadrâsana I
9 • Uttânâsana
6 • Virabhadrâsana II
7 • Pârsvottânâsana
8 • Prâsarita Pâdottânâsana
16 • Virâsana (flexion en avant)
*29 • Supta Virâsana
28 • Supta Baddhakonâsana
34 • Sarvângâsana
35 • Halâsana
24 • Pascimottânâsana
41 • Savâsana

MARDI ET JEUDI

32 • Maricyâsana (debout)
33 • Bhâradvâjâsana (sur siège)
9 • Uttânâsana (sur appui)
31 • Adho Mukha Svânâsana
14 • Sukhâsana
17 • Parvatâsana (en Sukhâsana)
15 • Virâsana
17 • Parvatâsana (en Virâsana)
18 • Dandâsana
*19 • Siddhâsana
20 • Gomukhâsana (bras seulement)
* Namaste (en Virâsana)
34 • Sarvângâsana
35 • Halâsana
41 • Savâsana

SAMEDI

14 • Sukhâsana
15 • Virâsana
17 • Parvatâsana (en Virâsana)
31 • Adho Mukha Svânâsana
18 • Dandâsana
21 • Janusirsâsana (dos creusé)
22 • Triang Mukhaikapâda Pascimottânâsana (dos creusé)
24 • Pascimottânâsana (dos creusé)
23 • Maricyâsana I (torsion seulement)
*33 • Bhâradvâjâsana (préparatoire)
25 • Mâlâsana (préparatoire)
34 • Sarvângâsana
35 • Halâsana
41 • Savâsana

DIMANCHE

31 • Adho Mukha Svânâsana (avec soutien de la tête)
16 • Virâsana (flexion en avant)
9 • Uttânâsana
30 • Urdhva Prasârita Pâdâsana
27 • Matsyâsana (simple)
28 • Supta Baddhakonâsana
37 • Sarvângâsana (sur une chaise)
36 • Ardha Halâsana
41 • Savâsana (sur traversin)
   (1) relaxant
   (2) étude de la respiration

1 • Tâdâsana   3 • Trikonâsana   4 • Pârsvakonâsana   5 • Virabhadrâsana I   6 • Virabhadrâsana II

7 • Pârsvottânâsana   8 • Prâsarita Pâdottânâsana   9 • Uttânâsana   9 • Uttânâsana (sur appui)   14 • Sukhâsana

Postures assises
• Dans les flexions en avant, étirez tout le tronc.
• Regardez vers le haut sans comprimer l'arrière du cou.

• Étirez les bras à partir des épaules, les avant-bras à partir des coudes et les mains à partir des poignets.
• Étirez-vous le plus loin possible.

Torsions
• Gardez les jambes stables.
• Déplacez tout le tronc.
• Ne crispez pas le cou quand vous tournez la tête.

15 • Virâsana

16 • Virâsana
(flexion en avant)

17 • Parvatâsana
(en Sukhâsana)

17 • Parvatâsana
(en Virâsana)

18 • Dandâsana

19 • Siddhâsana

20 • Gomukhâsana

21 • Janusirsâsana
(dos creusé)

22 • Triang Mukhaikapâda
Pascimottânâsana
(dos creusé)

23 • Maricyâsana I

24 • Pascimottânâsana
(dos creusé)

25 • Mâlâsana
(préparatoire)

27 • Matsyâsana

28 • Supta
Baddhakonâsana

29 • Supta Virâsana

30 • Urdhva Prasârita
Pâdâsana

31 • Adho Mukha
Svânâsana

31 • Adho Mukha
Svânâsana
(avec soutien de la tête)

32 • Maricyâsana (debout)

33 • Bhâradvâjâsana
(préparatoire)

33 • Bhâradvâjâsana (sur
une chaise)

34 • Sarvângâsana

35 • Halâsana

36 • Ardha Halâsana

37 • Sarvângâsana
(sur une chaise)

41 • Savâsana

41 • Savâsana
(sur traversin)

SEMAINE 8

LUNDI, MERCREDI ET VENDREDI

1 • Tâdâsana
2 • Vrksâsana
3 • Trikonâsana
4 • Pârsvakonâsana
5 • Virabhadrâsana I
9 • Uttânâsana
6 • Virabhadrâsana II
7 • Pârsvottânâsana (posture complète)
9 • Uttânâsana
*10 • Pâdângusthâsana
12 • Utkatâsana
11 • Garudâsana
16 • Virâsana (flexion en avant)
36 • Ardha Halâsana
41 • Savâsana

MARDI ET JEUDI

9 • Uttânâsana (sur appui)
31 • Adho Mukha Svânâsana
16 • Virâsana (flexion en avant)
18 • Dandâsana
*21 • Janusirsâsana (posture complète)
*22 • Triang Mukhaikapâda Pascimottânâsana (posture complète)
*24 • Pascimottânâsana (posture complète)
33 • Bhâradvâjâsana (préparatoire)
36 • Ardha Halâsana
39 • Setu Bandha Sarvângâsana (sur un banc)
40 • Viparita Karani
41 • Savâsana

SAMEDI

33 • Bhâradvâjâsana (sur une chaise)
32 • Maricyâsana (debout)
1 • Tâdâsana
3 • Trikonâsana
4 • Pârsvakonâsana
5 • Virabhadrâsana I
9 • Uttânâsana
6 • Virabhadrâsana II
7 • Pârsvottânâsana (bras étirés)
8 • Prâsarita Pâdottânâsana
25 • Mâlâsana (préparatoire)
31 • Adho Mukha Svânâsana
16 • Virâsana (flexion en avant)
34 • Sarvângâsana
35 • Halâsana
41 • Savâsana

DIMANCHE

26 • Traversins croisés
27 • Matsyâsana
28 • Supta Baddhakonâsana
29 • Supta Virâsana
16 • Virâsana (flexion en avant)
9 • Uttânâsana
31 • Adho Mukha Svânâsana
37 • Sarvângâsana (sur une chaise)
36 • Ardha Halâsana
39 • Setu Bandha Sarvângâsana (sur un banc)
41 • Savâsana (sur traversin)
   (1) relaxant
   (2) étude de la respiration
   (3) allongement de la respiration

1 • Tâdâsana

2 • Vrksâsana

3 • Trikonâsana

4 • Pârsvakonâsana

5 • Virabhadrâsana I

6 • Virabhadrâsana II

7 • Pârsvottânâsana

7 • Pârsvottânâsana (bras étirés)

8 • Prâsarita Pâdottânâsana

9 • Uttânâsana

Postures couchées sur le ventre et sur le dos

• Étirez le devant du corps; ouvrez la poitrine; respirez régulièrement.

• Dans les postures avec appui, trouvez la meilleure position.

• Placez la tête et le cou dans une position confortable.

Postures inversées

• Dans les postures avec appui, essayez différentes hauteurs pour voir laquelle convient le mieux.

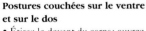

9 • Uttânâsana (sur appui)

10 • Pâdângusthâsana

11 • Garudâsana

12 • Utkatâsana

16 • Virâsana
(flexion en avant)

18 • Dandâsana

21 • Janusirsâsana

22 • Triang Mukhaikapâda
Pascimottânâsana

24 • Pascimottânâsana

25 • Mâlâsana
(préparatoire)

26 • Traversins croisés

27 • Matsyâsana

28 • Supta
Baddhakonâsana

29 • Supta Virâsana

31 • Adho Mukha
Svânâsana

32 • Maricyâsana (debout)

33 • Bhâradvâjâsana

33 • Bhâradvâjâsana
(sur une chaise)

34 • Sarvângâsana

35 • Halâsana

36 • Ardha Halâsana

37 • Sarvângâsana
(sur une chaise)

39 • Setu Bandha
Sarvângâsana
(sur un banc)

40 • Viparita Karani

41 • Savâsana

41 • Savâsana (sur traversin)

• Gardez la poitrine ouverte et soulevée ; restez détendu.
• Gardez la tête bien en ligne avec le reste du corps.
• Étirez le cou sans forcer.

• Les bras et les épaules doivent se trouver au même niveau de chaque côté ; mettez-vous dans une position confortable.

Relaxation
• Placez-vous de façon correcte.
• Respirez calmement.
• Détendez-vous, laissez-vous complètement aller.

SEMAINE 9

LUNDI, MERCREDI ET VENDREDI

13 • Utthita Hasta Pâdângusthâsana (vers l'avant et de côté)
1 • Tâdâsana
3 • Trikonâsana
4 • Pârsvakonâsana
5 • Virabhadrâsana I
9 • Uttânâsana
6 • Virabhadrâsana II
7 • Pârsvottânâsana
8 • Prâsarita Pâdottânâsana
10 • Pâdângusthâsana
31 • Adho Mukha Svânâsana
16 • Virâsana (flexion en avant)
34 • Sarvângâsana
21 • Janusirsâsana
24 • Pascimottânâsana
41 • Savâsana

MARDI ET JEUDI

15 • Virâsana
17 • Parvatâsana (en Virâsana)
14 • Sukhâsana
17 • Parvatâsana (en Sukhâsana)
20 • Gomukhâsana (bras seulement)
33 • Bhâradvâjâsana (sur siège)
32 • Maricyâsana (debout)
18 • Dandâsana
23 • Maricyâsana I (torsion seulement)
*33 • Bhâradvâjâsana
25 • Mâlâsana
34 • Sarvângâsana
35 • Halâsana
24 • Pascimottânâsana
41 • Savâsana

SAMEDI

1 • Tâdâsana
2 • Vrksâsana
11 • Garudâsana
12 • Utkatâsana
15 • Virâsana
19 • Siddhâsana
18 • Dandâsana
21 • Janusirsâsana
22 • Triang Mukhaikapâda Pascimottânâsana
24 • Pascimottânâsana
31 • Adho Mukha Svânâsana
34 • Sarvângâsana
35 • Halâsana
41 • Savâsana

DIMANCHE

26 • Traversins croisés
27 • Matsyâsana
28 • Supta Baddhakonâsana
29 • Supta Virâsana
16 • Virâsana (flexion en avant)
9 • Uttânâsana
31 • Adho Mukha Svânâsana
37 • Sarvângâsana (sur une chaise)
36 • Ardha Halâsana
39 • Setu Bandha Sarvângâsana (sur un banc)
41 • Savâsana (sur traversin)
    (1) relaxant
    (2) étude de la respiration
    (3) allongement de la respiration

1 • Tâdâsana

2. Vrksâsana

3 • Trikonâsana

4 • Pârsvakonâsana

5 • Virabhadrâsana I

6 • Virabhadrâsana II

7 • Pârsvottânâsana

8 • Prâsarita Pâdottânâsana

9 • Uttânâsana

10 • Pâdângusthâsana

11 • Garudâsana

12 • Utkatâsana

13 • Utthita Hasta Pâdângusthâsana (vers l'avant)

13 • Utthita Hasta Pâdângusthâsana (latéralement)

14 • Sukhâsana

15 • Virâsana

16 • Virâsana
(flexion en avant)

17 • Parvatâsana
(en Sukhâsana)

17 • Parvatâsana
(en Virâsana)

18 • Dandâsana

19 • Siddhâsana

20 • Gomukhâsana
(bras seulement)

21 • Janusirsâsana

22 • Triang Mukhaikapâda
Pascimottânâsana

23 • Maricyâsana I

24 • Pascimottânâsana

25 • Mâlâsana
(préparatoire)

26 • Traversins croisés

27 • Matsyâsana

28 • Supta
Baddhakonâsana

29 • Supta Virâsana

31 • Adho Mukha
Svânâsana

32 • Maricyâsana (debout)

33 • Bhâradvâjâsana

33 • Bhâradvâjâsana
(sur une chaise)

34 • Sarvângâsana

35 • Halâsana

36 • Ardha Halâsana

37 • Sarvângâsana
(sur une chaise)

39 • Setu Bandha
Sarvângâsana

41 • Savâsana

41 • Savâsana
(sur traversin)

SEMAINE 10

Répétez tous les programmes des semaines 6 à 9.

ASANAS POUR LA MENSTRUATION

Bien que la menstruation soit un processus normal et naturel, elle entraîne des changements physiologiques et métaboliques, et la pratique du yoga en tient compte. Ce programme inclut des postures reposantes et des postures destinées à soulager la douleur et les crampes. Il faut éviter les postures fatigantes, comme les postures debout ou inversées, et celles qui exigent des extensions vigoureuses. La pratique du yoga soulage généralement les troubles liés à la menstruation tels que les crampes, l'irrégularité, les saignements insuffisants ou excessifs, les maux de dos et la nervosité prémenstruelle.

SUPTA VIRÂSANA
POSTURE DU HÉROS (SUR LE DOS)

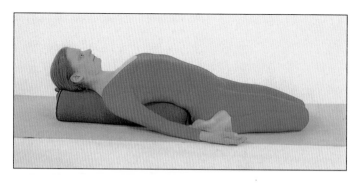

Mettez-vous en Supta Virâsana (n° 29). Restez ainsi de 3 à 5 minutes, puis redressez-vous.

SUPTA BADDHAKONÂSANA
POSTURE DU CORDONNIER COUCHÉ SUR LE DOS

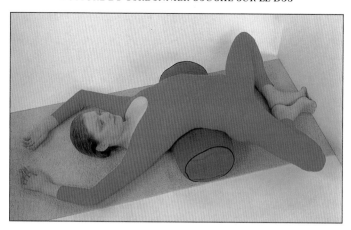

Mettez-vous en Supta Baddhakonâsana (n° 28) avec un traversin placé à l'horizontale sous la taille. Restez ainsi de 5 à 8 minutes, puis redressez-vous.

BADDHAKONÂSANA
POSTURE DU CORDONNIER

Asseyez-vous en Dandâsana (n° 18) contre un mur, sur une ou deux couvertures pliées. Pliez les genoux latéralement. Joignez les pieds, les plantes l'une contre l'autre. Amenez les talons le plus près possible du pubis. Saisissez les orteils. Si vous êtes assis trop haut pour les atteindre, saisissez les chevilles. Étirez les cuisses vers les genoux et abaissez ceux-ci. Étirez le tronc vers le haut et ouvrez la poitrine. Gardez la tête droite.

Restez ainsi de 3 à 5 minutes, puis relâchez.

UPAVISTAKONÂSANA
POSTURE ASSISE À ANGLE GRAND OUVERT

Asseyez-vous en Dandâsana (n° 18) sur une ou deux couvertures pliées, le dos contre un mur. Écartez les jambes le plus possible, les orteils tournés vers le plafond. Tendez les genoux et tirez les muscles de la cuisse vers l'aine. Étirez le tronc vers le haut, étirez la colonne vertébrale et ouvrez la poitrine. Respirez régulièrement. Restez ainsi de 2 à 3 minutes, puis relâchez.

JANUSIRSÂSANA
POSTURE DE LA TÊTE AU GENOU

Mettez-vous en Janusirsâsana (n° 21), variante avec soutien de la tête.
   Restez ainsi de 1 à 2 minutes, puis répétez de l'autre côté.

TRIANG MUKHAIKAPÂDA PASCIMOTTÂNÂSANA
FLEXION EN AVANT AVEC JAMBE REPLIÉE VERS L'ARRIÈRE

Mettez-vous en Triang Mukhaikapâda Pascimottânâsana (n° 22).
   Restez ainsi de 1 à 2 minutes, puis répétez de l'autre côté.

- *Si vous avez des crampes pendant la menstruation, creusez le dos en exécutant les flexions en avant.*
- *Si vous manquez de souplesse, posez la tête sur un tabouret.*
- *Si les genoux tirent, soutenez-les et réduisez la durée de la posture.*

ARDHA BADDHA PADMA PASCIMOTTÂNÂSANA
DEMI-LOTUS FLEXION EN AVANT

1 Asseyez-vous en Dandâsana (n° 18). Pliez la jambe droite et posez le pied sur la cuisse gauche, au niveau de l'aine. Placez un traversin sur le tibia gauche.

2 Penchez-vous en avant, tenez-vous le pied gauche et posez la tête sur le traversin. Restez ainsi de 30 à 40 secondes, puis répétez de l'autre côté.

• Si le genou tire, glissez une couverture enroulée dessous pour le soutenir. Ne le crispez pas.

MARICYÂSANA I
TORSION SIMPLE AVEC FLEXION EN AVANT

Mettez-vous en Maricyâsana I (n° 23). Tournez le tronc vers l'avant et penchez-vous par-dessus la jambe tendue. Posez la tête sur le traversin. Gardez l'abdomen souple. Restez ainsi de 30 à 40 secondes, puis répétez de l'autre côté.

PASCIMOTTÂNÂSANA
FLEXION EN AVANT COMPLÈTE AVEC SOUTIEN DE LA TÊTE

Mettez-vous en Pascimottânâsana (n° 24) et posez la tête sur un traversin. Restez ainsi de 2 à 3 minutes, puis redressez-vous.

SETU BANDHA SARVÂNGÂSANA
DOS ARQUÉ AVEC ÉQUILIBRE SUR LE COU

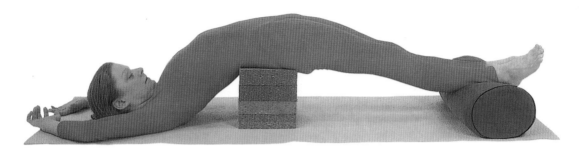

1 *Ci-dessus : Mettez-vous en Setu Bandha Sarvângâsana (n° 39). Étendez-vous sur un support, par exemple un banc, des couvertures pliées ou des traversins. Restez ainsi de 5 à 8 minutes.*

2 *À gauche : Pour redescendre, pliez les genoux et, en vous retenant au support, laissez-vous glisser en arrière, puis tournez-vous sur le côté et redressez-vous.*

3 *Asseyez-vous et penchez-vous en avant, la tête posée sur un support. Si le bas du dos vous tire, reculez légèrement le fessier ou asseyez-vous sur un traversin et penchez-vous en avant.*

SAVÂSANA
POSTURE DU CADAVRE

Mettez-vous en Savâsana (n° 41) ; restez ainsi de 5 à 10 minutes, puis tournez-vous sur le côté et levez-vous.

ASANAS
POUR LES MAUX DE TÊTE

La séquence de postures décrite ici a pour but de soulager les maux de tête dus au stress et à la tension nerveuse. Le bandage enroulé autour de la tête pour les flexions en avant peut être utilisé dès le début de la séquence. Il permet de soulager la pression interne qui accompagne les maux de tête. Ne le serrez pas trop.

À mesure que vous progresserez dans votre entraînement, vous vous rendrez compte que vous souffrez moins souvent de maux de tête et que vous vous en débarrassez plus facilement.

TRAVERSINS CROISÉS

Étendez-vous sur des traversins croisés.(n° 26).

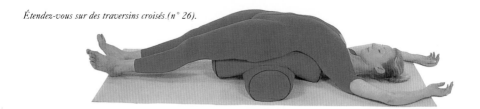

SUPTA VIRÂSANA
POSTURE DU HÉROS ALLONGÉ

Mettez-vous en Supta Virâsana (n° 29).

SUPTA BADDHAKONÂSANA
POSTURE DU CORDONNIER COUCHÉ SUR LE DOS

Mettez-vous en Supta Baddhakonâsana (n° 28).

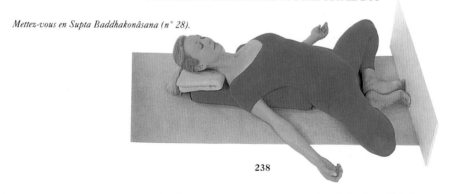

UTILISATION DU BANDAGE

Un bandage fermement enroulé autour de la tête permet d'apaiser les maux de tête. Il repose également les yeux et les tempes.

Faites plusieurs fois le tour de la tête avec un bandage en le tirant fermement mais sans trop serrer.

Si vous avez les yeux fatigués, couvrez-les aussi ; en ce cas, commencez par enrouler le bandage autour des yeux 1 ou 2 fois sans serrer.

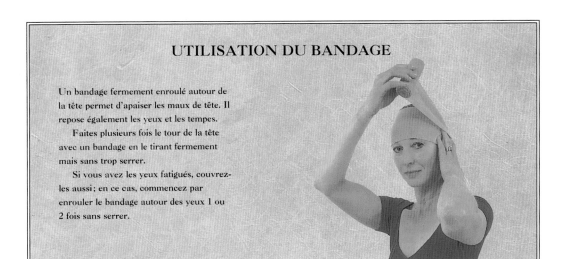

UTTÂNÂSANA
FLEXION DEBOUT (AVEC SOUTIEN DE LA TÊTE)

Mettez-vous en Uttânâsana (n° 9) ainsi : placez une couverture pliée sur un tabouret. Tenez-vous devant, pieds écartés de 30-45 cm (12-18 pi). Pliez les bras et détendez-vous.

Restez ainsi de 1 à 2 minutes, puis redressez-vous.

ADHO MUKHA SVÂNÂSANA
POSTURE DU CHIEN (AVEC SOUTIEN DE LA TÊTE)

Mettez-vous en Adho Mukha Svânâsana (n° 31), variante avec soutien de la tête.

JANUSIRSÂSANA
POSTURE DE LA TÊTE AU GENOU
(AVEC SOUTIEN DE LA TÊTE)

Mettez-vous en Janusirsâsana (n° 21), variante avec tête sur traversin, la tête bandée. Placez un traversin dans le sens de la longueur sur la jambe tendue et posez la tête dessus. S'il vous est difficile de tenir le pied, utilisez une ceinture. Détendez-vous. Restez ainsi de 2 à 5 minutes, puis répétez de l'autre côté.

PASCIMOTTÂNÂSANA
FLEXION EN AVANT COMPLÈTE (AVEC SOUTIEN DE LA TÊTE)

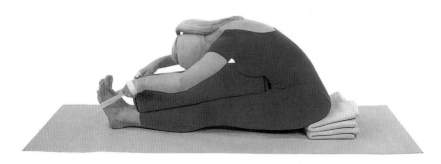

Mettez-vous en Pascimottânâsana
(n° 24), la tête entourée d'un
bandage. Placez un traversin
dans le sens de la longueur sur les
jambes et posez la tête dessus.
Tenez les pieds avec les mains ou
avec une ceinture. Détendez-vous.
Restez ainsi de 3 à 5 minutes.

ARDHA HALÂSANA
POSTURE DE LA DEMI-CHARRUE

Mettez-vous en Ardha Halâsana
(n° 36). Restez ainsi de 5 à
8 minutes. Pour redescendre, ramenez
un peu les jambes en arrière,
repoussez le tabouret et laissez-vous
doucement glisser vers le bas.

SETU BANDHA SARVÂNGÂSANA
DOS CAMBRÉ AVEC ÉQUILIBRE DU COU

Mettez-vous en Setu Bandha Sarvângâsana (n° 39) en glissant deux traversins ou une pile de couvertures sous le bas du dos. Soutenez les jambes si nécessaire. Détendez-vous.

Restez ainsi de 5 à 8 minutes, puis redescendez.

VIPARITA KARANI
INVERSION REPOSANTE

Mettez-vous en Viparita Karani (n° 40). Restez ainsi de 5 à 8 minutes. Pliez les genoux, laissez-vous glisser en arrière, tournez-vous sur le côté et levez-vous.

SAVÂSANA
POSTURE DU CADAVRE

Mettez-vous en Savâsana (n° 41), variante sur traversin. Restez ainsi de 5 à 10 minutes.

ASANAS POUR RAIDEURS
DANS LE COU ET LES ÉPAULES

Les postures décrites ici sont destinées à soulager les sensations de raideur et les douleurs dans le cou et les épaules. Ces problèmes, très courants et fort gênants, résultent souvent de mauvaises positions ou d'un mode de vie stressant.

Les postures visent à libérer et à étirer les régions affectées pour améliorer leur mobilité. Avec le temps, si vous vous entraînez régulièrement, les épaules et le cou, fortifiés et assouplis, prendront automatiquement des positions plus correctes.

TRIKONÂSANA
POSTURE DU TRIANGLE

ARDHA CANDRÂSANA
POSTURE DE LA DEMI-LUNE

Mettez-vous en Trikonâsana (n° 3), debout contre un appui ou un mur. Placez une main sur une brique et saisissez l'appui avec l'autre main pour tourner le tronc un peu plus. Restez ainsi de 20 à 30 secondes, puis répétez de l'autre côté.

1 Tenez-vous debout, de dos, à 7,5-15 cm (3-6 pi) de l'appui ou du mur. Écartez les pieds de 105-120 cm (3 1/2-4 pi). Placez une brique contre le mur, à environ 30 cm (12 pi) du pied droit.

2 Tournez le pied gauche à 15° vers l'intérieur et le pied droit à 90° vers l'extérieur.

PÂRSVAKONÂSANA
POSTURE EN ANGLE LATÉRAL

Mettez-vous en Pârsvakonâsana (n° 4), debout contre un appui ou un mur. Placez la main droite sur une brique et attrapez l'appui avec la main gauche. Tournez le tronc en vous aidant des mains. Restez ainsi de 20 à 30 secondes, puis répétez de l'autre côté.

3 Pliez le genou droit, penchez-vous de côté et placez la main droite sur la brique. Rentrez légèrement le pied gauche en le rapprochant du pied droit. Tenez l'appui.

4 Faites porter votre poids sur la main et le pied droits. En même temps, tendez la jambe droite et placez le pied gauche sur l'appui. Tendez les deux genoux. Posez la main gauche sur la hanche gauche et tournez le tronc vers l'avant. Gardez le dos contre le mur. Restez ainsi de 20 à 30 secondes. Pour redescendre, pliez la jambe droite et abaissez la jambe gauche vers le plancher. Répétez de l'autre côté.

VIRÂSANA FLEXION EN AVANT
POSTURE DU HÉROS

Mettez-vous en Virâsana flexion en avant (n° 16). Placez un traversin ou des couvertures pliées sur les talons.

UTTÂNÂSANA AVEC PERCHE
FLEXION EN AVANT DEBOUT

1 *Mettez-vous debout avec les pieds écartés au niveau des hanches, en tenant une perche horizontalement derrière le dos, les paumes tournées vers le haut.*

2 *Penchez-vous en avant et soulevez la perche aussi haut que possible. Gardez les coudes tendus. Ne pliez pas les genoux. Restez ainsi de 10 à 20 secondes, puis redressez-vous.*

URDHVA MUKHA SVÂNÂSANA
POSTURE DU CHIEN AVEC TÊTE LEVÉE (SUR UN SIÈGE)

Placez une chaise ou un tabouret solide contre un mur. Tenez-en les bords fermement avec les mains. Pliez les jambes et appuyez le haut des cuisses sur le siège. Faites un pas en arrière et tendez les jambes. Gardez les bras bien tendus, les épaules rejetées en arrière, et étirez le tronc vers le haut. Cambrez le dos et regardez vers le haut. Ne retenez pas votre respiration. Restez ainsi 15 à 20 secondes, puis relâchez.

ADHO MUKHA SVÂNÂSANA
POSTURE DU CHIEN AVEC TÊTE EN BAS

Mettez-vous en Adho Mukha Svânâsana (n° 31). Tendez fortement les bras et soulevez les épaules et le tronc. Restez ainsi de 20 à 30 secondes, puis redescendez.

PARVATÂSANA EN VIRÂSANA
POSTURE DE LA MONTAGNE

Mettez-vous en Parvatâsana (n° 17), assis en Virâsana (n° 15). Restez ainsi de 20 à 30 secondes, puis inversez l'entrelacement des doigts.

GOMUKHÂSANA
(BRAS SEULEMENT)
POSTURE DE LA TÊTE DE VACHE

*Asseyez-vous en Virâsana (n° 15).
Attrapez les mains en Gomukhâsana
(n° 20). Restez ainsi de 20 à 30 secondes,
puis répétez de l'autre côté.*

NAMASTE
(EN VIRÂSANA)
POSITION DE LA PRIÈRE

*Asseyez-vous en Virâsana (n° 15) et
joignez les paumes derrière le dos en
Namaste (n° 7). Restez ainsi de 30 à
60 secondes, puis relâchez. Si les poignets
vous font mal, ne les secouez pas, mais
laissez-les se rétablir lentement.*

BHÂRADVÂJÂSANA
TORSION SIMPLE

1 *Mettez-vous en Bhâradvâjâsana
(n° 33), assis sur une ou deux* couvertures pliées près d'un mur ou d'un
appui.

2 *Tournez-vous vers l'appui et tenez-le
des deux mains pour vous aider à
vous tourner le plus loin possible.* Tournez les épaules et la poitrine. Restez
ainsi de 20 à 30 secondes, puis répétez de
l'autre côté.

MARICYÂSANA III
TORSION AVEC BRAS DROIT CONTRE JAMBE GAUCHE

1 *Asseyez-vous en Dandâsana (n° 18), le côté gauche contre un mur ou un appui. Repliez la jambe gauche et amenez le pied près de la cuisse. Tenez le genou et étirez le tronc vers le haut.*

2 *Tournez le tronc vers le mur. Amenez le coude droit vers la face externe du genou gauche, placez le haut du bras contre le genou et empoignez l'appui. Aidez-vous des mains pour vous tourner le plus loin possible. Restez ainsi de 20 à 30 secondes, puis répétez de l'autre côté.*

SETU BANDHA SARVÂNGÂSANA
DOS ARQUÉ AVEC ÉQUILIBRE SUR LE COU

Mettez-vous en Setu Bandha Sarvângâsana (n° 39), variante sur un banc.

SAVÂSANA
POSTURE DU CADAVRE

Mettez-vous en Savâsana (n° 41). Restez ainsi de 5 à 10 minutes, puis tournez-vous sur le côté et levez-vous.

ASANAS
POUR LES MAUX DE DOS

Les postures décrites dans ce programme sont destinées à soulager les maux de dos simples. Cependant, elles ne sont pas indiquées dans le cas d'une hernie discale ou de douleurs résultant d'une fracture ou d'autres problèmes d'ordre médical ; dans ces cas-là, demandez conseil à un professeur de thérapie yogique expérimenté.

Les postures sont toutes accessibles aux débutants.

Si vous vous entraînez régulièrement, vos problèmes de dos devraient s'atténuer pour finir par disparaître tout à fait. Le dos devrait devenir plus résistant et moins sujet aux douleurs.

Lorsque vous exécutez les postures, ne faites jamais de mouvements brusques. La partie douloureuse de votre corps doit rester passive. Vous la travaillerez plus tard.

DEMI-UTTÂNÂSANA
DEMI-FLEXION EN AVANT

Tenez-vous debout devant un tabouret élevé ou une petite table. Posez des couvertures soigneusement pliées ou des traversins dessus pour que la hauteur vous arrive aux hanches. Écartez les pieds au niveau de celles-ci. Dressez-vous sur les pointes et penchez-vous au-dessus du tabouret, de façon que le bord des couvertures ou le traversin soit calé contre l'aine. Étirez l'abdomen et les côtes de devant par-dessus le traversin. Étirez les talons afin qu'ils touchent terre. Les bras pendent ou tiennent les pieds du tabouret. Les jambes restent verticales. Détendez la colonne vertébrale et les côtes arrière.

Restez ainsi de 30 à 60 secondes. Redressez-vous avec précaution.

BHÂRADVÂJÂSANA SUR UN SIÈGE
TORSION SUR UN SIÈGE

Asseyez-vous de côté sur une chaise. Étirez le tronc vers le haut. Prenez une ou deux inspirations. Tournez-vous vers le dossier du siège ; placez un traversin ou des couvertures pliées entre le dossier et votre abdomen. Tournez-vous le plus loin possible en vous tenant au dossier de la chaise. Ne retenez pas votre respiration.

Restez ainsi de 20 à 30 secondes, puis répétez de l'autre côté.

FLEXION EN AVANT

Asseyez-vous sur une chaise et écartez les jambes. Placez un traversin ou une couverture pliée en travers de vos cuisses, au niveau de l'aine. Étirez l'abdomen et les côtes de devant par-dessus. Penchez-vous en avant. Glissez les bras sous les pieds de la chaise et attrapez ceux de derrière. Décontractez la tête.

Restez ainsi de 20 à 30 secondes. Redressez-vous avec précaution, sans brusquerie.

MARICYÂSANA (DEBOUT)
TORSION DEBOUT

Mettez-vous en Maricyâsana debout (n° 32). Restez ainsi de 20 à 30 secondes, puis répétez de l'autre côté.

PARSVA PAVANA MUKTÂSANA
POSTURE ENROULÉE RELÂCHÉE

Asseyez-vous sur le côté gauche d'un banc assez bas ou d'une solide table basse. Placez un traversin ou des couvertures pliées dessus dans le sens de la longueur, à votre droite. Tournez-vous vers le traversin. Penchez-vous et couchez-vous le long du traversin en gardant les jambes tournées vers l'avant. Tournez la tête vers la droite en tenant le banc ou le traversin. Étirez les côtes de devant et détendez le dos. Restez ainsi de 30 à 60 secondes, puis répétez de l'autre côté. Après avoir effectué les flexions latérales, mettez-vous en Pavana Muktâsana : asseyez-vous au bord du banc, écartez les genoux et penchez-vous.

UTTHITA TRIKONÂSANA
POSTURE DU TRIANGLE ÉTIRÉ

Mettez-vous en Trikonâsana (n° 3), le dos contre un mur. Choisissez si possible un mur à angle saillant pour vous y retenir. Restez ainsi de 20 à 30 secondes, puis répétez de l'autre côté.

ARDHA CANDRÂSANA
POSTURE DE LA DEMI-LUNE

Mettez-vous en Ardha Candrâsana contre le mur (voir « Asanas pour les hanches raides »). Empoignez un angle saillant avec la main levée. Posez l'autre sur une brique et placez le talon levé sur le mur. Tournez le tronc vers le haut.
Restez ainsi de 20 à 30 secondes, puis répétez de l'autre côté.
• Si vous souffrez de sciatique, tournez le pied de devant vers l'extérieur à 120°.

PÂRSVOTTÂNÂSANA
ÉTIREMENT LATÉRAL

ADHO MUKHA SVÂNÂSANA
POSTURE DU CHIEN AVEC LA TÊTE EN BAS

Mettez-vous en Pârsvottânâsana (n° 7) comme suit : tenez-vous debout en Tâdâsana (n° 1) à environ 90 cm (3 pi) d'un appui, le côté droit tourné vers celui-ci. Écartez les pieds de 105-120 cm (3 1/2-4 pi). Tournez le pied gauche à 45°-60° vers l'intérieur et le pied droit à 90° vers l'extérieur. Tournez le tronc pour faire face à l'appui. Avancez la hanche gauche afin de l'aligner sur la hanche droite. Penchez-vous et posez les mains sur l'appui. Tendez les bras et les jambes. Étirez le tronc.

Restez ainsi de 20 à 30 secondes, puis répétez de l'autre côté.

Mettez-vous en Adho Mukha Svânâsana (n° 31) comme suit : placez deux briques contre un mur à environ 45 cm (18 po) l'une de l'autre. Agenouillez-vous et posez les mains sur les briques. Soulevez les hanches et tendez les bras et les jambes

de façon à former un V à l'envers. Si nécessaire, reculez les pieds. Gardez les hanches en l'air. Étirez les bras et le tronc vers le haut à partir des briques. Détendez la tête.

Restez ainsi de 20 à 30 secondes, puis redescendez.

VIRÂSANA FLEXION EN AVANT
POSTURE DU HÉROS

Mettez-vous en Virâsana flexion en avant (n° 16) comme suit : placez une couverture pliée ou enroulée sur les

cuisses au niveau de l'aine. Étirez l'abdomen par-dessus.

Restez ainsi de 30 à 60 secondes.

UTTÂNÂSANA
ÉTIREMENT VERS L'AVANT
SUR APPUI

Mettez-vous en Uttânâsana, variante sur appui (n° 9). Restez ainsi de 20 à 30 secondes, puis redressez-vous.

SUKHÂSANA (AVEC FLEXION LATÉRALE)
POSTURE FACILE

Asseyez-vous en Sukhâsana (n° 14) les jambes croisées. Penchez-vous par-dessus la jambe droite. Restez ainsi de

30 à 60 secondes, puis inversez le croisement des jambes et penchez-vous à droite.

ARDHA HALÂSANA
POSTURE DE LA DEMI-CHARRUE

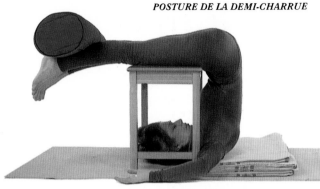

Mettez-vous en Ardha Halâsana (n° 36). Si possible, demandez à quelqu'un de placer un traversin ou une pile de couvertures sur la partie inférieure des mollets.

Restez ainsi de 5 à 8 minutes, puis ôtez le traversin et laissez-vous glisser vers le bas.

SUPTA PÂDÂNGUSTHÂSANA
POSTURE INCLINÉE DU DOIGT AU PIED

1 Étendez-vous par terre. Si nécessaire, glissez une couverture sous la tête. Repliez la jambe droite par-dessus l'abdomen et placez une ceinture autour du pied.

VARIANTE

Étendez-vous. Suivez les étapes 1 et 2. Appuyez sur la cuisse gauche avec la main gauche pour la maintenir au sol. Levez et tendez la jambe droite, puis tournez-la vers l'extérieur et abaissez-la sur la droite. Gardez les deux jambes bien tendues.

Restez ainsi de 20 à 30 secondes. Levez la jambe, pliez-la et abaissez-la vers le sol. Répétez de l'autre côté.

2 En tenant la ceinture des deux mains, tendez la jambe droite vers le haut. Appuyez la cuisse gauche vers le bas. Étirez la jambe gauche par terre et la jambe droite en l'air.

Restez ainsi de 20 à 30 secondes, puis pliez la jambe droite et abaissez-la. Remettez-vous en ligne droite et répétez de l'autre côté.

SAVÂSANA
POSTURE DU CADAVRE

Mettez-vous en Savâsana (n° 41) comme suit : pliez les jambes et posez les mollets sur un tabouret ou une chaise. Détendez-vous.

Restez ainsi de 5 à 10 minutes. Abaissez les jambes, tournez-vous sur le côté et levez-vous avec précaution.

ASANAS POUR LES HANCHES RAIDES

La séquence de postures de ce programme est destinée à améliorer le fonctionnement des hanches et du bas du dos en les fortifiant et en les assouplissant. Les hanches et les articulations sacro-iliaques se raidissent. Souvent, elles sont atteintes d'arthrite. La souplesse de ces articulations est importante, en particulier à un âge avancé, lorsque marcher devient difficile. Les postures de yoga sont très utiles pour lutter contre ce phénomène.

BHÂRADVÂJÂSANA (SUR UNE CHAISE)
TORSION SUR UNE CHAISE

Mettez-vous en Bhâradvâjâsana (n° 33), variante sur chaise. Restez ainsi de 20 à 30 secondes, puis répétez de l'autre côté.

MARICYÂSANA (DEBOUT)

Mettez-vous en Maricyâsana debout (n° 32).

UTTHITA TRIKONÂSANA
POSTURE DU TRIANGLE

Mettez-vous en Trikonâsana (n° 3) face à un mur ou à un appui. Placez une brique près du bord externe du pied droit et posez la main dessus. Tenez-vous de la main gauche au mur ou à l'appui. Tournez le tronc vers le mur en vous aidant des mains et avancez la hanche droite. Restez ainsi de 20 à 30 secondes, puis répétez de l'autre côté.

UTTHITA PÂRSVAKONÂSANA
POSTURE EN ANGLE LATÉRAL

Mettez-vous en Pârsvakonâsana (n° 4) face à un mur ou à un appui. Placez une brique par terre près du pied droit et posez votre main dessus. Tenez-vous de la main gauche au mur ou à l'appui. Soulevez la hanche droite et appuyez-la contre le mur. Tournez le tronc vers le mur en vous aidant des mains. Restez ainsi de 20 à 30 secondes, puis répétez de l'autre côté.

VIRABHADRÂSANA I
POSTURE DU GUERRIER I

Mettez-vous en Virabhadrâsana I (n° 5) de la façon suivante : tenez-vous debout latéralement dans l'embrasure d'une porte en faisant face à l'un des montants. Tenez-vous à celui-ci et avancez la jambe droite le long du mur ; l'intérieur de la cuisse touche le montant. Pliez le genou à angle droit. Faites un pas en arrière avec la jambe gauche et tendez-la.

Si nécessaire, soulevez le talon. Tournez les hanches et le pelvis vers le montant et étirez le devant du corps contre celui-ci. Appuyez le bas du dos (sacrum) contre le montant, sans soulever la hanche droite. Montez les mains plus haut pour vous étirer au maximum. Restez ainsi de 20 à 30 secondes, puis répétez de l'autre côté.

VIRABHADRÂSANA II
POSTURE DU GUERRIER II

Mettez-vous en Virabhadrâsana II (n° 6) face à un mur ou à un appui. En vous y tenant fermement, appuyez la hanche droite contre le mur et éloignez-en le genou droit. Restez ainsi de 20 à 30 secondes. Répétez de l'autre côté.

PARIVRTTA TRIKONÂSANA
TRIANGLE INVERSÉ

1 Placez une chaise à environ 105 cm (3 pi) de vous sur votre droite et mettez-vous en Tâdâsana (n° 1). Posez les mains sur les hanches et écartez les jambes de 90-120 cm (3 1/2-4 pi).

2 Tournez le pied gauche à 45-60° vers l'intérieur et le pied droit à 90° vers l'extérieur. Tournez les hanches et le tronc vers la droite.

3 Accentuez la torsion du tronc et abaissez-le vers la chaise, pour que le côté gauche soit tourné vers le sol et le côté droit vers le plafond. Posez l'avant-bras gauche sur la chaise en vous tenant au bord. Gardez la main droite sur la hanche. Étirez le tronc et tournez-le, ainsi que les hanches, le plus possible. Restez ainsi de 20 à 30 secondes, puis répétez de l'autre côté.

UTTHITA HASTA PÂDÂNGUSTHÂSANA
JAMBE LEVÉE ÉTIRÉE

Il faut pratiquer les trois variantes.

DE FACE

Placez un tabouret contre un mur.
Mettez-vous en Utthita Hasta
Pâdângusthâsana (n° 13) vers l'avant en
retenant le pied levé avec une ceinture.
Étirez le tronc vers le haut. Restez ainsi
de 30 à 60 secondes, puis répétez de
l'autre côté.

DE CÔTÉ

Placez un tabouret contre un mur.
Mettez-vous en Utthita Hasta
Pâdângusthâsana (n° 13) latéralement
en retenant le pied levé avec une ceinture.
Étirez le tronc vers le haut. Restez ainsi
de 30 à 60 secondes, puis répétez de
l'autre côté.

TORSION

Mettez-vous en Tâdâsana (n° 1) face au
mur. Placez votre pied droit sur le
tabouret. Tendez les deux jambes. Tenez
la ceinture de la main gauche, placez la
main droite sur la hanche droite et
tournez le tronc vers la droite. Restez
ainsi de 20 à 30 secondes, puis répétez de
l'autre côté.

SARVÂNGÂSANA (CONTRE UN MUR)
ÉQUILIBRE SUR LE COU CONTRE UN MUR

Mettez-vous en Sarvângâsana contre
un mur (n° 38). Restez ainsi de 3 à
5 minutes, puis pliez les jambes et
redescendez.

BHÂRADVÂJÂSANA
TORSION SIMPLE

Mettez-vous en Bhâradvâjâsana (n° 33) en appuyant les mains
contre un mur pour vous tourner plus facilement. Restez ainsi
de 20 à 30 secondes, puis répétez de l'autre côté.

SUPTA PÂDÂNGUSTHÂSANA
POSTURE ALLONGÉE AVEC DOIGT AU PIED

Il faut pratiquer les trois variantes.

JAMBE LEVÉE

Étendez-vous près d'un montant de porte. Pliez la jambe gauche et levez-la à 90° par rapport au sol. Appuyez-la au montant, de la fesse jusqu'au talon. Étirez la jambe droite par terre. Restez ainsi de 30 à 60 secondes, puis répétez de l'autre côté.

JAMBE ÉTIRÉE SUR LE CÔTÉ

Étendez-vous par terre les pieds contre le mur. Pliez la jambe gauche sur l'abdomen et placez une ceinture autour du pied. Levez et étirez la jambe, puis tournez-la vers l'extérieur et abaissez-la sur la gauche. Posez le pied sur une brique ou une pile de livres. Restez ainsi de 30 à 60 secondes, puis répétez de l'autre côté.

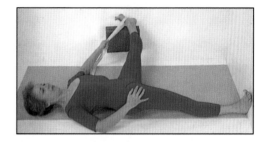

JAMBE EN TRAVERS

Étendez-vous par terre avec les pieds appuyés contre le mur. Pliez la jambe droite et placez une ceinture autour du pied. Tendez la jambe en retenant la ceinture de la main gauche et abaissez-la vers la gauche. Ne laissez pas la jambe gauche se tourner vers l'intérieur. Restez ainsi de 30 à 60 secondes, puis répétez de l'autre côté.

SAVÂSANA
POSTURE DU CADAVRE

Mettez-vous en Savâsana (n° 41). Restez ainsi de 5 à 10 minutes, puis tournez-vous sur le côté et levez-vous.

NOM DES POSTURES

Toutes les postures de yoga ont un nom en sanskrit, la langue classique de l'Inde. Dans la section sur les Asanas, vous trouverez l'équivalent français, soit en traduction directe, soit sous forme de description.
Les noms ont été transcrits suivant la convention internationale, mais sans les signes diacritiques. Cependant, pour aider les lecteurs désireux d'apprendre la prononciation correcte, les noms de postures et autres mots sanskrits qui apparaissent dans le texte sont présentés ici avec leurs signes diacritiques. Notez les points suivants :

Accent tonique : Il tombe habituellement sur la première syllabe. Le premier a de « Asana » est toujours accentué.

Voyelles : Les voyelles longues sont indiquées par un accent circonflexe.

Consonnes :
c se prononce « tch ».
s et s se prononcent « ch ».
Le h après n'importe quelle consonne (kh, gh, ph, bh, ch) devrait être prononcé distinctement afin d'être différencié des consonnes non aspirées.

Le t, le d et le n se prononcent avec la pointe de la langue recourbée.

Le r est une semi-voyelle prononcée de façon intermédiaire entre le r et le i.

Le n précède le k ou le j.
Le n précède le c ou le g.

Vous trouverez un guide plus complet de la prononciation dans *Light on Yoga* et *Yoga : The Iyengar Way* (voir Bibliographie).

Adho Mukha Svânâsana
Ardha Halâsana
Bhâradvâjâsana
Dandâsana
Garudâsana
Gomukhâsana
Halâsana
Janusirsâsana
Mâlâsana
Maricyâsana

Maricyâsana I
Matsyâsana
Pâdângusthâsana
Pârsvottânâsana
Parvatâsana
Pascimottânâsana
Prâsarita Pâdottânâsana
Sarvângâsana
Savâsana
Setu Bandha Sarvângâsana

Siddhâsana
Sukhâsana
Supta Baddhakonâsana
Supta Virâsana
Tâdâsana
Triang Mukhaikapâda
Pascimottânâsana
Urdhva Prasârita Pâdâsana
Utkatâsana
Uttânâsana

Utthita Hasta
Pâdângusthâsana
Utthita Pârsvakonâsana
Utthita Trikonâsana
Viparita Karani
Virabhadrâsana I
Virabhadrâsana II
Virâsana
Vrksâsana

BIBLIOGRAPHIE

B. K. S. Iyengar, *Light on Yoga*, Harper Collins, 1966
Light on Prânâyâma, Harper Collins, 1981
The Illustrated Light on Yoga (ex *The Concise Light on Yoga*), Harper Collins, 1980

Light on the Yoga Sûtras of Patanjali, Harper Collins, 1993
The Tree of Yoga, Fine Line Books, 1988
Geeta S. Iyengar, *Yoga : a Gem for Women*, Allied Publishers, 1983
Lucinda Lindell *Le Yoga*, Robert Laffont

Silva, Mira and Shyam Mehta, *Yoga : The Iyengar Way*, Dorling Kindersley, 1990
The Upanisads (n'importe quelle édition)
The Bhagavad Gita (n'importe quelle édition)

ADRESSES UTILES

Vous pouvez contacter les organismes indiqués ci-dessous pour obtenir des renseignements sur les centres qui existent dans votre région.

FRANCE

Centre de yoga Iyengar de Paris
S.F. Biria
35, avenue Victor Hugo
75116 Paris
France
Tél. : 45 00 28 48

Fédération nationale de yoga et syndicat national des professeurs de yoga
3, rue Aubriot
75004 Paris
Tel. : 42 78 03 05

ROYAUME-UNI

Iyengar Yoga Institute
223 a Randolph Avenue
Londres W9 INL

Manchester & District Institute of Iyengar Yoga
134 King Street
Dukinfield
Tameside
Greater Manchester

Edinburgh Iyengar Yoga Centre
195 Bruntsfield Place
Edimbourg EH10 4DQ

ÉTATS-UNIS

BKS Iyengar Yoga National Association of the United States, Incorporated
8223 W. Third Street
Los Angeles, CA 90038

Iyengar Yoga Association of Northern California
2404 27 th Avenue
San Francisco, CA 94116

Iyengar Yoga Institute of New York
27 W. 24 th Street
Suite 800
New York, NY 10011

Iyengar Yoga Association of Massachusetts, Inc.
240-A Elm Street
Somerville, MA 02114

Iyengar Yoga Association of Minnesota
Box 10381
Minneapolis, MN 55458-3381

Iyengar Yoga Association of Wisconsin
Route 2
Box 70E
La Crosse, WI 54601

Iyengar Yoga Association of the Midwest Bioregions
310 Gralake
Ann Arbor, MI 48103

CANADA

BKS Iyengar Yoga Association
27-F Meadowlark Village
Edmonton
Alberta T5R 5X4

Centre de yoga Iyengar de Montréal
919 Mont-Royal Ouest
Montréal PQ H2J IX3

BKS Iyengar Yoga Association
PO 65694, Station F
Vancouver, BC V4N 5K7

BKS Iyengar Yoga Association of Ontario
c/o 85 Glenforest Road
Toronto
Ontario M4N 2A1

INDE

R.I.M. Yoga Institute
1107 B/1 Shivajinagar
Pune 411 016

INDEX

NOTES

NOTES

NOTES

NOTES

NOTES

NOTES